人文社会科学与生态文明建设丛书

经济学与生态文明建设

曾贤刚 著

中国环境出版集团·北京

图书在版编目（CIP）数据

经济学与生态文明建设/曾贤刚著. —北京：中国环境出版集团，2023.2

（人文社会科学与生态文明建设丛书/洪大用主编）

ISBN 978-7-5111-5461-3

Ⅰ. ①经… Ⅱ. ①曾… Ⅲ. ①经济学—关系—生态环境建设—研究—中国 Ⅳ. ①F120.2②X321.2

中国版本图书馆 CIP 数据核字（2023）第 037182 号

出 版 人 武德凯
策划编辑 李修棋 周 煜
责任编辑 周 煜 史雯雅 宋慧敏
封面设计 宋 瑞

出版发行 中国环境出版集团
（100062 北京市东城区广渠门内大街 16 号）
网 址：http://www.cesp.com.cn
电子邮箱：bjgl@cesp.com.cn
联系电话：010-67112765（编辑管理部）
发行热线：010-67125803，010-67113405（传真）
印 刷 北京中科印刷有限公司
经 销 各地新华书店
版 次 2023 年 3 月第 1 版
印 次 2023 年 3 月第 1 次印刷
开 本 787×960 1/16
印 张 27.75
字 数 280 千字
定 价 126.00 元

目　录

第一章　导　论

第一节　从传统经济学到生态经济学

一、传统经济学的局限性

西方主流的现代经济学又被称为传统经济学，研究的主要对象是市场经济，主要有两大流派：一是以充分竞争的市场假设为基础的古典经济学和微观经济学；二是对前者修正的，在对非充分竞争市场的发现或在对古典经济学公设的质疑中发展起来的宏观经济学。二者分属经济自由主义和国家干预主义两大经济思潮，尽管它们在不同的经济发展时期互相消长，但其基本的理论预设是共同的，包括经济人假定、资源稀缺假定和保护个人产权假定，并对应福利最大化原理、供求原理和等价交换原理，继而运用上述假定和理论，形成了成本收益分析法、均衡分析法和帕累托标准。20世纪六七十年代，自科斯和诺斯开始，新制度经济学以及其他有关市场缺陷和非缺陷的理论在西方社会产生。但它们与仅仅是对古典经济学的发展和修正的“宏观经济学”一样，仍然以竞争市场的分析框架以及上述假设、理论和方法为基础，研究的仍然是市场中的制度，其“非立场的缺陷”仍是市场环境的缺陷。这些理论同属于西方传统经济学范畴，并有着共同的理论缺陷：只见经济、不见自然。随着工业化的快速发展，经济发展与生态环境的矛盾越发激烈，传统经济学的假设、理论和方法很难对此做出合理的解释，局限性越发突出[1]。

1. 重视经济、无视生态环境

传统经济学一直把生态系统作为经济系统的子系统，认为生态系统是经济系统的资源供给和废弃物处理部门，这也是造成生态环境污染的根本原因。在现有科技水平限度内，目前宇宙中还只有地球能提供给人类生存所需要的生态环境。因此，笔者认为生态系统不是经济系统的子系统，恰恰相反，经济系统是生态系统的子系统，生态系统是经济系统发展的基础与前提。而传统经济学理论研究不具有系统性，仅独立地围绕市场经济开展研究，只重视“经济人”和经济规律的作用，而忽略了生态系统对经济发展的基础性作用以及经济运行对生态系统的负面影响，这在微观经济学和宏观经济学中表现得较为明显。在微观经济学产生的时期，工业发展对生态环境的影响相对较小，人类对经济与生态的协调发展尚不关注，无法认识生态环境的重要性。宏观经济学是在微观经济学基础上，通过对一个国家之内的国民经济系统的内部价值循环和物质循环的比较而建立起来的，因而如微观经济学一样，宏观经济学对于外部生态环境对经济的基础性的影响仍然认识不足。即使后来出现了列昂惕夫的投入产出法，但该法也只是重视价值平衡和物质平衡，没有真正重视生态环境因素对经济的决定性影响。此外，新制度经济学主要聚焦于制度变迁的交易成本和激励机制的研究，自然也无视经济与生态环境的协调可持续发展问题。

2．研究领域狭隘

传统经济学把经济过程描述为“生产—交换—分配—消费”的单向线性运行过程。把生态资源等非经济因素看作取之不尽、用之不竭的资源，甚至看作不起任何作用的经济系统外部存在因素，而无视生态系统的复杂性、整体性、有机联系性以及自组织、自演化、生态平衡与生态阈限等生态原理和规律，也无视生态系统内在的价值。与传统经济学“只见经济、不见自然”的根本缺陷相关，传统经济学还有“只见经济、不见外部不经济”“只见经济效益、不见生态效益”“只见特定资源的稀缺、不见生态资源的稀缺”“只见数量、不见质量”等根本缺陷。微观经济学相信充分竞争市场的万能，相信“无形的手”的神秘力量，相信“经济人”理性追求结果与公共利益的天然一致性，因而自然会忽视市场经济的“外部不经济”，即经济效益的取得对市场经济外在的社会利益与生态环境所造成的危害。宏观经济学和新制度经济学虽然看到了“市场的缺陷”，但它们只寄希望于国家政治手段对经济的干预或私有产权制度本身的作用，因而无法从根本上解决“外部不经济”，尤其是对生态系统破坏的“不经济”[1]。

3. 未考虑生态资源的稀缺性

传统经济学以“资源稀缺”为最基本的假定，所以主张对经济资源进行最有效的配置，但是传统经济学所主张的“资源稀缺”只是“特定资源的稀缺”，稀缺的资源是可以用技术或其他资源替代的，因而经济增长的前提是取之不尽的资源。但是无法忽视的是，生态系统所提供的产品和服务是有限的，人类经济活动必然受限于生态系统所提供的服务的上限，否则经济发展无以为继。传统经济学不注重生态资源稀缺，力争以最小的经济投入，谋求可货币化的最大利润或可货币化的经济增长和物质福利的经济目标，因而只注重经济效益，而忽视生态系统的代价，缺乏对生态资本的关注。由于忽视人类为谋取利润的最大化而无限度地向生态系统索取的行为，导致生态资源被大量消耗，造成了指数形式增长的“生态赤字”，并在一定程度上接近并达到生态阈值，生态系统面临突变并进入恶化状态的风险。因此，传统经济学中的经济效率是以生态系统的巨大破坏为代价的，经济系统的高效率实质上造成了生态经济复合系统的低效率。此外，西方主流经济学以经济增长为主导理念，把经济发展与国内生产总值（GDP）等同，认为经济增长的含义就是努力促进国内生产总值的增加，只要国内生产总值增加了，就会解决所有问题，就自然会带来社会进步。结果是地球上的人口、粮食消耗、工业品产量、资源消耗以及环境污染都在增长，而且增长得越来越快，生态系统提供的资源和产品的稀缺性丝毫得不到考虑，这种低质量的经济发展模式必然无以为继。

上述传统经济学的根本缺陷使经济学的发展与研究忽视了工业经济、市场经济对生态系统的破坏，导致经济增长不可持续的危机和生态危机，反过来也暴露了传统经济学自身的不足和缺陷，因此，需要对其进行根本反思和超越。同时，生态危机的严峻现实要求人类的思想和行动必须实现根本性的转变，经济理论应该不再只以财富指数来支持其增长逻辑，人类如果要延续自己的生存，经济方面和政治方面的行动必须以重视生态资源稀缺为基本原则。显然，我们必须要建立一种与地球承载能力相适应的、生态系统与经济系统协调发展的经济学科，这意味着经济理论的革新并不只是在新古典理论之外增加一个新的认识维度的问题，而是需要在其本身的核心处进行一场深刻革命，沿着这个方向进行理论构建，需要对传统理论中的一系列价值观念和理论基础进行重新界定。

二、生态经济学的内涵

1．国外关于生态经济学内涵的研究

生态学是德国生物学家 Haeckle 于 1866 年提出的，比生态经济学的出现大约早一个世纪。1935 年，英国生态学家 Tansley 提出了“生态系统”的概念，为后来生态经济学的产生奠定了自然科学方面的理论基础。正是由于生态系统思想的产生，人们才有可能把生态系统与经济系统作为一个整体来加以考虑。生态经济学的萌芽可以追溯到发表于 20 世纪 60 年代的一些著作。有代表性的包括《飞船地球》《稳定的经济》等。在这些著作中，传统“无限增长”的观点受到了挑战。1966 年，美国经济学家肯尼斯・鲍尔丁（Kenneth E Boulding）发表了题为《一门科学：生态经济学》的重要论文，在深刻反思传统经济学的基础上明确阐述了生态经济学的研究对象，指出经济系统的运行机制是“增长型”的，而生态系统的运行机制是“稳定型”的。在生态经济系统中，经济系统对自然资源需求增长的无止境性，与相对稳定的生态系统对资源供给的局限性之间，就必然构成一个贯穿始终的矛盾。“生态经济学”从此被正式提出并加以研究。Barbier 等[2]认为生态经济学是解决经济-环境相互作用问题的一种新的分析方法或方法的学科。美国学者布

朗（Lester R Brown）在其著作《生态经济：有利于地球的经济构想》中提出经济系统是生态系统的一个子系统的观点，并将这一思想同哥白尼挑战“地心说”对人们的世界观的影响相提并论。他认为如果经济子系统的运作不能与大系统——地球的生态系统相互协调，势必两败俱伤。Shmelev[3]认为生态经济学是一门全面研究生态系统与经济系统之间关系的科学，这一关系是当今人类面临的众多紧迫问题（如可持续性、酸雨、全球变暖、物种消失、财富分配等）的根源，同时认为人类社会经济亚系统是整个地球生态系统的一部分，而且这个亚系统的存在和发展是以生态系统为基础的，所以人类的经济系统必须要和生态系统保持协调。Spencer 等[4]提出现代经济社会系统是建立在自然生态系统基础上的巨大开放系统，以人类活动为中心的社会经济活动都在生物圈中进行。一方面，任何经济社会活动都有作为主体的人和作为客体的环境，这两者是以生态系统发展作为基础和前提条件的。另一方面，在生态系统和经济系统的矛盾中，人既有自然属性，又具有社会属性。因此，人类只有积极促进生态系统和经济系统的协调发展，才能实现人类经济社会的可持续发展。

2．国内关于生态经济学内涵的研究

国内学者的研究方向与国外学者基本一致。国内学者对生态经济学内涵的理解基本上等同于可持续发展的概念。根据研究的侧重点不同，其表述也不同，常见的有生态经济协调发展、生态经济效益、生态产业等。在生态经济协调发展方面，许涤新[5]认为生态经济学的研究对象是生态经济系统，是结合生态学和经济学，以生态学原理为基础，以经济学理论为主导，以人类经济活动为中心，围绕人类经济活动和自然生态之间相互发展的关系这个主题，研究生态系统和经济系统相互作用所形成的复合系统。刘思华[6]认为生态经济学是在生态学和经济学结合基础上，围绕着生态系统和经济系统之间的相互关系，研究人类社会经济活动需求与自然生态环境供给之间的矛盾，旨在协调人类社会经济活动和自然生态环境的关系，寻求生态与经济两个系统之间的相互平衡和协调发展的学科。王松霈[7]提出生态与经济协调理论是生态经济学的核心理论，并为社会经济的可持续发展提供理论基础，他提出了生态经济学的三个基本理论范畴：生态经济系统、生态经济平衡和生态经济效益。其中，生态经济系统是载体，生态经济平衡是动力，生态经济效益是目的。在生态经济效益方面，相关研究认为生态经济学的一个核心问题是如何达到生态与经济的平衡，通过经济分析方法，以价值为分析工具，以实现人的最大经济利益为目标，继而实现生态经济效益[8]。在生态产业发展方面，相关研究认为生态经济内涵是在生态系统承载力范围内，运用生态经济学原理和系统工程方法改变生产和消费方式，挖掘一切可以利用的资源潜力，发展一些经济发达、生态高效的产业，其特征是自然资源的低投入、高利用和废弃物的低排放，从而从根本上消解了长期以来发展与环境之间的尖锐冲突[9]。

三、生态经济学与传统经济学的区别

1．经济系统和生态系统定位

在对待经济系统与生态系统的关系上，传统经济学将森林、矿产、草地等自然环境资源纳入经济系统，并认为通过技术革新或新资源替代，任何资源都将是无限的。在这种观点的支撑下，经济系统是一个独立的封闭整体，它可以不受限制地无限增长。传统经济学信奉增长优先，相信生产出更多的产品总是会在总体上、更大程度上增进人们的福利，但却没有考虑生产的规模是否在生态系统的承载力范围内。而生态经济学的第一个基本命题是“经济系统是全球生态系统的子系统”。全球生态系统是一个封闭的系统，它与外界没有物质上的交换，只有能量上的转移。经济系统作为一个开放的子系统，与整个生态系统进行着物质上的交换和能量上的转移。在这种情况下，经济系统的扩张就不再是零成本的了，会影响生态系统的其他部分并产生机会成本，如资源的枯竭、生态环境不可逆的破坏等；当经济系统进一步扩张的成本高于其产生的价值时，增长便成为不经济的增长。生态经济学家赫尔曼・戴利提出“空的世界”与“满的世界”来说明经济系统的活动对整个生态系统的影响。当经济系统的生产能力相对较弱时，世界处于“空的”状态，自然资源相对充裕，生态系统提供的能量与物质能够适应经济增长速度，经济系统可以扩大其规模以提高人类的福利；目前，伴随工业革命而来的巨大生产力已经迅速填满了“空的世界”，经济扩张的机会成本已经非常显著。

2. 经济系统运行的本质

西方主流经济学研究的经济过程是生产与消费的循环，厂商将生产的商品、劳务提供给家庭，家庭消费商品、劳务，并提供给厂商生产要素。劳动力、资本、土地等要素的价格是由市场上的供求关系决定的。传统经济学研究的“生产—分配—交换—消费”的循环过程是完全可逆且等值的。被大多数国家所认可和采纳的国民生产总值计算公式可以证明这一点。

国民生产总值=个人消费支出+政府消费支出+
国内资产形成总额+净出口

生态经济学立足的第二个基本命题是热力学定律。在生态经济学的视角下，整个生态系统是一个封闭的系统，所有的物质交换只能在内部进行。热力学第一定律规定能量不能被创造，也不能被毁灭；热力学第二定律指出能量总是不能完全转化，它有熵值不断增加、趋向无序的倾向。这就意味着经济过程是一个熵增过程，从自然界吸收低熵物质和能量，并以高熵废弃物状态释放到整个生态系统中。地球作为一个整体，需要不断从外界吸收能量以维持本身的平衡与稳定。经济系统的运转也不是如传统经济学所认为的那样是完全可逆的，是需要不断地从整个生态系统获取物质和能量的。

3. 微观经济学差异

生态经济学从要素的不可替代性出发，对传统意义上的生产函数和效用函数做了重要的调整。在对生产函数的调整中，把自然资源纳入生产函数，强调了生产过程中自然资源的基础性作用。在新古典经济学中，生产函数通常表示为 $Q=F(K,L)$。其中，Q 表示产出，K 表示资本，L 表示劳动。这样表述的生产函数通常有两个局限，一是忽略了自然资源在产出和经济增长中的作用，劳动、资本是无法转化为物质的，只有基于原材料、能源等自然资源，才可以促使经济增长。二是即使把自然资源纳入生产函数，如 $Q=F(K,L,N)$，自然资源和传统要素之间并不是完全可以替代的，作为资源的生产要素和作为服务的生产要素是不可替代的。根本上述局限，生态经济学将生产函数表示为 $Q=F(K,L,N;r)$。这里的 N 表示自然资源的服务功能，r 表示自然资源的物质功能。因此，既强调了生产过程中的自然资源的重要性，又强调了自然资源与传统要素之间的不可替代性。在对效用函数的调整中，新古典经济学的效用函数一般为 $U=F(x,y,z,\cdots)$，表示效用与消费 x、y、z 等物品有关。但是没有考虑到自然物品和服务对于效用的重要性和不可或缺性。生态经济学将效用函数改为 $U=F(N;x,y,z,\cdots)$，表示自然物品和服务也是提高效用的重要内容，它们对于人造物品和服务具有重要的不可替代性[10]。

4．宏观经济学差异

人类经济系统的最终目的是将自然中的低熵物质和能量转化为提高人类福利的形式。不同的是传统经济学单纯强调用更优的资源配置获得更多的产出，追求数量和规模上的增长，而生态经济学强调在控制规模的基础上，通过质量的改善、结构的改进或系统的演化，提高人类的福利，追求发展而不是数量上或规模上的增长。传统经济学追求的增长是规模数量的增加，是经济系统产出物质规模数量上的增加。由于地球上的资源都是有限的，这种增长无法无限地继续下去。增长必然会停止，但这并不意味着发展也会停止。生态经济学强调的发展是在一定的规模数量下物品和服务质量的提高，质量是指改善人类福利的能力，发展意味着质量的完善，向改进（但数量规模不扩大）的结构或系统的演化。继而实现在数量不变的情况下，提高物品和服务的质量（根据提高人类福利的能力来衡量质量）的目标。生态经济学要求在数量增加不超出环境承载力的情况下，满足人类需求的能力得到质的改进。尽管增长和发展有显著的区别，但要转变人们对增长的狂热追求则需要整个社会对发展的各个目标及其次序的认识有一个革命性的改变，这是一个困难的过程。

第二节 生态约束下的经济发展模式

一、生态承载力

国内外关于生态约束的研究聚焦于生态承载力、可持续发展方面。承载力的内涵源自物理学，之后被引入生态学中得以发展。承载力的研究源于 18 世纪 60 年代法国经济学家 Francois Quesnay 对土地生产力与经济关系的探讨。承载力（carrying capacity）的概念于 1921 年由帕克和伯吉斯明确提出，是指某一特定的生存空间、营养物质、阳光等生态因子组合而成的环境条件下存在的某种个体数量的最高极限[11]。承载力研究从最初的资源承载力（如土地、水资源等）到环境承载力，再到如今包括资源环境综合承载力在内的生态承载力，其理论和方法都得到很大的扩展。广义上的生态承载力是一个综合的概念，包括资源承载力、环境承载力和生态承载力。

资源承载力：国内外资源承载力研究主要集中于土地承载力、水资源承载力等方面。土地承载力方面，国外的研究重心在于人地关系的协调，包括从人口的限制因素角度对土地承载力进行的研究和运用农业生态单元划分法对发展中国家的土地人口支撑力进行的研究。我国对土地承载力的研究始于 20 世纪 70 年代，其中最具代表性的当属“中国土地资源生产能力及人口承载量研究”[12]。另外，我国对土地承载力的研究还包括土地人口承载力、土地综合承载力等方面。水资源承载力方面，国外典型的水资源承载力研究当属美国 URS 公司对佛罗里达 Keys 流域进行的承载力评价。近年来，国际上开始运用水足迹法研究水资源承载力以及开展水资源利用评价；和生态足迹概念相似，水足迹是指某特定区域内居民生产和服务所消费的水资源总量[13]。如今，我国对水资源承载力已经从理论、方法和技术等方面进行拓展研究，研究对象集中在城市和区域流域的水资源，得出了很多有意义的研究结论。其研究方法日趋多样化，某些学者在研究中还采用了两种或两种以上的综合方法，从而克服单个方法的不足，使研究更趋科学合理。另外，水资源承载力的对象也涉及特定的城市、区域，如城市群、流域、湖泊、干旱地区等。

环境承载力：国外对环境承载力的专门研究并不多。环境承载力的含义一般被认为是源自环境科学中环境容量的概念。1972 年，《增长的极限》研究报告提出，人类在追求经济增长的同时必须关注资源环境承载力问题。1978 年，Schneider 等[14]强调了环境承载力的含义——“在不会遭到严重退化的前提下，自然或人造环境系统对人口增长的容纳能力”。1996 年，Arrow 等[15]共同发表的《经济增长、承载力和环境》引起了人们对环境承载力的进一步关注。之后，美国国家环境保护局等分别对旅游环境承载力、湖泊的环境承载力和水产业的环境承载力进行了计量和研究。我国对资源环境承载力的研究兴起于 20 世纪 90 年代。1991 年，“环境承载力”的定义被首次提出，指在某一时期、某种状态或条件下，某地区的环境所能承受人类活动作用的阈值[16]。随后，国内学者围绕基础理论、评价方法及实践应用等方面，对区域大气、水、土壤、噪声、固体废物和辐射等单一环境要素的承载力开展了深入研究。环境对各种污染物的容纳能力以及人类在不损害环境的前提下能够进行的最大活动限度成为环境承载力研究的核心。进入 21 世纪，环境承载力研究方法日趋多样化，研究的深度和可操作性不断提高，相关成果在环境管理与规划、区域可持续发展等领域也得到了广泛的应用[17]。

生态承载力：上述对资源承载力和环境承载力的研究的出发点在于自然资源和环境对人类社会活动有一定的承受极限，一旦超过了这个极限，将会导致严重的资源短缺和环境污染，从而出现生态破坏，进而对人类的生存和发展构成威胁。为此，各种自然资源和环境因素被综合纳入生态系统的统一框架中，以生态系统为承载主体，以社会经济活动强度和人口数量为承载客体，生态承载力的概念由此被提出。一般认为，生态承载力是生态系统对人类活动的最大承受能力，是在不破坏生态系统结构和功能完整性的前提下，系统所允许的人类活动的最大强度，这类似于国外文献中的生态弹性力的概念。总地来说，对生态承载力内涵的认识主要是生态承载力承载主体包含了生态系统的弹性力这一自然属性与资源环境的承载力这一社会属性，其承载客体为生态系统内的人口和社会经济发展规模。另外，生态承载力关注的是生态系统抗干扰的能力或限度，人类社会的干扰超过生态系统的自我调节与维持能力时会破坏系统的稳定性，从而导致系统结构和功能的改变。

二、可持续发展

可持续发展理论发端于可持续发展概念的提出。1987年，挪威前首相布伦特兰夫人领导的世界环境与发展委员会在其出版的《我们共同的未来》一书中正式提出可持续发展的概念和基本理论。其基本含义为“可持续发展是既满足当代人的需要，又不对后代人满足其需要的能力构成危害的发展”。可持续发展概念及其理论对人们认识人类经济发展与自然生态环境保护，实现经济、社会和生态长期稳定可持续发展具有重要而深远的影响，其强调本代人之间的横向公平和代际之间的公平发展，生态系统的可持续生产以及人类社会的共同发展，具有公平性、持续性、共同性和和谐性等原则。可持续发展思想的核心是发展，关注的是工业文明下经济发展与环保的协同，目标是实现人与人及人与自然的和谐。世界环境与发展委员会还提出了七条措施：恢复增长，改变增长的质量，满足就业、粮食、能源、水和卫生的基本需要，保证人口的持续水平，保护和加强资源基础，重新调整技术和控制危险，把环境和经济融合在决策中。这些举措向可持续发展迈出了重要一步。可持续发展理论是西方学者对发达国家在工业文明下过度增长的反思，在顾及多数人当下的基本生存的同时，着力促进发展的代际公平，缓解人地矛盾，维护人类的整体和长远利益，其初衷和主张是进步的。

三、生态承载力与可持续发展的关系

生态承载力追求的是可持续发展，是以可持续发展作为其理论的根基。如果比较可持续发展理论和生态承载力理论，其最终的目标是一致的，都是为了协调社会、经济、资源和环境的关系，从而使得人类更加和谐地发展。可持续发展理论与生态承载力理论并行不悖，其中可持续发展理论给生态承载力理论带来全新视角，可持续发展理论对生态承载力理论进行了扩展，突破了“承载”仅仅关注生态系统容量这个简单的概念，通过可持续发展理论的基本原则（如公平性、共同性以及持续性等），将承载作用的主客体统一于一个大的区域生态系统，一方面实现了承载体的发展要求，另一方面在系统的稳定与持续发展中，能够发挥更大的作用。可持续发展是人类的目标，但是在其实现的过程中需对生态承载力进行定量分析。人类活动是离不开资源和环境支持的，只有明确了包括资源和环境在内的生态系统承载力的大小，才能够制定相关的资源利用和开发策略，确保在发展的同时不会损坏自身系统的功能，做到既

发展，又能保持系统的稳定和良好。因此，依托生态承载力的发展才是可持续发展。

近年来，随着人类社会以及经济的飞速发展，出现了很多的世界性问题，包括环境破坏、污染严重、城市化进程加快、人口数量增加等，都会造成人类与自然环境的矛盾。在这样的特定背景下，有限资源的合理利用才是可持续发展的根本，在自然-经济-社会复合生态系统中，对人类活动的最大承载力是可持续发展研究最迫切需要解决的内容。同时，随着可持续发展理论研究的不断深入，其研究重点从定性的内涵研究逐渐转变为定量的评价度量研究。承载力则是量化评价可持续发展的核心工具之一，其中生态承载力刻画的是自然资源与生态环境对区域经济社会发展规模的承载力度。将生态承载力与经济发展的关系进行量化研究，以寻求生态环境系统与经济社会系统之间的协调发展，是区域可持续发展的必然要求。自 1970 年以来，很多学者都开始了对承载力的研究，由最初的单个概念（如土地承载力、环境承载力、资源承载力等）到一个系统的概念，即生态承载力。以上研究是以自然-经济-社会复合生态系统为研究对象，通过开展生态承载力研究，对区域的可持续发展具有重要的指示性作用，并为可持续发展理论的发展与完善奠定了基础。因此，可持续发展与生态承载力相辅相成、密不可分。

四、生态约束下的经济发展模式

1. 经济发展模式的变迁

工业革命以来，经济的发展模式主要以单链式为主，这种单链式是一种非循环的发展方式，从整体来看效益欠佳。人类大量消耗自然资源，然后加工生产，同时伴随着生产加工等过程，也会产生各种废弃物和副产品，从而产生外部不经济性。这种扩大生态足迹的快速增长方式使得这种经济活动更多地表现为单向性，造成外部不经济和环境的恶化。这不但对自然界产生了很大的危害，同时危害到人类的可持续发展，因为这些过度生产所造成的资源消耗使得不可再生资源的缺口很大，废弃物的处理已经超过了自然界本身的净化能力，而且这种环境危害的蔓延以及威胁的累积效应已经使得人类感到忧虑。在这样的情景下，促使人类在发展过程中更多地考虑生态的可持续发展，也就是寻找生态承载力持续承载下的经济模式，使经济的发展具有长久性。

为了能够保证社会、经济和环境的可持续发展，人们对经济模式进行了各种探索，产生了循环经济、绿色经济、低碳经济等经济发展模式。循环经济模式是一种环状的循环过程，而不像传统经济模式那样是线性的过程；其按照减量化、再利用以及再循环的原则，强调实现经济活动以及生产的资源消耗小、污染排放少以及废物的再利用。低碳经济模式就是能源消耗少、碳排放量低的经济发展模式，其实质就是通过技术、制度、产业等方面的创新来减少碳的排放，从而缓解当代的能源危机，促进人类的可持续发展[18]。绿色经济模式指的是一种以环境友好型和资源节约型为主要内容，环境污染少、资源消耗低、生产方式集约、产品附加值高的经济形态，有助于经济发展中高消耗、高排放、高污染的粗放式发展模式的转变，从而实现经济的可持续增长和集约式发展[19]。

但是以上经济发展模式各有缺点。首先，循环经济模式忽略经济规模的生态约束。即使在提倡和采取循环经济模式后，全球生态环境仍旧持续恶化，其根本原因就在于资源的消耗量已经超过资源的再利用量，废弃物的排放量已经超过污染的减少量和环境的容纳能力。其次，低碳经济模式主要聚焦于减少碳排放，对其余环境污染物及其治理的关注较少，内涵较为狭隘。最后，绿色经济模式聚焦于减少经济活动对生态环境的不利影响，依旧忽略了经济规模的生态承载力约束，对经济、社会、生态环境良性循环的复合生态系统的认知也不到位。

2. 生态经济模式

通过以上的论述，要想得到真正具有可持续发展意义的经济发展模式，需要遵循一定的设计标准，这个标准的总原则就是生态承载力最大化和生态足迹最小化。这两个目标需要同时得到满足，才是真正地实现可持续发展的经济模式。从具体的判定条件来讲，共有三个：第一，要建立在资源环境可承载的基础之上，考虑生态约束；第二，要减少对生态环境的影响，实现高质量经济发展。第三，生产过程要遵循循环经济模式。只有在以上条件的基础上，才能够实现生态承载力的最大化以及生态足迹的最小化，从而真正建立起可持续发展的经济模式。

生态经济模式是指以生态经济学理论为指导，遵循经济规律，运用生态学原理和系统工程方法，在自然资源和生态环境承载力约束下，在生产消费过程中高效利用资源、有效控制污染物和温室气体排放，实现经济发展与资源环境协调的经济发展方式。也就是把经济发展建立在资源环境可承载的基础之上，形成经济、社会、生态环境良性循环的复合生态系统，实现经济社会发展和生态环境保护的良性循环[20]。绿色是大自然的底色，“生态”不是“绿色”所能完全涵盖的，“一绿到底”并非生态经济的本真样态，生态经济更能体现生态系统与经济协调可持续发展的本质要求。生态经济主要有循环经济、绿色经济、低碳经济等形态。这几种经济形态在出发点、内涵外延、实施路径、评价考核等方面各有侧重：绿色经济要求尽可能减少经济活动对生态环境的不利影响，循环经济侧重于资源循环利用以提高资源产出效率，低碳经济侧重于优化能源结构以应对气候变化，其都是对高投入、高消耗、高污染、低质量、低效益、低产出的传统经济模式反思后诞生的经济发展模式。生态经济的理论基础是生态学和经济学，强调资源效率、环境质量、生态平衡、气候友好，通过技术创新、制度创新、结构调整、生产生活方式变革，实现经济效益、社会效益和生态效益的有机统一。具体来看，生态经济不仅包括生态农业、生态工业（工业生态化）、生态服务业等部门，可以扩大生态产品生产和供给，包括物质的、精神的产品和服务的生产、流通等经济活动，还包括绿色消费以及一切有利于社会效益、经济效益和生态效益多赢的活动和过程，具有提供基本生活资料、提高人们的生活水平、增强人们的综合素质等功能，是实体经济的最佳形态。

第三节 生态文明建设与经济发展的关系

一、生态文明

1. 生态文明的产生

工业革命推动了物质财富的丰富，也带来了严重的生态环境问题，日益威胁人类的生存和发展，迫使人们不断思考人类文明的未来走向、探讨生态问题的解决之策。20 世纪 60 年代，美国作家蕾切尔·卡森所著《寂静的春天》的出版，标志着人们开始了对全球环境问题的关注。20 世纪七八十年代，随着西方工业化达到顶峰，西方学者也探讨了工业文明带来的多重全球问题，他们虽然看到了社会文明形态必然发生转型而走向新文明的形势，但当时并未明确提出“生态文明”这一概念。“生态文明”的概念由苏联学者于 1985 年率先提出。需要指出的是，当时苏联学者虽提出了生态文明概念，但对该概念的界定却局限于生态文化、生态修养提升，而不是将其视为工业文明之后的一种社会文明形态。1987 年，我国叶谦吉教授进一步明确界定了“生态文明”这一概念。他认为，所谓生态文明就是人类既获利于自然，又还利于自然，在改造自然的同时又保护自然，人与自然之间保持着和谐统一的关系。显然，这是从生态学及生态哲学的视角来解读生态文明。1995 年，美国环保主义者罗伊·英里森的《生态民主》一书以文明形态的视角解读“生态文明”这一概念，强调以尊重和维护自然为前提，以人与人、人与自然、人与社会和谐共生为宗旨，以建立可持续的生产方式和消费方式为路径，倡导人们走和谐可持续的发展道路。

当前，学术界对“生态文明”的理解主要从人类社会发展视角出发，一是从构成成分上来看，“生态文明”并不是一种独立的形态，而是一个复合性概念，是与物质文明、精神文明和政治文明并存的文明形式之一。其中，生态文明是对物质文明的提升，是对精神文明的有益补充，是对政治文明的发展和完善。可以说，唯有生态文明的健康持续发展，才有物质文明、精神文明、政治文明的进一步发展。二是从人类历史发展阶段来看，生态文明是继工业文明之后的新的文明形态，是人类文明发展史上不可逆转的先进形态和必然趋势，涉及人、自然、社会以及经济、政治、文化、道德等各个领域。总地来说，目前对“生态文明”的概念理解存在着不同维度的认识，处于理论构想和实践孕育阶段，需要从历史和现实两个层面整体把握，为生态文明建设指明方向。综上，笔者认为，“生态文明”是以“生态”为基本特征的社会文明形态，是以人与自然、人与人之间和谐共生为基本目标，以尊重自然、顺应自然、保护自然为根本主旨，以人类社会可持续发展为着眼点的一种新的、进步的、有利于人类生存发展的文明形态，是对人与自然关系历史的总结和升华。

2. 生态文明的发展

“生态文明”的概念虽然最早由苏联提出，但积极倡导并实质推动其发展的是我国。而且，关于“生态文明”的正式讨论实际是由我国发起的，随后西方才加入相关的研究和讨论之中。可见，人类关于建设“生态文明”的实践无疑起源于我国。2005 年，我国率先提出“生态文明”这一全新理念，并不断赋予其新的内涵。2007 年 10 月，党的十七大把建设生态文明列为全面建设小康社会目标之一，作为一项战略任务确定下来。2009 年 9 月，党的十七届四中全会把生态文明建设提升到与经济建设、政治建设、文化建设、社会建设并列的战略高度，作为中国特色社会主义事业总体布局的有机组成部分。2010 年 10 月，党的十七届五中全会提出要把“绿色发展，建设资源节约型、环境友好型社会”“提高生态文明水平”作为“十二五”

时期的重要战略任务。2012 年 11 月，胡锦涛总书记在党的十八大报告中提出，建设生态文明是关系人民福祉、关乎民族未来的长远大计，要把生态文明建设放在突出地位，融入经济建设、政治建设、文化建设、社会建设各方面和全过程[21]。时代要求把生态文明理念与道德准则贯穿于经济、社会、人文、民生和资源、环境等各个领域，发挥导向、驱动作用，使所有的发展都体现生态文明的要求，这是新的文明时代特点。2017 年 10 月，习近平总书记在党的十九大报告中全面阐述了加快生态文明体制改革、推进绿色发展、建设美丽中国的战略部署，为未来中国推进生态文明建设和绿色发展规划了路线图[22]。生态文明建设功在当代、利在千秋，建设生态文明是中华民族永续发展的千年大计。党的十九大报告对生态文明建设和绿色发展的高度重视表明我国生态文明建设和绿色发展将迎来新的战略机遇，并为全球生态文明建设提供中国智慧和中国方案。

2021 年 3 月 15 日，习近平总书记主持召开中央财经委员会第九次会议并发表重要讲话，强调实现碳达峰、碳中和是一场广泛而深刻的经济社会系统性变革，要把碳达峰、碳中和纳入生态文明建设整体布局，拿出抓铁有痕的劲头，如期实现 2030 年前碳达峰、2060 年前碳中和的目标。生态文明建设是中国特色社会主义事业“五位一体”总体布局和“四个全面”战略布局及实现中华民族伟大复兴中国梦、建设美丽中国的重要内容，习近平生态文明思想是建设人与自然和谐共生的现代化的根本遵循。把碳达峰、碳中和纳入生态文明建设整体布局，彰显了我国坚持绿色低碳发展的战略定力和积极应对气候变化、推动构建人类命运共同体的大国担当。必须在持续提升生态文明建设战略认知和全面贯彻落实习近平生态文明思想的大战略、大框架、大逻辑中，坚决把碳达峰、碳中和作为生态文明建设的历史性任务，借以如期实现2030年前碳达峰、2060年前碳中和的目标，更好地推动社会全面绿色转型，更好地建设人与自然和谐的现代化，更好地推动生态文明建设不断迈上新台阶、实现新进步。

3．生态文明对可持续发展的超越

（1）可持续发展的局限性

首先，可持续发展理论的西方色彩浓厚，具有狭隘性和歧视性。可持续发展思想由西方学者提出，由西方主导推广。可持续发展思想在20世纪60年代萌芽；20世纪70年代，具有可持续发展含义的话语从西方进入世界舞台；20世纪80年代，可持续发展理论正式确立；20世纪90年代以来，可持续发展理论成为世界共识特别是发展中国家的战略。西方是先发地区，其经验教训对后来者有相当的借鉴作用。但是当可持续发展理论走向世界时，其狭隘性就暴露出来了。西方在资金、技术、管理方面援助后发国家时，往往打折扣而且附加苛刻条件。已有的援助由于对受援方的需求把握不准，带来了很大的副作用。很多西方学者不仅没有承认西方的过失，反而居高临下，实行双重标准，不信任和低估发展中国家，他们暗示发展中国家人口增长过快、土壤贫瘠、气候易变、科学资料不足、资金缺乏，因而不宜进行工业化。

其次，严重的横向不公让代际公平难以实现。西方主导下的国际经济政治秩序对发展中国家非常不利。凭借自身优势，西方榨取发展中国家的能源、原材料和劳动力，国际贸易中剪刀差普遍存在。2019 年，粮食不安全和营养不良的人群绝大部分在发展中国家，不公正的国际秩序是重要原因。在资本主义国家内部，皮凯迪（Thomas Piketty）根据近 300 年来西方国家的数据资料，指出资本收益率高于劳动收益率，资本收益率过高是产生不平等的首要动因。除了经济社会不公外，还存在生态不公的现象。西方国家利用发展中国家环境规则的宽松来转移污染，例如，日本已将 60%以上的高污染产业转移到东南亚和拉丁美洲国家，美国也将 39%以上的高污染、高消耗的产业转移到其他国家。改革开放初期，外商在我国设立的生产企业中，污染密集型企业占比高达 29.12%，并于 1995 年超过 39%。西方国家内部普遍存在富人污染、穷人或者其他的弱势群体埋单的不公平现象。在国家之间、各国国内各个群体之间不平等加剧的情况下，多数当代人不太可能重视环保和下一代人的发展。

最后，在工业文明下，可持续发展思想无法避免生态环境恶化。工业化是资源环境问题的主要根源，但是可持续发展思想没能跳出工业文明去推动人与自然和解。阻碍可持续发展的问题是世界工业化发展导致的问题，不可能在工业文明的模式内解决。现代工业是近代西方思维的产物，如笛卡儿提出主客二分与心物二分，强调人的主体性，人凭借“理性的狡猾”给自然去魅，进而强势主宰自然。考虑到机器大工业曾是西方称霸世界的本钱，出于自身利益和思维惯性，西方国家不可能自我否定。此外，近代西方思维还具有机械性，将自然与人都看作均质的“原子”，用一种形式化、机械化的方式改造自然。以机器生产为主，现代工业、现代农业实现了标准化、专业化和规模化，同时带来了大量土地破坏、空气污染、水污染。如果工业文明作为一个整体继续按照以往的思维模式前进，为了短期利益掠夺自然界，则会对人类赖以生存的自然资源和生态环境继续造成严重的损耗与破坏[23]。

（2）生态文明对可持续发展思想的超越

首先，从人类社会发展战略的角度，需要世界历史的一次根本性变革，只有在建设生态文明以及在生态文明的发展中，才能得到根本性的解决。随着后工业社会全球生态危机加剧，生态文明成为人类历史发展的必然方向，建设生态文明成为人类永续发展的根本大计。生态文明坚持人与自然和谐共生，是工业文明之后人类文明的又一次转型。改革人统治自然的生产方式，发展与生态友好的科学技术，创造新的生态工艺和技术，发展生态工业、生态农业和生态牧业；改革高消费的生活方式，实行绿色生活和绿色消费；发展生态文化、生态医疗保健等，通过“政治-经济-社会-文化”的生态化，实现人与人的社会关系和解，以及人与自然生态关系和解，建设人与人的社会和谐，以及人与自然生态和谐的和谐社会。这就是生态文明的社会，也才是真正的可持续发展的社会。

其次，生态文明及其建设话语和政策实践是首先由当代中国所引领推动的、在发展中国家尤其是中国经济社会环境与文化语境下产生的本土化为主的战略选择和行动。实际上，我国不仅明确承认可持续发展在当代世界各国中接受程度最高的绿色政治共识地位，而且一直都在积极参与自里约环境与发展大会以来联合国机构推动的各项可持续发展议程。与此同时，近年来，我国在国际生态环境保护与治理合作中的重要性已经日渐被承认或变得更加突出。因此，可持续发展与生态文明建设之间的差别既不会影响我国作为当今国际社会重要一员在全球性可持续发展制度化与政策化努力中的积极主动参与，也不会影响我国生态文明建设不断扩大的国际引领与促动作用，我国逐渐成为“全球生态文明建设的重要参与者、贡献者、引领者”。

最后，从国际经济政治秩序角度来看，生态文明建设肯定会触及和改变广大发展中国家在目前并不平等公正的国际经济政治秩序中的严重不对等甚至受歧视或剥夺的地位，而这种结构本身是人类社会遭遇的生态环境危机或困境的结构性障碍与阻力。而且当代中国的生态文明建设和可持续发展努力本质上是一种先进变革性力量。因而，如果引用当前关于人类命运共同体的话语表述，那么笔者认为，当今中国所倡导践行的社会主义生态文明建设不仅是在全世界范围内切实促进生态可持续发展的一种必须性选择，而且是使现存的国际经济政治秩序向一个真实的人类命运共同体转型的真正具有替代性的战略。

二、生态文明建设与经济发展方式转变

党的十八大确立了生态文明建设与经济建设、政治建设、文化建设、社会建设并列的高度，党的十八大和十八届三中全会都把加快转变经济发展方式作为关系我国发展全局的主线，可见生态文明建设与转变经济发展方式已成为我国新时代发展的两大主题。因此，需要理清生态文明建设与经济发展方式转变的关系，明确生态文明建设下经济发展方式转变的主要路径，这对加快经济发展方式转变、推进我国新时代生态文明建设具有重要意义。

1. 生态文明建设与经济发展方式转变的关系

（1）生态文明建设是经济发展方式转变的方向标与导航仪。中华人民共和国成立以来，特别是改革开放以来，我国经济社会发展取得了巨大的成就，实现了历史性跨越。但我们也应该看到，在取得这些成就的同时，我们却付出了沉重的生态

环境代价。实践证明，生态文明为经济发展方式的转变树立了全新的思想理念，指明了前进的方向与奋斗目标，提供了新的价值评判标准与路径选择。科学的经济发展方式必须体现生态文明的精神，只有这样，才能有利于生态环境的保护，有利于资源的节约集约利用，有利于人与自然和谐相处关系的建立，以实现人类的经济效益、文化效益与生态效益的有机统一，走经济社会可持续发展之路。

（2）生态文明建设是转变经济发展方式的重要基础与着力点。建设生态文明蕴藏新的经济增长点，生态文明的建设有利于拓展新兴生态产业的成长空间，有利于拓展经济社会发展的承载空间和突破贸易壁垒的国际市场空间。加强生态文明建设对国家与地方生态环境项目的开展、新能源项目的开发、农村环境基础设施项目的投入有重要的推动作用，既能拉动当前的经济增长，又能增强可持续发展后劲，起到了转变经济发展方式的基础支撑作用与着力点作用。

（3）生态文明建设是转变经济发展方式的支撑条件与重要保障。通常可以用经济发展的质量、生态环境改善的状况和人民生活水平的提高三大标准来检验与衡量经济发展方式转变的成效。随着生态文明建设的不断深入，人与自然和谐相处的理念不断被贯穿到经济发展过程中，促使产业结构实现了转型升级，发展方式从粗放型增长转变为集约型增长，从主要依靠物质资源的消耗向主要依靠科技进步、劳动者素质提高、管理创新转变，保障了经济发展、生态环境和人民生活水平的质量，为转变经济发展方式提供了支撑条件与重要保障。

2. 生态文明建设下经济发展方式转变的主要路径

随着生态文明建设的持续推进，习近平生态文明思想不断融入经济建设中，经济发展方式必然生态化，这主要包括经济生态化和生态经济化。一是要“经济生态化”，经济社会发展必须建立在资源高效循环利用、生态环境保护修复的基础上，形成资源效率型、环境质量型和气候友好型的空间格局、产业结构、生产方式，实现生态环境根本改善；二是要“生态经济化”，把资源优势转化为经济优势，把生态优势转化成发展优势，把良好的生态环境变成可持续发展的“绿色银行”[20]。

（1）经济生态化

经济生态化包括产业生态化和消费生态化两个方面。产业生态化是产业生态学理论指导下的产业发展的高级形态，通过模仿自然生态系统闭路循环的模式构建产业生态系统，按照生态规律和经济规律来安排生产活动，实现产业系统的生态化，从而达到资源循环利用、废弃物排放减少、消除环境破坏的目的，实现经济效益、社会效益和生态效益的和谐统一，最终实现产业与自然的协调发展与可持续发展。产业生态化是一个系统工程，需要在不同的层面上将产业发展纳入一个有机的可持续发展框架中，这体现在三个方面：一是在微观层次上实施清洁生产，使资源在产业内部实现循环利用，提高资源利用率；

二是在中观层次上建立生态产业园区，使资源在产业系统内实现循环利用，尽可能减少废弃物对环境的排放；三是在宏观层次上形成循环经济，使物质的生产和消费在全社会范围内形成大循环，实现真正意义上的物质减量化。具体而言，就是要不断推进生态产业发展，将清洁生产、生态产业园、循环经济等发展模式运用到传统的农业、工业、服务业等产业的发展中，继而形成生态农业、生态工业、生态服务业等生态产业体系。

消费生态化是指对自然生态结构、功能无害（或较少有害）的消费方式，是在满足人的合理需求基础上，以维护自然生态系统的平衡为前提的一种可持续的消费方式，以资源节约和环境友好为价值导向和实践取向。生态化消费方式是建立在对地球资源蕴藏、环境容量、生态承载力有限性的科学认识之上的，不是对前工业文明时代“原生态型”和“生态维护型”消费方式的简单认同与回归，而是对工业文明时代生态破坏或反生态型消费方式的扬弃与超越。就人与自然的关系而言，消费生态化的特征在于尊重自然、顺应自然，在利用自然的同时不突破资源环境的承载力。消费生态化要求人类的消费水平既要与社会生产力发展水平相适应，又要与自然的生态平衡相协调。从西方发达国家半个多世纪的实践来看，围绕刺激消费进行制度设计尽管是主流，但顾及消费与自然资源、生态环境的关系已成为消费制度创新的趋势。推进消费生态化是生态文明建设的要求，也是经济社会可持续发展的正确导向，是打造资源节约型、环境友好型社会的现实选择。以消费生态化引领资源节约集约利用，探求资源环境约束的突破路径，进而促进生产方式的转变，共同保护人类赖以生存的自然生态空间。

（2）生态经济化

生态经济化是将自然资源、环境容量、气候容量视作经济资源，对其加以开发、保护和使用。对于自然资源，不仅要考察其经济价值，还要考察其生态价值；对于环境资源和气候资源，要根据其稀缺性赋予其价格信号，进行有偿使用和交易。产业是支撑经济发展的核心和基础，因此生态产业化是生态经济化的核心。生态产业化就是依据生态经济理论，按照社会化生产、市场化经营的方式，将生态产品和服务由无偿使用的资源转变为有价值的商品和服务，推动生态资源向生态资产、生态资本转变，实现生态资源价值增值，把绿水青山变成金山银山[24]。推进生态产业化，就是要按照产业化规律推动生态建设，推动生态要素向生产要素、生态财富向经济财富转变，促进生态与经济良性循环发展。生态产业化经营，不仅要以提供优质生态产品和服务为中心，通过市场交易或者政府公共支付实现价值补偿，而且还要在不影响生态系统服务功能的前提下，将生态环境优势转化为经济发展优势，发展“生态+”产业体系，提升区域产业竞争力。可见，生态产业化经营实质上是以生态产品生产和再生产为主线的经济活动过程。它是自然再生产过程和经济再生产过程的统一，两者相互交织、不可分割。因此，生态产业化经营，既要遵循自然规律，又要遵循市场规律，要在生态优先、绿色发展理念的指引下，探索生态产品价值市场实现机制，这是新时代我国生态经济体系建设的重点和难点。

按照实施主体和运行机制的不同，生态产品和服务的经济价值实现方式主要有三种类型：一是政府支付补偿，即各级政府运用财政资金，依据相应的标准，向提供公共生态产品和服务的生产者进行补偿。例如，我国实施退耕还林（草）工程，农户因为退耕还林（草）不能生产粮食，但对全社会提供了公共生态产品，中央财政对退耕还林（草）的农户按照相应的标准进行补偿。二是生态产权市场交易，即在生态产权市场交易碳排放权、排污权、取水权、用能权等生态产权。三是生态商品在市场销售。从发展趋势来看，随着我国市场机制不断完善，生态环境资源的稀缺性凸显，生态产权日益明晰，公众生态环保意识增强，消费者收入水平和生态消费支付意愿提高，一些生态资源可以资产化，开发出具有市场需求的生态产品，如生态旅游、生态农产品等，进而吸引资本投资开发更多生态产品，实现生态的经济价值，反过来也为保护生态环境提供了资金。

第四节 构建新时代生态经济学

生态经济学是一门研究生态经济活动和生态经济规律的学科。中国特色社会主义进入新时代，中国生态经济学的创新发展必须更好地服务于实现“两个一百年”奋斗目标和中华民族伟大复兴的中国梦。目前，我国生态经济学创新发展的基础还比较薄弱，对重大生态环境问题的研究也不够深入，尚不能满足新时代生态文明建设的要求。因此，迫切需要构建新时代生态经济学，建设新时代生态经济体系[25]。

2018 年 5 月，习近平总书记在全国生态环境保护大会上提出：“要加快构建生态文明体系，加快建立健全以生态价值观念为准则的生态文化体系，以产业生态化和生态产业化为主体的生态经济体系，以改善生态环境质量为核心的目标责任体系，以治理体系和治理能力现代化为保障的生态文明制度体系，以生态系统良性循环和环境风险有效防控为重点的生态安全体系。”[26]这五个体系既是指导原则，也是方法论，进一步丰富了习近平生态文明思想，也为生态经济体系的发展指明了方向，画出了路线图。

新时代生态经济学是以习近平生态文明思想为指导，运用中国特色社会主义经济理论与生态学原理，以产业生态化和生态产业化为主体，研究生态系统和经济系统所构成的复合系统的结构、功能、行为及其规律性的学科体系。随着我国进入社会主义生态文明新时代，生态经济学在我国的地位日益凸显。

一、构建新时代生态经济学的必要性

构建新时代生态经济学的必要性主要体现在如下几个方面。

第一，是为了解决我国现实的生态环境问题。解决当代中国经济发展过程中面临的生态环境问题，是建设新时代生态经济体系的目的所在。新时代生态经济学研究要坚持问题导向，解决具体的生态经济问题。否则，生态经济学就成了空中楼阁。中国生态文明建设和经济社会的可持续发展需要有能够正确对此加以解读的中国生态经济学——新时代生态经济学。

第二，这是由中国社会的主要矛盾决定的。党的十九大报告指出："中国特色社会主义进入新时代，我国社会主要矛盾已经转化为人民日益增长的美好生活需要和不平衡不充分的发展之间的矛盾。"正确识别和处理社会主要矛盾，直接影响着新时代生态经济体系的发展方向。以新时代社会主要矛盾为主线，新时代生态经济学的着力点是解决人民日益增长的优质生态产品需要和生态产品供给的不平衡不充分之间的矛盾。

第三，是为了充分发挥社会主义制度的政治优势。在中国特色社会主义制度下，生态系统的生态规律与经济系统的社会主义基本经济规律同时存在于生态经济系统之中。我国实行社会主义公有制，国有资本属于全体人民共同所有，国有经济控制国民经济命脉，对经济发展起主导作用。中国共产党以全心全意为人民服务为宗旨，党领导人民发展经济，制定利国利民的长远规划。中国共产党的领导和社会主义制度是打破资本逐利性带来的生态环境破坏的关键。

第四，是由新时代经济高质量发展决定的。为了实现经济高质量发展，需要大力构建新时代生态经济体系。通过发展生态经济，降低经济发展的生态成本、资源成本和环境成本，提高各种资源的使用效率，建立资源节约型和环境友好型国民经济体系，减轻经济增长对资源环境的压力。

第五，是由中国的传统文化决定的。生态经济不仅有其物质基础和物质条件，同时也有其文化基础和条件。在文化的进化变迁过程中，产生了规范人们行为和思维模式的价值系统和道德秩序，并成为生态经济产生和发展的文化与伦理基础。因此，必须将新时代生态经济体系放入中国的文化背景下去考察。在中华民族优秀传统文化中蕴含着丰富的生态智慧，主要体现在“道法自然”“天人合一”“阴阳五行”“和合文化”等哲学理念上。这些传统文化的基本作用机制将对新时代生态经济体系的构建产生重要影响。

二、构建新时代生态经济学的指导思想

习近平生态文明思想是构建新时代生态经济学的指导思想。党的十八大以来，以习近平同志为核心的党中央深刻回答了生态文明建设的一系列重大理论和实践问题，提出了一系列新理念新思想新战略，形成了习近平生态文明思想，为推进生态文明、建设美丽中国提供了强大思想武器。习近平总书记在2018 年的全国生态环境保护大会上提出，新时代推进生态文明

建设，必须坚持人与自然和谐共生，坚持绿水青山就是金山银山的理念，坚持良好生态环境是最普惠的民生福祉，坚持山水林田湖草是生命共同体，坚持用最严格制度、最严密法治保护生态环境，坚持共谋全球生态文明建设。上述六条基本原则，构成了习近平生态文明思想的核心要义，也是新时代生态经济发展的基本遵循[26]。

（1）坚持人与自然和谐共生。人与自然和谐共生是人与自然和谐发展、共生共荣的存在状态，这是核心，也是根本。人与自然和谐共生既是生态文明建设的时代要求，更是实现中华民族伟大复兴的根本保障。新时代生态文明建设通过实现人与自然的和谐来促进人与人、人与社会关系的和谐，实现人类的生产方式、生活方式、消费方式与自然生态系统相互协调，最终实现人类的可持续发展。

（2）坚持绿水青山就是金山银山的理念。这实质上是经济发展与生态环境保护的关系。绿水青山既是自然财富、生态财富，又是社会财富、经济财富。习近平总书记指出，绿水青山就是金山银山是重要的发展理念，也是推进现代化建设的重大原则。经济发展要坚持在发展中保护、在保护中发展，实现经济社会发展与人口、资源、环境相协调，要把经济活动、人的行为限制在自然资源和生态环境能够承载的限度内，给自然生态留下休养生息的时间和空间，实现经济社会发展和生态环境保护协同共进。

（3）坚持良好生态环境是最普惠的民生福祉。生态环境是关系党的使命宗旨的重大政治问题，也是关系民生的重大社会问题。良好的生态环境意味着清洁的空气、干净的水源、安全的食品、宜居的环境，让良好生态成为最普惠的民生福祉，源自中国共产党全心全意为人民服务的根本宗旨，将解决突出生态环境问题作为民生优先领域，以满足人民群众对生态环境质量提高的热切期盼。

（4）坚持山水林田湖草是生命共同体。生态文明建设是一个系统工程，必须按照生态系统的整体性、系统性及内在规律，统筹考虑自然生态各要素，进行整体保护、宏观管控、综合治理，全方位、全地域、全过程开展生态文明建设，增强生态系统循环能力，维护生态平衡。

（5）坚持用最严格制度、最严密法治保护生态环境。法规制度的生命力在于执行，贯彻执行法规制度关键在真抓，靠的是严管。习近平总书记指出，只有实行最严格的制度、最严密的法治，才能为生态文明建设提供可靠保障。对于破坏生态环境的行为，不能手软，不能下不为例。加快制度创新，强化制度执行，尤其是在创新生态补偿、生态文明考核评价、资源生态环境管理等制度方面，抓好制度的执行和落实。

（6）坚持共谋全球生态文明建设。人类是命运共同体，保护生态环境是全球面临的共同挑战和共同责任。唯有国际社会携手合作，我们才能有效应对气候变化、海洋污染、生物保护等全球性环境问题，实现联合国 2030 年可持续发展目标。中国要深度参与全球环境治理，增强在全球环境治理体系中的话语权和影响力，积极引导国际秩序变革方向，形成世界环境保护和可持续发展的解决方案。

三、构建新时代生态经济学需坚持的原则立场

当今中国正经历着历史上最为广泛而深刻的社会变革，正处于经济转型的重要阶段，生态经济领域新问题、新矛盾层出不穷。这需要中国的生态经济学者以中国视角观察中国生态文明建设实践，把握好“立足中国，放眼世界”这一新时代生态经济学的立场问题，提出具有自主性、创新性的新时代生态经济学。

笔者认为，习近平生态文明思想为构建新时代生态经济体系奠定了道路自信、理论自信、制度自信和文化自信。不同国家在解决生态环境问题时往往会选择不同的道路，这是因为不同国家的生态资源禀赋、经济发展水平、制度背景、传统文化等不尽相同。中国生态环境治理道路是既有别于西方的“先污染后治理”，又超越中国传统环保模式的绿色发展道路。“绿水青山就是金山银山”等理念的提出，体现了新时代生态经济学的理论自信。同时，习近平生态文明思想为生态文明建设提供了制度保障，包括实行生态补偿制度、建立生态绩效评价考核和责任追究制度等。习近平生态文明思想是马克思主义生态思

想与中国实际相结合的历史产物，而中华文化是“中国实际”的重要组成部分。新时代生态经济体系既承袭了中华传统文化的哲学思想，又吸收了马克思主义生态经济思想，体现了中国共产党的使命担当和中华民族的文化自信。

在构建新时代生态经济学时，我们需要利用好四大资源：一是马克思主义的资源。习近平生态文明思想是马克思主义中国化的理论产物，以习近平生态文明思想为核心的生态经济理论是构建新时代生态经济学的思想指南。二是中华优秀传统文化中的生态哲学思想资源，这是新时代生态经济学的宝贵财富。三是中国特色社会主义生态经济实践，这是新时代生态经济学的创新基础。讲好中国故事需要形成新的理论概括、新的生态经济范畴并体现中国智慧，新时代生态经济的理论体系和话语体系要在中国特色社会主义实践中不断创新和完善。四是国外哲学社会科学资源，这是新时代生态经济学的有益滋养。新时代生态经济学不是封闭的，而是开放的。在坚持以马克思主义为指导的前提下，应有选择地借鉴西方生态经济学理论。

构建自主创新的新时代生态经济理论体系，既要着力研究与解决中国自身生态经济发展面临的重大问题，提出具有原创性质的理论观点，又要综合运用国内外各种生态经济学理论与方法，研究世界生态经济与可持续发展共同面临的重大问题，努力提出体现中国国情与中国智慧的生态经济学理论观点，给出解决人类生态环境问题和促进全球可持续发展的中国方案。只有这样，才能体现新时代生态经济学的原创性，才能真正形成具有中国特色、中国气派与中国风格的崭新的生态经济学。

四、新时代生态经济学的主要内容

新时代生态经济学必须从解决中国生态环境问题的实际出发，建立起由自己的概念、范畴、核心思想构成的系统性、科学性的理论体系。

第一部分是关于马克思主义生态思想和习近平生态文明思想的内容。新时代生态经济学必须坚持以马克思主义生态思想和习近平生态文明思想为指导。生态文明思想是对可持续发展思想的超越。生态文明思想强调“五位一体”，即以生态-政治-经济-社会-文化五维复合系统作为研究对象，在生态文明思想的指导下，统筹生态建设与经济建设、政治建设、文化建设、社会建设之间的关系。生态文明思想是研究生态经济规律和建立生态经济学理论体系的又一次深化，进一步丰富和完善了我国生态经济学的理论体系，并为用新时代的生态经济理论指导实践提供了强有力的思想基础。

第二部分是关于新时代生态经济学理论的内容。“绿水青山就是金山银山”“保护生态环境就是保护生产力，改善生态环境就是发展生产力”“生态环境是民生福祉”“人与自然和谐共生”“山水林田湖草是生命共同体”等是新时代生态经济学的理论基础。当前需要对这些理论的提出、理论的思想内涵、理论的时代价值、这些理论对马克思主义生态思想的丰富和发展以及如何践行这些理论等进行深入阐释。

第三部分是关于新时代生态经济学的研究目标。新时代生态经济学的研究目标不仅要实现人与自然和谐共生，而且强调生态环境是民生福祉。“环境就是民生”集中反映了习近平总书记的生态民生观，这种“最公平”与“最普惠”性并非局限于“代内”共享，而是可以很好地实现“代际”共享；并非局限于国内民众共享，而是可以很好地实现全球共享。这部分研究内容包括两方面：一方面是人与自然和谐共生的相关理论，尤其是中国传统文化中有关这方面的思想和理论；另一方面是体现习近平生态民生观的生态服务均等化理论等。

第四部分是关于新时代生态经济学的研究主体。习近平总书记强调要建立以产业生态化和生态产业化为主体的生态经济体系。首先，运用新时代生态经济学理论，结合其他相关理论，对生态产品市场、生态价值、生态产权等基本经济概念进行深入研究。当前对这些基本概念的理解比较混乱，只有在厘清这些概念的基础上，才能对产业生态化和生态产业化进行逻辑清晰的系统研究。其次，对原材料类、环境容量类、舒适性类、生命支持性类等 4 类生态资源的产业化进行系统研究。同时，需要结合不同类型生态资源的特点，对生态产业化的具体路径（如直接市场交易、政府生态购买、特许经营等）进行深入研究。最后，对产业生态化进行研究，包括生态农业、生态工业和生态服务业的具体理论与实践等。

参考文献

[1] 张连国．从传统经济学到生态经济学[J]．社会科学辑刊，2005（3）：59-64.

[2] Barbier E B，Burgess J C，Folke C. Paradise lost? The ecological economics of biodiversity[M]. London：Earthscan，1994.

[3] Shmelev S E. Ecological economics[J]. Ecological Economics，2012，79（3）：71-79.

[4] Spencer P，Perkins P E，Erickson J D. Re-establishing justice as a pillar of ecological economics through feminist perspectives[J]. Ecological Economics，2018，152：191-198.

[5] 许涤新．生态经济学[M]．杭州：浙江人民出版社，1987.

[6] 刘思华．刘思华可持续经济文集[M]．北京：中国财政经济出版社，2007.

[7] 王松霈．生态经济学[M]．西安：陕西人民教育出版社，2000.

[8] 尤飞，王传胜．生态经济学基础理论、研究方法和学科发展趋势探讨[J]．中国软科学，2003（3）：131-128.

[9] 沈满洪．生态经济学的定义、范畴与规律[J]．生态经济，2009（1）：42-47，182.

[10] 诸大建．生态经济学：可持续发展的经济学和管理学[J]．中国科学院院刊，2008（6）：520-530.

[11] Park R F，Burgess E W. An introduction to the science of sociology [M]. Chicago：University of Chicago Press，1921.

[12] 岳晓燕，宋伶英．土地资源承载力研究方法的回顾与展望[J]．水土

保持研究，2008（1）：254-257.

[13] Hoekstra A Y，Chapagain A K. Water footprints of nations：Water use by people as a function of their consumption pattern[J]. Water Resources Management，2007，21（1）：35-48.

[14] Schneider D M，Godschalk D R，Axler N. The carrying capacity concept as a planning tool[J]. Chicago：American Planning Association，1978.

[15] Arrow K，Bolin B，Costanza R，et al. Economic growth，carrying capacity，and the environment[J]. Science，1996，1（5210）：104-110.

[16] 曾维华，王华东，薛纪渝，等．环境承载力理论及其在湄洲湾污染控制规划中的应用[J]．中国环境科学，1998（S1）：71-74.

[17] 封志明，杨艳昭，闫慧敏，等．百年来的资源环境承载力研究：从理论到实践[J]．资源科学，2017，39（3）：379-395.

[18] 余壮雄，陈婕，董洁妙．通往低碳经济之路：产业规划的视角[J]．经济研究，2020，55（5）：116-132.

[19] 孙瑾，刘文革，周钰迪．中国对外开放、产业结构与绿色经济增长——基于省际面板数据的实证检验[J]．管理世界，2014（6）：172-173.

[20] 周宏春，管永林．生态经济：新时代生态文明建设的基础与支撑[J]．生态经济，2020，36（9）：13-24.

[21] 胡锦涛．坚定不移沿着中国特色社会主义道路前进，为全面建成小康社会而奋斗——在中国共产党第十八次全国代表大会上的报告[J]．理论学习，2012（12）：4-27.

[22] 习近平．决胜全面建成小康社会，夺取新时代中国特色社会主义伟大胜利——在中国共产党第十九次全国代表大会上的报告[M]．北京：人民出版社，2017.

[23] 胡义清．“绿水青山就是金山银山”理念对可持续发展思想的超越——基于实践的维度[J]．观察与思考，2020（10）：52-58.

[24] 黎元生．生态产业化经营与生态产品价值实现[J]．中国特色社会主义研究，2018（4）：84-90.

[25] 曾贤刚．构建新时代生态经济学　建设新时代生态经济体系[N]．中国环境报，2020-08-07（3）．
[26] 习近平．坚决打好污染防治攻坚战　推动生态文明建设迈上新台阶[N]．人民日报，2018-05-20（1）．

第二章　生态经济理论

第一节　生态经济系统理论

一、生态系统

1. 生态系统定义及要素

生态系统是指在一定时间和空间范围内，由生物群落与其环境组成的一个整体，是具有一定的大小和结构，能够完成物质循环、能量转化和信息传递的生物及其环境结构单元，是生态学的功能单位和基本范畴。地球上最大的生态系统是地球上的全部生物及其无机环境的总和——生物圈。

生态系统的组成要素主要包括两大部分和四种基本成分。两大部分是指生物部分和非生物部分，即生物群落和无机环境；四种基本成分包括非生物的物质和能量与生物群落中的生产者、消费者和分解者，主要划分依据为各成分在生态系统中的功能和所处的地位；其中，生产者为主要成分。无机环境即非生物的物质和能量，是生态系统的基础组成部分，包含阳光以及其他所有构成生态系统的基础物质，如水、空气、土壤和无机盐等；其中，阳光是绝大多数生态系统的直接能量来源。无机环境为生物群落提供能量、养分等生命活动所需的物质基础，正因如此，无机环境的条件水平直接决定了生态系统演化的复杂程度，即生物群落的丰富度。

生产者指生态系统中的自养生物，主要包括绿色植物和一些能够化能合成的细菌、蓝藻等，是起主导作用的成分。生产者能够通过光合作用、化能合成等过程，将太阳能转化为化学能、无机物转化为有机物，供给给生态系统，因此在系统中居于最重要的地位，也是生态系统中最不能或缺的部分。消费者为异养生物，主要包括各种动物（如植食、肉食、杂食和寄生动物）以及寄生的菌类和植物等。分解者也是异养生物，主要是细菌和真菌，也包括某些原生动物和腐食性动物，主要作用是将动植物遗体和残骸中的有机物分解为无机物并释放到环境中，从而可以被生产者重新利用。因此，分解者是生态系统的必要成分，是连接生物群落和无机环境的桥梁。

2. 生态系统的结构

（1）形态结构

形态结构也称为时空结构，是指各种生物成分或群落在空间上和时间上的不同配置和形态变化特征，包括水平结构、垂直结构和时间上的发展演替特征。生态系统的水平结构是指在一定生态区域内的生物群落在水平空间上的组合与分布。受到不同的地理环境条件（如水分、土壤和气候等）的综合影响，生物群落的水平分布并不是均匀的，呈现出镶嵌性。生态系统的垂直结构包括不同类型的生态系统在不同海拔高度上的垂直分布和生态系统内部的生物群落在垂直方向上的分布。随着海拔高度的变化，光、热、水、土、大气等环境因子会发生有规律的垂直变化，因而导致了垂直分布的分层性。在时间分布上，一般可以通过三个时间尺度来考察：较短的时间尺度上主要是昼夜、季节和年限上的周期性变化；中等时间尺度上主要是考察群落的演替；长时间尺度上则是以生态系统进化为主要内容。生态系统的形态结构是生态系统作为一个统一整体的基本骨架，不仅影响着生态系统营养结构的形成，而且对生态系统内部的能量转化方式、物质循环利用和信息传递途径都有导向作用。

（2）营养结构

生态系统的营养结构指的是生态系统内部的生物与生物之间以食物营养关系为纽带所形成的食物链和食物网，是实现物质循环和能量流动的主要途径。植物由太阳能转化出的能量会通过捕食关系在生态系统中传递，这种传递链条就是所谓的食物链。一般生态系统中都会存在两种主要的食物链，即捕食食物链和碎屑食物链，一个以活的动植物为起点，一个以死体或者腐屑为起点。现实生活中，生物之间的捕食关系并不是简单的单链条，而是错综复杂、交织成网，即食物网。食物网使得生态系统中的各种生物成分之间产生直接或间接的关系。复杂的食物网结构对生态系统保持稳定性和持续性具有重要意义，不仅维持着生态系统的相对平衡，而且是推动生物进化、促进自然界发展演变的强大动力。一般认为，食物网越复杂，生态系统的抵抗力、稳定性越强，反之则越弱。

3．生态系统的功能

生态系统自身的三大功能分别是能量流动、物质循环和信息传递。生态系统中，能量的输入、传递、转化和散失的过程被称为生态系统的能量流动。能量流动是单向流动、逐级递减的。生态系统的能量来自太阳能，在被生产者固定下来后顺着食物链和食物网逐渐传递，因此并不可逆，且有着 10%～20% 的递减率。能量传递到每个营养级后的主要去向有自身呼吸作用代谢消耗、尚未利用留待日后的繁殖生长和被下一个营养级利用。生态系统的能量流动推动着各种物质在生物群落和无机环境之间的循环，这些物质主要是组成生物体的各种基础元素，如碳、氮、硫等。但是同时，以 DDT 为代表的有机氯类杀虫剂等能够长时间存在的有毒物质也会参与循环，甚至会通过富集作用积累在食物链顶端的生物体中，而这通常是人类自己。物质循环并不会局限在某一个生态系统中，而是会通过大气循环和水循环进行全球性的循环，这也是全面禁止使用 DDT 这类物质的重要原因之一。

生态系统中的信息分为光、声、温度等物理信息，动物的性外激素等信息素，植物的有机酸等化学信息和生物体的行为特征等行为信息。这些信息保障了生物个体生命活动的正常进行和生物种群的繁衍，生态系统中各种群之间关系的调节和生态系统稳定性的维持同样离不开信息的传递。这些信息在农业生产中也发挥着重要的作用，对其加以利用既可以提高农畜产品的产量，也可以对有害动物进行控制。生态系统对人类来说还具有一项功能，即服务功能，指生态系统所提供的满足人类生存和生活需要的条件和过程，其主要包括产品提供功能、调节功能、文化功能和支持功能。生态系统的服务功能是具有价值的，其类型包括直接价值、间接价值、选择价值、存在价值和遗产价值。这些价值也是将生态系统与经济系统相结合，核算相关费用和价格的理论基础所在。

二、经济系统

1. 经济系统的概念

经济系统是经济学的基本范畴，是由相互联系和相互作用的若干经济要素结合而成的，具有特定功能的有机整体。经济系统本身的定义有不同的阐述，一般意义上，经济系统是生产力系统和生产关系系统在一定的地理环境和社会制度下的组合。整个社会的生产力系统和生产关系系统的相互作用，又通过社会再生产过程中的生产、交换、分配和消费的循环运动进行。再加上适应这种经济活动与经济运行的组织方式、方法、制度和机构体系，构成了一个国家的经济系统。

2．经济系统的组成

依照以上定义，经济系统的组成大致可以分为生产资料所有制系统及相应的生产关系系统、生产力系统和经济运行系统。生产资料所有制是指人们在生产资料所有、占有、支配和使用等方面所结成的经济关系，生产关系是指人们在物质资料生产过程中形成的社会关系。生产资料所有制是生产关系的基础，决定着社会的基本性质和发展方向。生产资料归谁所有、由谁支配，不仅决定着直接生产过程中人与人的关系，而且决定着分配关系、交换关系和消费关系。我国以公有制为主体，多种所有制经济共同发展的基本经济制度正是我国社会主义市场经济制度的重要组成部分，是中国特色社会主义制度的重要支柱，体现了中国特色社会主义制度的优越性。

生产力系统是由生产力要素按照一定的方式和结构组织起来的有机整体。其中既包含了现实的物质生产力的实体性因素，也包括了科学技术和教育等渗透性和准备性因素，以及运筹性因素，即预测决策、经济管理等高层次的因素。通过优化这些要素，可以实现生产力系统功能的最大化，从而解放和发展社会生产力，实现跨越式前进。

经济运行系统包括生产、交换、分配和消费四个环节，其中生产是经济活动的基础，交换是经济活动的流通过程，分配是中间环节，消费则是最终目的。它们相互联系、相互制约，共同组成生产过程。生产居于支配地位，起着决定和主导的作用，一定的生产决定着一定的分配、交换和消费，以及这些不同要素相互间的一定的关系；同时，分配、交换和消费也反过来影响生产，制约着生产发展的速度和规模，是一种对立统一的辩证关系。

3．经济系统的结构与功能

经济系统的结构有多种分类方式：如果按照生产力和生产关系划分，大致有五个方面，首先是所有制结构，然后是社会再生产过程四个环节的结构，即生产结构、流通结构、分配结构和消费结构，其中每一个结构又包括许多具体的结构。如果按所包含的范围不同，则可以分为整个国民经济结构、部门经济结构、地区经济结构和企业经济结构等。

经济系统的基础就是生产活动，而社会生产过程归根到底就是人们通过有目的的活动，使自然界的物质形态改变，成为能够满足人们需要的产品，而任何生产过程都是物质循环、能量流动、信息传递的过程。因此，与生态系统相似，经济系统也是通过这三大功能，使得系统运转并把系统内的各个组成部分连接成为一个有机整体。而不同之处则是，经济系统中社会生产和再生产过程不仅是物质产品的生产过程，也包括了产品的价值增值和价值实现过程。经济系统的功能主要体现在沿着劳动交换链的物流、能流、信息流和价值流的运动之中。

三、生态系统与经济系统

生态系统和经济系统之间，除了作为系统有相同的开放性等特征外，还具有很多相同之处。二者运动的物质动力都是太阳能或者太阳能的转化形态。在二者内部都有一个交换机制，在生态系统内部的交换机制体现在随食物链转移的物质和能量上；而在经济系统中，交换是劳动者之间以及经济部门与经济部门之间凝结在产品中的社会必要劳动量的交换。从结构上看，两者都具有随时间演替和系统成分空间分布的立体特点。

但同时二者还具有相当部分的差异。首先便是反馈模式的差异，生态系统中主要是负反馈模式，通过营养关系，调节种群生物量的增减，从而使整个生态系统维持动态平衡；经济系统中却是正反馈模式，即只要经济机制不改变或者经济体制的改变不会影响经济的原有运行状态，不断地投入要素，就可以实现经济的增长，这是一种动态的、显示单向的增长。

一个成熟的生态系统往往是很复杂的，具有较高的物种和基因的多样性，这是物质循环发生和运行的基本保障；而在经济系统中，因为对规模经济的追求，导致经济系统在单位空间上的多样性是很缺乏的，物质也不能得到充分的循环。同时，作为人工系统，经济系统的动态变化是不能独立于环境的生态系统的动态变化而存在的；经济增长既依赖于环境，同时也能够影响生态系统和经济系统的变化。生态系统和经济系统之间的这种联系使得它们能够耦合形成生态经济系统这一存在。但是，生态系统更多是向着更为稳定的方向发展，而经济系统则是为了追求利润最大化。在一定的环境容量下，经济系统的发展如果达到了生态系统环境容量的阈值，就没有足够的资源来供给经济增长，这就导致了两者之间还存在着一项基本矛盾，即具有增长型机制的经济系统对自然资源需求的无限性与具有稳定机制的生态系统对自然资源供给的有限性之间的矛盾，这项基本矛盾的激化是生态经济系统研究的理论基础。

四、生态经济系统

简单来讲，生态经济系统是由生态系统和经济系统相互交织、相互作用、相互耦合而成的复合系统。详细些的阐述则是由生态系统和经济系统通过技术中介以及人类劳动所构成的物质循环、能量转化、价值增值和信息传递的结构单元和复合系统，是生态系统和经济系统的有机结合与统一。生态经济系统是生态经济学最基本的理论范畴，是人类进行一切经济活动的实际载体，对这一点的正确认知有助于人们正确处理生产生活中的各种生态经济问题，由此决定了生态经济系统在生态经济学理论范畴体系的基本地位。

1. 生态经济系统的基本特征

生态系统通过能流、物流的转化、循环、增值和积累的过程与经济系统的价值、利率、交换等软要素融合在一起，形成了生态经济系统这个复合系统，因而，生态经济系统天然地具有融合性的特性。生态经济系统中的生态循环与经济循环都离不开生产过程这个耦合环节，二者耦合的过程实际上也是通过相互作用、交换以改变自身原有的形态和结构，共同耦合为一体的过程。生态系统和经济系统的连接与耦合是通过一个中间环节来实现的，即由各种技术要素所组成的技术系统。它是连接两个子系统的桥梁和中介，具有相对独立性，但又不是独立存在的，只有通过生产活动才能体现出来，对生态效益和经济效益都有很大的影响[1]。

生态经济系统的结构具有立体特征，这是由作为基础系统的生态系统的空间结构决定的。生态系统的立体和水平异质性导致了生物群落与环境相适应的明显的空间垂直和水平分布。因此，从资源角度来看，这也就导致了人们的经济活动会受到资源立体特征的制约。同时，生态系统与经济系统结合形成的生态经济系统的各要素之间的连接不是点上的结合，也不只是单一链条上的结合，而是纵横交错的网状结合，因此生态经济系统的结构也具有网格的特征。

生态经济系统是远离平衡态的有序系统，需要通过不停顿的物质、能量和信息的变换来趋于和维持一种动态的平衡，即“稳态”。在复杂的多元系统中，各子系统和各要素之间具有协同作用，系统就会产生具有一定功能的有序的自组织结构，即耗散结构。耗散结构是由普利高津在1969年提出的，指一个远离平衡的开放系统与环境发生物质和能量交换，系统活动就处于一定涨落范围；当外界条件的变化达到一定程度或者系统的某个参数超出一定的界限时，就发生突变，即非平衡相变，系统就从无序走向有序，形成耗散结构。这是开放系统的典型发展形式，是在与外界进行物质和能量交换的过程中不断进行自我调节活动，以保持稳态和有序性。

各要素之间的协同作用越明显、和谐，系统就越向着有序化的方向演变，直至形成稳定的动态结构。生态经济系统的结构就是比较完善的自组织系统结构，一方面，由于增加物质和能量，系统不断地演化和发展；另一方面，系统不断从外界接收信息，使得系统内部的有序度增加，自组织能力增强。生态经济系统的协调有序性实质上就是生态系统有序性与经济系统有序性的融合。生态系统有序性是生态经济系统有序性的基础，而经济系统也有其需要遵循的运行规律；生态经济系统协调有序性还表现在生态系统的自然生长与经济目标的人工导向协调上。当然，这种人工导向必须控制在生态经济阈的限度范围内，否则将会影响生态经济系统的协调有序性的发展，导致系统的逆向演替。

生态系统是开放性的，经济系统也是开放性的。各个部门经济或者整个国民经济一刻不停地在同外界进行物质、能量和信息的交换。一方面，时刻进行着各个经济部门的相互交换，还有地区与地区、国家与国家之间的交换；另一方面，经济系统还必须不停地从生态系统中汲取能量和物质，但最终又把这些物质、能量输出到自然环境中。两者耦合而成的生态经济系统也是开放系统，它与周围更大的自然与社会环境有着物质、能量、价值与信息的输入输出关系，是一个具有耗散结构的开放系统，这是控制其稳定协调发展的依据。但是，由于生态经济系统是复合系统，因而在系统的平衡、效益、目标、规律等方面都表现出了双重性，并且在生态平衡与经济平衡、生态效益与经济效益、生态目标与经济目标、生态规律与经济规律之间都呈现出既相互矛盾又相互统一的辩证关系。

2. 生态经济系统的组成要素

目前，对生态经济系统的组成要素有几种不同的说法。首先是许涤新提出的六大要素说，其中包括了人口、环境、资源、物资、资金和科技六种要素。按照属性可以分为自然生态要素和社会经济要素两大类型：环境和资源属于自然生态系统的要素，物资、资金和科技属于社会经济系统的要素，人口则可以从自然和社会两个角度，分属自然生态系统和社会经济系统；人口、资源和环境之间的关系构成生态系统；而人口、物资、资金、科技之间的关系则构成社会经济系统。此后，沈满洪又从广义的资源分类入手，提出了“新六大要素说”，将物资、资金两个要素概括为更加通行的资本要素，又增加了信息要素，最终形成资源、环境、人口、资本、科技、信息六大组成要素[2]。

资源要素指代的是最狭义的资源，即由人类发现的有用途和有价值的物质，是一个与人类文明发展程度紧密相连的概念。环境要素的定义为与处于主体地位的要素相联系和相互作用的客体条件；从环境科学的角度来看，环境就是以人类社会为主体的外部世界的全体。人口要素是生活在一定社会制度和一定地域范围内，具有一定数量和质量的人口的总称，与人力资源有着直接的紧密联系。资本要素是一种重要的经济资源，既是生产要素，又是劳动产品，是进行物质生产和服务的必要条件。科技要素即科学技术，是关于自然、社会和思维的知识体系，“科学技术是第一生产力”，科技因素使得许多自然要素转变为资源，但科技因素也是导致当前环境污染的因素之一，所以应当充分认识科学技术的两面性。信息要素是反映客观事物的各种信息的总称。

从亚系统的范畴来讲，生态经济系统由生态系统、经济系统和技术系统三个亚系统组成。其中，生态系统是生态经济系统的基础，生态经济系统进行生产活动的物质和能量都来源于生态系统。经济系统则是生态经济系统的主体，这主要是因为经济系统在其中起着主导作用，人类可以通过经济活动进行调节和控制，从而达成一定的经济社会目的。技术系统是生态经济系统的中介，技术作为人类利用和改造自然的手段，是联系经济系统和生态系统的媒介；生态系统中的物质和能量经由科技手段传入经济系统，人类的经济活动也通过技术系统的中介作用影响和改造生态系统。正是由于技术系统这个中介，才使得生态系统和经济系统可以耦合在一起，形成生态经济系统。

虽然人是生态经济系统的一个组成要素，但是生态经济系统是人类按照自己发展经济的目的建立的，只有人类创造的技术手段才能够产生生态经济系统，而且人类的活动必然要影响和左右生态经济系统的发展方向，因此应当认识到人在生态经济系统中的决定性地位。但是，生态系统和经济系统都有其运行的内在规律，二者耦合在一起，诞生了协调共存、和谐发展的规律。当人们的经济指导思想和经济行为符合生态与经济协调发展这一生态经济规律的要求时，就能够在保护生态系统的基础上推动经济朝着可持续的正确方向发展；反之，则会破坏生态环境，阻碍经济的发展。人类对生态经济系统的作用表明了经济发展中端正人们自身指导思想和经济行为的重要性。

3. 生态经济系统的基本结构

生态经济系统的结构是指生态经济系统内部各要素之间的相互关系，主要包括三个基本关系，即自然生态系统对社会经济系统的基础结构关系、社会经济系统对自然生态系统的主体结构关系、社会经济系统与自然生态系统的耦合结构关系。人类需求是生态经济系统各要素连接的内在动力，社会生产过程是人与自然之间的物质变换过程，实质上就是经济系统要素与生态系统要素之间相互联系、相互作用的过程。而人类的需求是随着人类社会生产的发展而发展的，大体经历了单纯生存需求、物质享受需求和包括优良生态环境在内的全面发展需求三个阶段，也大致对应了人与自然之间的关系的发展历程。

生态系统结构内部各要素与环境要素以及各生物要素之间的相互连接主要是通过投入产出的食物链渠道进行的，经济系统结构内部各产业要素之间的相互连接是通过投入产出链进行的；在经济系统的生产、交换、分配和消费过程中，对每一类产品消费需求的变化必然要引起一连串投入产出的变化。科学技术作为生态经济系统要素的连接手段，是指人类在对自然规律和经济规律认识的基础上，充分运用已获得的科学知识，使其渗透和物化到经济系统的要素上。科学技术水平的高低决定着生态系统要素与经济系统要素相互联系的广度和深度，也决定着投入产出的规模和速度，科学技术的进步必然会引起生态经济系统结构的变化。

从古至今的生态经济系统结构大致经历了三个阶段。第一阶段是原始的生态经济系统结构，即自然生态系统主导型的生态经济系统结构，主要特征为资本要素基本上不参与生态经济系统结构的形成，且经济系统与生态系统相互连接的技术手段简单、效率低，演替的速度慢、规模小，并在生态阈内进行。第二阶段是掠夺型的生态经济系统结构，其具有明显的经济主导特征，且具有使资源产生耗竭趋势的特点，有大量的废弃物投入渗透其内部的环境要素中，造成了严重的环境质量损害。第三阶段是协调型的生态经济系统结构，也是当前经济发展、结构调整的目标结构，即生态系统与经济系统各要素互补互促，通过技术提高消纳的能力，发展经济的同时不危及生态环境。

4．生态经济系统的功能

客观世界的物质都处在一种周而复始的循环运动之中。生态经济系统的物质循环就是生态系统的自然物流和经济系统的经济物流有机结合、相互转化、不断循环的运动过程。自然物流就是各种物质在地球上的生物和非生物之间的循环运动，经济物流则是由人类的经济活动干预利用自然物流引起的物质循环。根据物理学的质量守恒定律，物质是不会消失的，只会从一种形式转化为另一种形式，是循环往复的，所以物质可以被重复利用，这也是如今循环经济运行的基本原理之一。自然物流和经济物流在生态经济系统中是同时进行、相互促进和相互转化的，生态系统不断地向经济系统输入物质，促进经济系统物质的转化和积累，推动着生态经济系统的正常运行和高速发展。

生态经济系统的能量流动是生态系统中的自然能流和经济系统的经济能流有机结合、相互转化、不断传递的流动过程。自然能流就是生态系统的能量流动过程，而自然能流被投入经济系统中，按照经济活动的要求，通过开采、运输、加工、储藏、消耗到废弃的序列过程进行传递与转化，满足人们生产活动和消费活动的需要。这种沿着人们的经济、技术行为所规定的方向传递与转换的过程就是经济能流。人类的经济活动既是一个客观的物质过程，也是信息的获取、存储、加工、传递和转化的过程，其中不仅包括自然信息流，还包括人工信息流。

人类通过有目的的劳动将自然物质转化成经济产品的同时，价值就沿着产品的生产不断地形成、增值和转移，并通过商品交换关系实现其价值，这个过程就是生态经济系统的价值流动过程，这个过程中价值的流动就是价值流。价值流的承担者是使用价值流，而使用价值流是各种经济物流和能流的总称。这是经济学意义上的使用价值与价值和生态学意义上的物流与能流之间的内在联系。

第二节　我国生态经济学的发展历程

要分析新时代的生态经济学与过去的生态经济学的区别，需要先了解我国生态经济学的发展历程。40 多年来，我国生态经济学的发展大致可分为如下四个阶段。

（1）1978—1983 年，创建了以维护生态平衡为核心的生态经济学。

1978 年，党的十一届三中全会要求把工作重点转移到社会主义现代化建设上来。这次会议做出的《中共中央关于加快农业发展若干问题的决定》明确指出："过去我们狠抓粮食生产是对的，但是忽视和损害了经济作物、林业、畜牧业、渔业，没有注意保持生态平衡，这是一个很大的教训。"1983 年 1 月，《当前农村经济政策的若干问题》指出，"实现农业发展目标，必须注意严格控制人口增长，合理利用自然资源，保持良好的生态环境"，要求在这三大前提下，走出一条具有中国特色的社会主义农业发展道路。可以看出，我国生态经济学研究的最初重点放在农业生态经济学研究领域。

在党的"解放思想，实事求是"的政治思想路线指引下，一大批科技工作者对我国一系列严重的生态环境问题进行了广泛、深入的研究。这个时期是生态经济学的初创阶段，其研究核心是发展经济必须遵循经济规律和生态规律。许涤新反复强调："生态经济学的要求，是客观存在的，只有遵守这个规律，才能在发展我国的社会主义现代化建设中，保持生态平衡的相对稳定，才能把局部利益同整体利益结合起来，而以整体利益为主导，才能把眼前利益同长远利益结合起来。"维护生态平衡体现了生态经济学最初的主要思想。

（2）1984—1991 年，我国生态经济学进入了生态经济协调发展理论研究阶段。

在 1984 年召开的全国生态经济科学讨论会暨中国生态经济学会成立大会上，与会专家从不同角度论述了社会经济必须同生态环境相互协调的重要性。所以，该阶段的生态经济研究主要集中在生态经济协调发展上，并强调以生态与经济协调发展的思想指导我国的经济建设。在 20 世纪 80 年代后期至 90 年代初，生态经济协调发展理论成为我国生态经济理论的主流。这一理论的建立和发展是我国生态经济学建设中的一项重要成就，也是我国生态经济学以至整个经济学理论发展中具有重要意义的大事。

1987 年 9 月，许涤新主编的《生态经济学》出版，是以生态经济协调发展理论为核心的生态经济学初步形成的标志。这一时期，一些学者在实践中总结和发展了生态经济协调发展理论，提出了社会经济与自然生态协调发展的原理。

（3）1992—2011 年，确立与实施生态环境与社会经济可持续发展战略的阶段。

1992 年，联合国在巴西里约热内卢召开环境与发展大会，提出可持续发展应作为全球的共同战略，得到了世界各国的积极响应。1994 年，我国提出了《中国 21 世纪议程——中国 21 世纪人口、环境与发展白皮书》，明确了“走可持续发展之路，是中国在未来和下一世纪发展的自身需要和必然选择”和“只有将经济、社会的发展与资源、环境相协调，走可持续发展之路，才是中国发展的前途所在”。同年，中国生态经济学会在山西召开了全国资源、环境与经济发展学术讨论会，刘国光理事长在其报告中指出，“新的形势，给我们学会带来了义不容辞的新任务，要求我们对生态经济的理论与实践都要进一步深化，要从一般的宣传工作向扎实做好普及培训工作转变；要从理论概念的研究向参加实践工作转变；要从生态经济向可持续发展，将生态、经济、社会统一起来研究，拓展研究面。”“可持续发展经济学要尽快形成理论体系，以指导社会经济发展”。

20 世纪 90 年代中期以来，我国生态经济协调发展理论与实践不断向深度与广度扩展，其最重要、最显著的特点就是向可持续发展领域渗透与融合。由于传统发展观存在着根本的缺陷，忽视了现代经济社会持续发展的前提条件是维持自然财富的非减性，否定了自然环境承载力的有限性，违背了经济不断增长要以生态环境良性循环为基础这一事实，因而造成了严重的生态环境问题[3]。传统发展观已完全不适应当代人口、经济、社会与资源、环境、生态之间的相互协调与可持续发展，与之相对立的可持续发展观便应运而生。

（4）2012 年至今，进入了“五位一体”的生态文明建设新阶段。

党的十八大报告不仅将生态文明建设放在突出的地位，而且将其纳入社会主义现代化的总体布局中。党的十八大报告指出，建设中国特色社会主义，总布局是经济建设、政治建设、文化建设、社会建设、生态文明建设“五位一体”。把握“五位一体”总体布局，必须深刻理解五大建设的丰富内涵。“五位一体”总体布局是一个有机整体；其中，经济建设是根本，政治建设是保证，文化建设是灵魂，社会建设是条件，生态文明建设是基础。解决生态环境问题已经不再单纯是生态环境部门的职责，而是需要全社会共同参与的奋斗目标。

党的十八大以来，以习近平同志为核心的党中央深刻回答了为什么建设生态文明、建设什么样的生态文明、怎样建设生态文明的重大理论和实践问题，提出了一系列新理念新思想新战略，形成了习近平生态文明思想，成为习近平新时代中国特色社会主义思想的重要组成部分。习近平生态文明思想不仅是建设美丽中国的行动指南，也为构建人类命运共同体贡献了思想和实践的“中国方案”。我们看到，中国正在经历最大规模、最为深刻的生态文明变革，中国社会正在向生态文明社会全面转型。

习近平总书记提出了要加快构建生态文明体系的“五个体系”，即生态文化体系、生态经济体系、目标责任体系、生态文明制度体系、生态安全体系。这“五个体系”系统界定了生态文明体系的基本框架。其中，生态经济体系提供物质基础；生态文明制度体系提供制度保障；生态文化体系提供思想保证、精神动力和智力支持；目标责任体系和生态安全体系是生态文明建设的责任和动力，是底线和红线。

生态经济体系是习近平生态文明思想的重要组成部分，是在经济新常态背景下对我国发展经济与保护环境两者关系的最新论述。生态经济体系的建设要求我们在未来社会经济发展过程中，必须树立正确的发展观、政绩观和消费观，转变经济增长方式，发展绿色经济，正确处理好生态文明建设与经济建设、政治建设、文化建设、社会建设之间的关系。生态经济体系的建设要求以人民向往的美好生活为目标，真正把我国生态环境问题解决好，从而保证“美丽中国”生态文明建设目标的顺利实现。

可以看出，第一阶段的生态经济学是一维的，即以维护生态平衡为核心；第二阶段的生态经济学是二维的，即以生态-经济二维复合系统作为研究对象，实现生态与经济协调发展；第三阶段的生态经济学是“三位一体”的，即以生态-经济-社会三维复合系统作为研究对象，实施生态环境与社会、经济可持续发展战略；第四阶段的生态经济学是“五位一体”的，即以生态-政治-经济-社会-文化五维复合系统作为研究对象，在生态文明思想的指导下，统筹生态文明建设与经济建设、政治建设、文化建设、社会建设之间的关系。

第三节 新时代生态经济理论

一、生态兴则文明兴，生态衰则文明衰

1. 理念发展

纵观人类文明的发展历史，不难发现生态环境的兴衰密切

影响着人类文明的历史进程。良好的生态环境有利于人类的发展，而生态环境的衰退也会对人类社会产生消极的影响。中美洲的玛雅文明就是由于人口增加，不得不大量砍伐森林、开垦耕地，导致了严重的水土流失，文明难以为继，才最终崩溃的。恩格斯在《自然辩证法》中指出："美索不达米亚、希腊、小亚细亚以及其他各地的居民，为了得到耕地，毁灭了森林，但是他们做梦也想不到，这些地方今天竟因此而成为不毛之地，因为他们使这些地方失去了森林，也就失去了水分的积聚中心和贮藏库。"[4]当阿尔卑斯山的意大利人在山南坡把那些在山北坡得到精心保护的同一种枞树林砍光用尽时，没有料到他们把本地区高山畜牧业的根基毁掉了；他们更没有料到，他们这样做，竟使山泉在一年中的大部分时间内枯竭了，同时在雨季又使更加凶猛的洪水倾泻到平原上。

近现代以来，这种生态破坏依旧屡见不鲜，甚至因为科技发展，造成的破坏程度和后果也越发严重。过度采伐情况严重，尤其是"地球之肺"亚马孙雨林的采伐率连年升高。在巴西，每年有 7500 千米^{2}的雨林被砍伐和烧毁，平均每 8 秒就有一个足球场大小的森林消失；与 4000 年前相比，雨林的面积减少了整整一半。过度捕捞不仅导致了人类食用鱼的种类减少，而且鱼类的绝种对生态系统生物链的影响也是毁灭性的。化石能源和各类资源的大量使用使得污染物的排放量增加，同时原油泄漏、核电站泄漏等灾难性突发事故对周边的人类和自然生态都造成持久难消的负面影响。温室气体浓度上升和臭氧层破坏导致的全球气温异常更是世界范围内的生态危机。文明必须与生态良性互动的思想和中国古代朴素的生态文明思想相契合，即“天人合一”的和谐共处的思想以及不可竭泽而渔的可持续发展思想。恩格斯就人与自然的关系也曾讲过，“不要过分陶醉于我们对自然界的胜利。对于每一次这样的胜利，自然界都报复了我们”[5]。“生态兴则文明兴，生态衰则文明衰”的思想是东西方文化融合再创新的产物，既蕴含着中国传统文化的哲学思想，又贯穿了马克思主义历史唯物主义和辩证唯物主义的哲学思维。

2．理论内涵

生态是人类文明的根基。习近平总书记在阐述生态与文明的关系时指出：“生态环境是人类生存和发展的根基，生态环境变化直接影响文明兴衰演替。”良好的生态环境是人类文明形成和发展的基础和条件。纵观历史，人类文明无不发源于地肥水美、生态良好的地区，正是有“生态兴”作为基础，才能有人民建设创造的“文明兴”。顺自然规律者兴、逆自然规律者亡。人类要想人类文明继续向前推进、持续发展，就必须要正确认识人与自然的关系，解决好人与自然的矛盾和冲突，并将其置于文明根基的重要地位。如今的工业化进程创造了前所未有的物质财富，也产生了难以弥补的生态创伤。杀鸡取卵、竭泽而渔的发展方式走到了尽头，而顺应自然、保护生态的绿色发展则昭示着未来。

3．现实意义

生态文明是人类社会进步的重大成果。人类经历了原始文明、农业文明、工业文明，生态文明是工业文明发展到一定阶段的产物，是实现人与自然和谐发展的新要求。在早期经济社会发展的过程中，生态环境遭到了严重的损害。生态资源是有限的，对资源环境的粗放式开发和利用造成了大量的生态环境污染和资源浪费，且大多是不可逆的，这种方式终将制约经济的发展，甚至对人民群众的身体健康和生命财产安全造成严重威胁[6]。生态文明是实现人与自然和谐发展的必然要求。对于生态兴衰的重要性，习近平早在2003年就提出“生态兴则文明兴，生态衰则文明衰”的思想。习近平总书记在2019年中国北京世界园艺博览会开幕式上的讲话中再次指出：“地球是全人类赖以生存的唯一家园。我们要像保护自己的眼睛一样保护生态环境，像对待生命一样对待生态环境，同筑生态文明之基，同走绿色发展之路。”[7]生态文明建设功在当代、利在千秋。生态文明建设是关系中华民族永续发展的千年大计，必须站在人与自然和谐共生的高度来谋划经济社会发展。党的十八大以来，我国开展了一系列工作，加快推进生态文明建设，推动绿色发展，促进生态环境保护。要实现中华民族伟大复兴的中国梦，就必须建设生态文明、建设美丽中国。党的十九大明确了在全面建成小康社会的基础上，分两步走在21世纪中叶建成富强民主文明和谐美丽的社会主义现代化强国的宏伟目标。要决胜全面建成小康社会，就必须坚决打好污染防治攻坚战。

二、人与自然和谐共生

1. 理念发展

人类与自然环境之间的关系随着人类文明进程的前进在不断地发生着改变，对应着不同的生态经济结构。在最早期的原始社会，采集和渔猎的生产生活几乎完全仰仗自然的馈赠。与世界上的大多数生物一样，人类整体服从于自然界，受生产条件所限，也难以对自然界造成什么大的影响，更遑论改造和控制自然。而自然则是处于一种主导的地位，也就导致了早期人类的自然崇拜思想。粮食种植和动物驯化标志着人类社会进入了农业文明，对自然的依赖性也有所减弱，从仰仗自然进化为能动地改造自然，但是生产力的水平仍然相对较低，对自然界的影响较小，人类整体上仍顺从于自然，只是浅层地利用可用的自然资源或创造有利于自身发展的条件。虽然仍有诸如阿房宫、都江堰等改造自然的大规模工程，以及在局部范围内的过度耕种、过度放牧的现象，但是毕竟罕有，且限于生产力的发展水平，造成的损害尚在自然界自身恢复能力范围之内。到了工业文明时期，科学技术的突飞猛进和生产力的急速发展让人类有能力对自然界进行无节制的索取、大规模的改造，甚至反过来驾驭、征服自然。生活水平的极大提升反而助长了人们对自然界的索取，科技的进步又让这种索取得以实现，并且超过了自然界可以承受的限度，资源的耗竭速度超过了自然的可再生能力，污染程度超过了生态环境的自净能力，破坏了自然平衡[8]。如今，人类社会进入后工业化时代，人类已经意识到人与自然的关系必定会影响人类自身的生存和发展，因此提出人与自然和谐共生的思想也是顺理成章的事。这是人与自然关系的新时代发展，是从整体利益和长远利益出发来重新考虑人与自然的关系，调整人类的行为模式，遵循自然发展规律，维护生态平衡与稳定。

中国传统文化中就有“天人合一”的朴素的人与自然关系论，甚至将这种自然生态观念上升为国家管理制度。尽管人们对“天人合一”这个命题的理解、解释和阐述存在着分歧，但主流的观点是“天”就是大自然，“人”就是我们人类，天人关系就是人与自然的关系。对此，在继承的基础上进行创造性的转化和发展，赋予其新的时代特征，把人与自然的和谐发展看作实现人民美好生活的重要内容，是实现社会进步和人的全面发展的基本条件，是尊重客观规律和尊重主观能动性的统一，而人与自然和谐共生思想就是这些时代内容的集中体现。同时，马克思主义生态思想也对人与自然的关系做出了论断，马克思将自然界视作与人类进行交互作用的有机整体，把人与自然的关系归结为对象性关系，之后进一步拓展为人与自然之间进行物质、信息和能量交换的物质性关系。

随着中国特色社会主义进入新时代，在坚持马克思人化自然观以及人与自然和谐统一生态观的基础上，结合新时代中国特色社会主义现代化实践，提出新的符合时代特征的理论思想。党的十九届五中全会坚持新发展理念、着眼推动高质量发展，强调“推动绿色发展，促进人与自然和谐共生”，对深入实施可持续发展战略、完善生态文明领域统筹协调机制、加快推动绿色低碳发展等作出重要部署，为推进生态文明建设、共筑美丽中国注入强大动力。促进人与自然和谐共生，重在正确处理生态环境保护和经济发展的关系，找准平衡点和着力点，深入实施可持续发展战略，完善生态文明领域统筹协调机制，构建生态文明体系。

2. 理论内涵

人因自然而生，自然也因人的存在而彰显文化的意义，生态文明时代的特征是人与自然重新结盟、和谐共处。人与自然的关系是文明的基础，文明的转型首先是人对自然的认识、理解和态度发生重要变革的结果。从工业文明向生态文明的转变正是基于自然观的转变而发生的。生态文明的自然观将包括人类在内的整个自然界理解为一个整体，认为自然各部分之间的联系是有机的、内在的、动态发展的，人对自然的认识过程只能是一个逐步接近真理的过程。因此，人与自然和谐共生的自然观重新确立了人在大自然中的地位，树立了人的“物种”形象，把关心其他物种的命运视为人的一项道德使命，把人与自然的协调发展视为人的一种内在的精神需要和文明的一种新的存在方式。

人与自然和谐共生不仅要提供优质的生态产品以及优美的生态环境，而且也要提供更多的物质财富和精神财富，更要形成节约资源和保护环境的生产方式。经济发展与生态文明是辩证统一的，生态问题的本质是发展问题，既在发展的过程中产生，又必须在发展的过程中解决。人与自然和谐共生的现代化追求的是全体人民共同富裕，关注的是全体人民生活水平的提高，维护和实现人民群众在经济、政治、文化、社会、生态等各方面的权益。

3．现实意义

改革开放以来，中国用短短几十年的时间追赶西方发达国家几百年的发展进程，经济始终保持着稳定高速的增长，取得了举世瞩目的成就。但是，资源和环境危机也迅速地凸显，资源环境承载力已经达到或接近上限，环境污染日趋严重，资源短缺问题逐渐显露。在经济发展的同时，人们生活水平也在同步提高，使得人们的生活需求不再局限于吃饱穿暖的层次，而是提出了更高的要求。生态环境是人类生存的基础条件，也是人类发展的物质支撑。在新时代，人们对生态环境的要求逐渐提高，相应的生态文明意识、生态观念都在逐步提升，因此对人与自然和谐程度的要求也比以往任何时候都要高。因此，为了满足人民对美好生活的需要，就要推动人与自然和谐共生，深入实施可持续发展战略，推进生态文明建设，共筑美丽中国。吸取历史和现实的教训，不能再走西方发达国家先污染、后治理的老路。在通过自然界获得自身发展所需的同时，也要注意自然规律和限度，并通过自身进步反哺自然界，实现人与自然的互利共赢。

全球范围内，人类在享受科技发展带来的丰富物质成果的同时，同样面临着一系列的生态危机，拯救全球生态危机是每个置身其中的人类的责任。作为负责任的大国，我国建设人与自然和谐共生社会，不仅是为了自身生态系统的良好发展态势，更是拯救全球生态危机的需要。党的十八大以来，生态修复的核心理念转变为节约优先、保护优先、自然恢复为主，坚持保障生态安全，促进人与自然和谐发展。促进人与自然和谐共生，要坚持底线思维，坚持尊重自然、顺应自然、保护自然，处理好生态环境保护和经济发展之间的关系，完善生态文明领域的统筹协调，推进经济社会绿色转型，转变损害、破坏生态环境的落后发展方式，持续改善环境质量，提高资源利用效率，形成文明健康可持续的生产生活方式。

三、绿水青山就是金山银山

1. 理念发展

2005 年 8 月 15 日，时任浙江省委书记的习近平在安吉考察时首次提出“绿水青山就是金山银山”这一科学论断。在考察时的座谈会上，习近平提到："我们过去讲，既要绿水青山，又要金山银山。其实，绿水青山就是金山银山。"此后，习近平在《浙江日报》专栏《之江新语》发表《绿水青山也是金山银山》的评论，明确提出，如果把"生态环境优势转化为生态农业、生态工业、生态旅游等生态经济的优势，那么绿水青山也就变成了金山银山"。

次年，习近平又发表了《从"两座山"看生态环境》的专栏文章，进一步阐述"两座山"之间的关系："在实践中对这'两座山'之间关系的认知经过了三个阶段：第一阶段是用绿水青山去换金山银山，不考虑或者很少考虑环境的承载能力，一味索取资源。第二阶段是既要金山银山，但也要保住绿水青山，这时经济发展与资源匮乏、环境恶化之间的矛盾开始凸显，人们意识到环境是我们生存发展的根本，要留得青山在，才能有柴烧。第三阶段是认识到绿水青山可以源源不断地带来金山银山，绿水青山本身就是金山银山，我们种的常青树就是摇钱树，生态优势变成经济优势，形成了浑然一体、和谐统一的关系。"2013 年，习近平进一步阐述了两者之间的辩证关系："既要绿水青山，也要金山银山。宁要绿水青山，不要金山银山，而且绿水青山就是金山银山。"

2015 年，中共中央、国务院正式把"坚持绿水青山就是金山银山"写进《中共中央 国务院关于加快推进生态文明建设的意见》，使其成为指导中国生态文明建设的重要思想。2015

年9月，由中共中央、国务院印发的《生态文明体制改革总体方案》要求："树立绿水青山就是金山银山的理念。"2016年5月，联合国环境规划署发布《绿水青山就是金山银山：中国生态文明战略与行动》报告，高度评价了"绿水青山就是金山银山"理念的贡献和成就。2016年12月2日，全国生态文明建设工作推进会议在浙江省湖州市召开，习近平对生态文明建设作出重要指示，再次强调要树立"绿水青山就是金山银山"的强烈意识。习近平关于"绿水青山就是金山银山"的重要论断升华为中国推进生态文明建设的指导思想，并在战略制定、政策出台、发展实践中得到深入贯彻实施。此后，这一理念被写入《中国共产党党章》，在党章中明确提到，"中国共产党领导人民建设社会主义生态文明。树立尊重自然、顺应自然、保护自然的生态文明理念，增强绿水青山就是金山银山的意识"。这一理念阐述了经济发展和生态环境保护的关系，指明了实现发展和保护协同共生的新路径。

2. 理论内涵

"绿水青山"指的是结构和功能良好的生态系统。人类从生态系统获得的惠益被称为生态系统服务，包括供给服务、调节服务、文化服务以及支持服务。需要明确的是，"金山银山"指的不单单是财富，而是能够满足人们美好生活需要的各种有价值的产品的统称和代称；除了经济财富，还包括陶冶心灵、审美对象、文艺创作等精神文化财富。因此，上述生态系统服务都可被称为“金山银山”。

从价值层面来看，“绿水青山就是金山银山”两个层面的含义就非常清晰了：一是绿水青山本身就是金山银山，具有使用价值与非使用价值，良好的生态系统本身就是自然财富、社会财富、经济财富；二是在一定条件下，绿水青山可以转化为金山银山，也就是说，良好的生态系统在一定条件下可以转化为经济财富。绿水青山的价值属性是多维度的，是极其重要的。直接使用价值指与生态系统服务功能的利用直接相关的价值，包括直接实物价值和直接服务价值。生态系统提供的直接实物和部分直接服务可以直接在市场上出售和交易，其市场价格可作为其价值的近似值。在具体实践中，通过改革创新，把生态环境优势转化为生态农业、生态工业、生态旅游等生态经济优势，资源变资产，绿水青山也就直接可以转变成金山银山。间接使用价值指人们间接从生态系统服务功能中获得的效益，如涵养水源、净化水质、巩固堤岸、防止土壤侵蚀、降低洪峰、改善地方气候、吸收污染物等，这些生态功能创造与维持了地球的生命支持系统，形成人类生存所必需的环境条件，但并不像直接使用价值那样可以直接被消费或感知。选择价值是人们为了将来能直接利用与间接利用某种生态系统服务功能的支付意愿。

作为金山银山的根本来源，绿水青山是人类赖以可持续生存发展的基础，必须坚决守护，坚守生态环境保护底线毫不动摇。一旦经济发展与生态保护发生冲突矛盾，必须毫不犹豫地把保护生态放在首位，而绝不可再走用绿水青山去换金山银山的老路。

3. 现实意义

改革开放40余年来，我国的工业化和城镇化进程突飞猛进，经济社会稳步发展，综合国力和国际影响力实现历史性跨越，令人惊叹的发展速度背后是毁山开矿、填塘建厂等追求短期经济效益的项目，这导致了经济增长过程中不平衡、不协调、不可持续的矛盾日益突出。一方面，我国人口约占世界人口的1/5，人口、资源与环境的可持续发展和统筹协调发展的压力非常大；另一方面，我国的发展速度更快，也就意味着我们要用更短的时间把西方发达国家200多年积累、逐步消化和转移的资源、环境和生态问题快速解决，压力也就更大，更不用说还有新时代发展面临的新的问题。

回顾近代西方国家的崛起之路，无一不是建立在对环境的严重破坏以及对资源的大肆掠夺上，一旦减少了对资源的利用，经济的发展速度必然下滑。因此，人们在不知不觉中形成一种观点：经济的发展必须要建立在破坏环境和大量使用资源之上。实际上，这种发展模式与发展道路是难以持久的，必将陷入不可逆转的生存危机、生态危机。然而，根据辩证法原理，发展和保护并不是完全对立的关系，习近平总书记就强调，生态环境保护的成败，归根结底取决于经济结构和发展方式。

“绿水青山就是金山银山”理念深刻阐述了人与自然对立统一的关系，揭示了经济发展与环境保护的辩证关系，从根本上打破了把经济发展和生态环境保护对立起来的思想束缚，给出了如何化解二者之间矛盾的良方，为我国建设生态文明与实现可持续发展指明了方向和路径，其内涵丰富、寓意深刻，全面理解、准确把握其科学含义十分重要。

从发展观的角度来看，实现绿水青山就是金山银山，其实质就是要实现经济生态化和生态经济化。贫穷不是生态，发展不能破坏。要坚持促进绿色发展、循环发展、低碳发展、可持续发展，实现经济发展与环境保护的内在统一、相互促进、相互提高。一方面，要保护生态和修复环境，经济增长不能再以资源大量消耗和环境毁坏为代价，引导生态驱动型、生态良好型产业发展，即经济的生态化；另一方面，要把优质的生态环境转化成居民的货币收入，根据资源的稀缺性赋予其合理的市场价格，尊重和体现环境的生态价值，进行有价有偿的交易和使用，即生态的经济化。

“绿水青山就是金山银山”理念是新时代我国生态文明建设的实践中形成的重要理论成果，不仅有重大的理论创新意义和重要的实践指导意义，也有深远的现实意义和鲜明的时代价值，诠释了生态文明建设的应有之义，绿水青山关乎文明兴衰。生态文明强调人与自然的关联共生，强调人类在改造自然的同时必须尊重自然规律。建设生态文明，就要以资源环境承载力为基础，以自然规律为准则，以可持续发展、人与自然和谐共生为目标，建设生产发展、生活富裕、生态良好的文明社会。建设生态文明不仅解决了长期以来我国经济社会发展中存在的现实难题，满足了人民群众对美好生活生态环境的时代价值诉求，为建设美丽中国提供了科学的行动指南，而且对在全球范围内构建人类命运共同体，破解当今人类发展进程中面临的时代问题提供了具有智慧的中国方案。

四、良好生态环境是最普惠的民生福祉

1. 理念发展

2012 年，习近平指出，“人民对美好生活的向往，就是我们的奋斗目标”，应该坚持将实现好、维护好、发展好最广大人民的根本利益作为推进改革的出发点和落脚点，让发展的成果更多、更公平地惠及全体人民，以最广大人民的福祉为目标。2013 年，习近平总书记在党的十八届三中全会第一次会议上强调，良好的生态环境是最普惠的民生福祉。2013 年 4 月，他在海南考察指导工作时指出，良好的生态环境是最公平的公共产品。每个人使用和利用自然资源的机会和权利是平等的。“环境就是民生”的生态命题集中反映了习近平的生态民生观，这种“最公平”与“最普惠”并非局限于代内共享，而是可以很好地实现代际共享；并非局限于国内民众共享，而是可以很好地实现全球共享。

2018 年 5 月，习近平总书记在全国生态环境保护大会上强调，坚持生态惠民、生态利民、生态为民，重点解决损害群众健康的突出环境问题，不断满足人民日益增长的优美生态环境需要。坚持生态惠民、生态利民、生态为民，重点解决损害群众健康的突出环境问题，将民生建设和生态建设有机地结合起来，让生态成为人民幸福的提升点，从而开辟民生建设的新领域。

2．理论内涵

民生是指民众的生活，包括生产和生活状况、基本发展能力和权益，常见的有教育、医疗、就业、收入、社会保障、住房、交通等。从人权角度上来看，民生就是人的全部生存权和普遍发展权；从需求角度上来看，是指与实现人的生存权利有关的全部需求和与实现人的发展权利有关的普遍需求；从责任角度上来看，保障和改善民生是党和政府执政施政的最高准则。2013 年 12 月 3 日，中共中央政治局第十一次集体学习讲话中，习近平总书记在论述全面深化改革战略布局时曾经指出，要学习和掌握人民群众是历史创造者的观点，紧紧依靠人民推进改革。人民是历史的创造者，要坚持把实现好、维护好、发展好最广大人民的利益作为推进改革的出发点和落脚点，让发展成果更多、更公平地惠及全体人民，唯有如此改革才能大有作为，只有发展成果惠及全体人民才是成功的发展。

生态环境与人民生产生活息息相关，一方面为经济发展提供拓展空间和基本原料，是生产的基本条件；另一方面，作为自然的一部分，人类也有生态需要，因为人是与他所处的环境一道发展起来的。良好的生态环境是人类活动的基本前提，只有在良好的生态环境中，我们才可以进行安全的生产和生活，促进我国的经济实现绿色增长。因此，良好生态环境是民生福祉的基本构成，促进良好生态环境的形成，可以为人民群众创造更为优越的生产生活环境，改善人民群众的生活质量，提高人民群众的幸福指数。

3. 现实意义

在经济不发达时期，人们对幸福生活的认知就是吃饱穿暖，并为此向自然索取各种资源，以满足自己对生活的追求。随着经济的发展和人们生活水平的提高，单纯的吃饱穿暖可以轻易地满足，已经不能成为追求，于是人们开始追逐物质生活之外的精神层面的享受，人们的健康意识和环保意识逐渐提高，对环境问题的敏感性日益增强，在追求经济发展的同时，也想要享受良好的生态环境。美好生活的需要是以生态需要为基础的。生态需要是人类生存与发展的基本需要，人类对自然的依赖性使得人类的生存与发展必然建立在对自然资源的获取和满足上；同时，生态需要更是人类在满足生存与发展的基本需要基础之上的更高需要，生态需要是人类愉悦性和舒适性的来源，相比其他精神需要而言，生态需要又归属于人类更高层次的发展性需要。一定意义上说，生态需要对于现代人的价值会超过经济需要的价值。生态矛盾即人们对生态权益的需要与不能满足这种需要的矛盾，这一矛盾贯穿于中国特色社会主义现代化建设的全过程。如果经济增长是靠高污染、高消耗实现的，那么即使经济目标得到实现，人们的幸福感也不会得到满足，甚至一些严重环境事件还会危害到社会和人民健康，损害到人民的利益。因此，生态环境在人的幸福生活中的地位不断攀升，现在各种生态产业、生态旅游逐渐成为热门。加快生态文明建设是提高人民群众生活质量和幸福感的重要途径。习近平总书记指出："要把生态文明建设放到更加突出的位置，这也是民意所在。"

党的十八大报告提出的"建设美丽中国"是解决社会主要矛盾的内在要求。美丽中国建设是一个伟大的系统工程，这一工程可以通过将生态文明建设融入"五位一体"总体布局来实现。其中之一就是将生态文明建设融入经济建设，这就需要大力发展生态经济。生态经济强调以生态环境和经济协调发展为目标，把经济发展建立在生态环境可承受的基础上，构建经济发展与生态保护相协调的经济体系，从而实现经济、社会、生态环境的和谐发展。

生态的民生化是我国现代化建设的一个鲜明的特征。生态环境质量直接决定着民生质量，改善生态环境就是改善民生，破坏生态环境就是破坏民生。必须让人民群众在良好的生态环境中生产生活，让良好生态环境成为人民群众生活质量的提升点。生态民生化和民生生态化是系统工程，但是当下仍旧存在着有意无意忽略生态民生建设的情况。比如，忽视生态民生、只顾经济建设硬指标的部分地方政府，打着生态的名头、却只图补贴而无实质效益的某些建设项目，生态意识淡薄、生态知识缺乏的部分群众。

生态环境关乎经济发展，也关乎民众生存与发展大计，更关系着社会的稳定和民族的未来。生态环境问题如果得不到及时有效的解决、持续积累，就会阻碍经济发展、危害社会稳定，甚至危及社会主义建设大局。作为社会主义国家，我国坚持人民群众是历史的创造者。因此，维护人民群众的切身利益、大力进行民生建设是非常必要的，围绕人民群众所思所想推进民生建设是保障和改善民生的基本原则和要求。党的十九大报告指出，中国特色社会主义进入新时代，我国社会主要矛盾已经转化为人民日益增长的美好生活需要和不平衡不充分的发展之间的矛盾。社会主要矛盾相关论述的转变是对以往主要矛盾的扬弃，是基于人民群众追求美好生活的动态把握和我国当前发展状况的客观分析，是社会主体和社会客体辩证关系的科学运用。人民日益增长的美好生活需要指向人的发展，不平衡不充分的发展指向社会发展。新时代的社会主要矛盾其实是人的发展和社会发展的问题。人的发展就是社会主体的发展，社会发展就是社会客体的发展。因此，社会主要矛盾的旨趣说到底是社会主体和社会客体保持一定的张力。

党的十九大报告指出："我们要在继续推动发展的基础上，着力解决好发展不平衡不充分问题，大力提升发展质量和效益，更好满足人民在经济、政治、文化、社会、生态等方面日益增长的需要，更好推动人的全面发展、社会全面进步。"以生态优化经济、将生态优势转化为经济优势的生态经济思想论证了良好的生态环境可以带动经济的发展，进而促进人民生活水平的提高。生态经济思想创造了生态文明建设和民生建设相结合的新思路，开辟了生态环境保护和民生改善的新路径，实现了生态民生化和民生生态化的双向互动。走向社会主义生态文明新时代，建设人与自然和谐共生的现代化，探索一条生态优先的绿色现代化道路，将生态文明理念融入生态文明建设、经济建设、文化建设、社会建设、政治建设，用绿色发展理念统筹推进生态发展、经济发展、文化发展、社会发展、政治发展。从总体上看，我国生态环境建设落后于经济社会发展，不仅威胁人民对美好生态环境的追求，而且制约我国经济社会的可持续发展。因而，解决生态环境问题就是最普惠的民生福祉。"民之所好好之，民之所恶恶之"，既要创造更多的物质财富和精神财富以满足人民日益增长的美好生活需要，也要提供更多优质生态产品以满足人民日益增长的优美生态环境需要。要坚持生态惠民、生态利民、生态为民，重点解决损害群众健康的突出环境问题，加快改善生态环境质量，提供更多优质生态产品，努力实现社会公平正义，不断满足人民日益增长的优美生态环境需要。

五、山水林田湖草是生命共同体

1. 理念发展

"共同体"是一个社会学概念，指某一地域范围内生活着的具有相同行为准则、相同价值观或相同身份特征的社会集团，是文化研究的基本单元。"共同体"又是一个自然科学的概念，在生态学中近似于群落，指在相同时间内聚集在同一区域的、相互之间具有直接或间接关系的各种生物种群的总和，是生态系统的重要组成部分。社会学概念中的"共同体"未包含人类社会以外的其他生物，而生态学中的"共同体"仅包含了除了人类以外的动物、植物和微生物。社会学和生态学中的生物均可称为有生命的物体，但相互之间没有交集。

习近平总书记提出的生命共同体是一个哲学概念，为深入理解此概念需回答生命共同体的本质属性是什么的问题。人是物质世界的一部分，正如恩格斯指出的那样，"我们连同我们的肉、血和头脑都是属于自然界和存在于自然界之中的"。既然都是物质世界中的生命体，人和其他动物、植物、微生物关系平等，应该相互尊重、荣辱与共，维护共同的公平与正义。生命共同体的概念包含着辩证唯物主义的基本思想及和谐共生的马克思主义自然史观，是马克思主义认识论的丰富与发展，为社会学和生态学提出了学科交融的新思想和新路径。

2013 年 11 月，习近平总书记在《关于〈中共中央关于全面深化改革若干重大问题的决定〉的说明》中，从哲学的高度提出了“山水林田湖是一个生命共同体”的概念，创新了具有中国特色的人地关系思想，阐述了人与山水林田湖间的辩证关系，“我们要认识到，山水林田湖是一个生命共同体，人的命脉在田，田的命脉在水，水的命脉在山，山的命脉在土，土的命脉在树”“如果种树的只管种树、治水的只管治水、护田的单纯护田，很容易顾此失彼，最终造成生态的系统性破坏”[9]。统筹山水林田湖系统治理的方法是对山水林田湖进行统一保护、统一修复。2017 年，中央全面深化改革领导小组第三十七次会议将“草”也纳入生命共同体中，由此“山水林田湖”拓展为“山水林田湖草”。2020 年 8 月，在中央政治局会议上，又提出了统筹推进山水林田湖草沙综合治理、系统治理、源头治理。在 2021 年全国两会期间，习近平总书记在参加内蒙古代表团审议时强调，“统筹山水林田湖草沙系统治理，这里要加一个‘沙’字”。

2．理论内涵

山水林田湖草是一个生命共同体。即山、水、林、田、湖、草各自然要素之间通过物质运动及能量转移，形成互为依存、互相激发活力的复杂关系，使之有机地构成一个生命共同体。生态系统是统一的自然系统，是各种自然要素相互依存而实现循环的自然链条，不能实施分割式管理，否则很容易造成自然资源和生态系统破坏。生态系统具有外部性、不可逆性、不可替代性，这些性质是整体性和系统性的另一表现。人类开发利用一种资源时会对另外的资源及其生态环境产生影响。如果管理不当，这种影响就会是负面的，即表现为负外部性。资源开发不可逆性是指生态系统一旦破坏就难以恢复。不可替代性是指生态系统一旦破坏了就很难找到其替代品。

在山水林田湖草这一生命共同体之中，山、水、林、田、湖、草之间物质与能量的交换存在一定的通量与总量；如果人类的攫取或消耗超过这个限度，该生命共同体的运行就会发生重大的变异，甚至断链停歇。实现“人地和谐”最起码要做到的就是在山水林田湖草生命共同体中，人类要攫取并消耗的物质与能量不超过上述的限度。

沙的情况则与众不同，保护生态环境，构建生态安全屏障，“治沙”才是主要基调；在生态治理的语境中，“沙”字与山水林田湖草并列，充分体现了以生态系统的整体性及其内在规律开展生态文明建设的深意，指明了一体化保护修复的主攻方向和推动路径，为新时期高质量推进荒漠生态保护修复举旗定向。

3. 现实意义

山水林田湖草生命共同体，既具有山、水、林、田、湖、草等各类丰富的自然资源，又具有强大的调节气候、保持水土、涵养水源、保护生物多样性的生态环境功能。各区域生态系统中山、水、林、田、湖、草的结构、地位和功能会有所差异，因此要因地、因时制宜，包容差异。同时，要按照自然生态的整体性、系统性及其内在规律，统筹考虑自然生态各要素以及山上山下、地上地下、陆地海洋、流域上下游，进行系统保护、宏观管控、综合治理，增强生态系统循环能力，维护生态平衡。对山水林田湖草结构相对合理、功能比较稳定的生态系统，应强调自然修复，减少人为干预；对山水林田湖草结构混乱、功能稳定性差的生命共同体，应加大人工治理力度，统筹协调山与水、林与田、林与草、田与湖、田与草、湖与草之间的关系，合理调整山水林田湖草的结构和布局。

由于山水林田湖草沙的管辖权分散在不同的部委，条块分割、多头管理现象严重，存在部门利益，容易见成效的区域往往被多部门共管，重复建设、重复治理，造成了不必要的浪费。林与草、林与田、田与草、田与水等农林牧渔交错地带成为被遗忘的角落，而这些过渡地区是生态环境最脆弱的区域，也是最需要花力气修复的区域，但却管理缺位。除此之外，多头管理也导致了统计数据混乱、家底不清，确权和勘界管理势在必行。“统筹山水林田湖草沙系统治理”，则是推进生态文明、建设美丽中国的具体路径和重要抓手，是新发展理念中绿色发展理念的具体化。从这一意义来说，“统筹山水林田湖草沙系统治理”就是贯彻习近平新时代中国特色社会主义思想的重要组成部分，或者“统筹山水林田湖草沙系统治理”的提出及其全面实施就是以实际行动丰富习近平新时代中国特色社会主义思想的内涵，其理论意义是显而易见的。理论是行动的先导，生命共同体的系统思想要求我们树立生态治理的大局观、全局观，要求我们在生态环境治理中更加注重统筹兼顾[4]。生态系统本身就是一个有机的系统，存在着无数相互依存、紧密联系的有机链条，牵一发而动全身。其中任何一个环节的行为都会通过生态系统的内部传导机制影响到其他地方，甚至影响到整个生态环境保护大局，因此生态治理不能一时一地看问题，而是应当以系统思维考量、以整体观念推进，这样才能顺应生态环境保护的内在规律，取得生态治理的最优绩效。“统筹山水林田湖草沙系统治理”，促进部门协作、统筹协调，以国土空间用途管制为基础，做好顶层设计，进行一体化的保护和修复，改善生态环境、推进生态文明建设，提升生态文明质量和水平，不仅是“必修课”“必答题”，更是“试金石”“检验纸”。只有把生态文明建设放在突出位置，狠抓系统治理和整个生态环境的改善，并统筹兼顾、协调发展，美丽中国才能如期到来，富强、民主、文明、和谐、美丽的社会主义现代化强国才能如期实现。

山水林田湖草是生命共同体，人与自然也是生命共同体。山水林田湖草生命共同体是人与自然、自然与自然普遍联系的有机躯体。人类可以通过社会实践活动，有目的地利用自然、改造自然，但人类归根到底是自然的一部分，人类不能盲目地凌驾于自然之上，人类的行为方式必须符合自然规律。“人与自然是生命共同体，人类必须尊重自然、顺应自然、保护自然。我们要建设的现代化是人与自然和谐共生的现代化。”[10]人类只有遵循自然规律，才能有效防止在开发利用自然上走弯路。人类对大自然的伤害最终会伤及人类自身，这是无法抗拒的规律。保护自然就是保护人类，建设生态文明就是造福人类。发展是人类永恒的主题，但是发展不可避免会消耗资源和污染环境，会对山水林田湖草生命共同体产生破坏，会影响山水林田湖草生命共同体的健康，所以在发展的同时要注重生态环境保护，要加快生态经济系统优化。一是经济系统与生态经济系统相和谐的原则，即根据不同区域生态发展状况，从理论上找到两大系统最佳结合点，对区域生态经济发展方向实施科学定位；二是生态经济系统的结构和功能与区域经济整体发展相一致的原则，即通过生态经济系统结构的调整和重组，使其功能得以充分发挥，这对区域经济整体发展具有重要的作用；三是生态经济系统的重新建构和调控，不仅要有利于经济的持续发展，而且要有利于生态经济系统的平衡。

六、保护生态环境就是保护生产力，改善生态环境就是发展生产力

1. 理念发展

生产力是人类在生产实践中利用自然、改造自然的能力，是推动社会发展的决定性力量，由实体性要素、渗透性要素、

运筹性要素构成。劳动者、劳动资料、劳动对象是构成生产力的实体性要素。科学技术构成了生产力的渗透性要素，劳动的分工、协作和生产管理构成了生产力系统的运筹性要素。在生产实践中，构成生产力的各项要素相互联系、相互作用。另外，生产力是由自然生产力和社会生产力两方面构成的。自然因素是指使劳动具有较高生产力的自然条件。凡是由于自然条件的作用而产生的生产力，都叫作自然生产力。自然生产力是指生产过程中因自然因素的作用而提供产品的能力，是自然生态系统所具有的物质循环和能量转化的能力。而由各种社会因素（如生产经验、知识的积累、科学技术的发展、生产的社会结合、生产资料规模的扩大和效率的提高等）产生的生产力，统称为社会生产力。自然生产、自然生产力是社会生产、社会生产力的基础和前提。社会生产可以控制、加速自然生产，为人们提供日益增多的物质财富。生产活动就是各种自然要素在人的参与下相互影响、相互作用的过程。

绿水青山是人类活动所处的自然环境，是人类生存、发展的前提和基础。在坚持发展是受自然环境有限性制约的前提下，“绿水青山就是金山银山”理念着眼于发展生产力、发展经济的总任务，把良好的生态环境上升到生产力的高度，把良好的生态环境看作经济发展的基本要素，力求实现保护环境与发展生产力的统一。“绿水青山就是金山银山”理念用联系、运动、发展的观点，辩证地把握人与自然的关系，将生态环境与生产力作为一个统一整体来看待，将人类的生态意识置于人与自然协调发展的目标之内考虑，将人与自然的关系和社会与自然的关系结合起来考察。2013 年，习近平同志在海南考察时提出“保护生态环境就是保护生产力，改善生态环境就是发展生产力”[11]的科学论断，并将良好的生态环境形象地比喻为绿色银行，把自然资源甚至整个生态环境都归类于生产力体系，生态环境就是生产力，生态环境与经济发展互为表里、相辅相成，关于“生态环境”的科学论断是保护、改善、建设生态环境的全局性、战略性的理念，与马克思主义的“自然生产力”所体现的精神与发展理念相符合。

“经济发展不应是对资源和生态环境的竭泽而渔，生态环境保护也不应该是舍弃经济发展的缘木求鱼”，保护生态环境就是保护自然价值和增值自然资本，生态环境在价值形成和价值增值的过程中具有劳动无法代替的前提性、基础性和条件性的作用。而自然资源存量与生态系统的承载力是有限的，现代技术无法实现对自然资本的完全替代。因此，“保护生态环境就是保护生产力，改善生态环境就是发展生产力，生态环境优势就是经济社会发展优势”。良好生态环境本身就蕴含着无穷的经济价值，能够源源不断地创造综合效益。应从长远利益考虑，走生态优先、绿色发展之路，使环境资源产生巨大生态效益、经济效益、社会效益，筑牢国家生态安全屏障，走一条区别于“先污染、后治理”的新路。这是一条完全不同于以往发展模式的道路，应正确处理好环境保护与经济发展之间的关系，努力做到在保护中发展、在发展中保护。

2. 理论内涵

资源环境问题已经成为新时期限制生产力发展的桎梏，因此治理生态环境就是解放生产力。在不同的社会发展阶段，生产力会遇到不同形式的束缚，只有把生产力从束缚中解放出来，让财富的一切源泉都充分涌流，才能更快、更好地发展生产力。我国的生态资源天然不足，同时人口压力巨大，导致了生态脆弱的现状。恩格斯提出："我们不要过分陶醉于我们对自然界的胜利。对于每一次这样的胜利，自然界都会对我们进行报复。"[5]破坏生态环境所带来的经济增长注定不能持久，也不能被称为发展。我国生态资源的禀赋劣势和早期粗放式的经济发展决定了当下的困境。新常态下，要克服经济发展短板，就要推动生态系统的修复与重建，促进经济结构转型，正确处理保护与发展的关系，在发展中保护生态环境，用良好的生态环境保证可持续发展。

改善环境不仅能直接提高自然生产力，而且还能间接提高社会生产力。马克思认为，自然力不仅是生产力发展的重要决定因素，而且是一切生产力的起点。自然不仅是劳动的对象，也是劳动的资料，自然力是生产力发展的源泉，光照、瀑布、地热等自然力量直接参与生产过程，是决定生产力发展的重要构成。改善自然环境就是修复自然界本身的生产能力，生态重建的过程就是自然力自我调节、重新焕发生机的过程。因此，无论是从自然生产力还是从社会生产力角度来看，改善环境都发展了生产力。

3. 现实意义

在生产力发展的过程中，不能将人与自然相统一的物质变换关系割裂开来，不能为了发展生产破坏环境，也不能为了一时的经济增长付出牺牲环境的高额代价。要像对待生命和保护眼睛一样对待和保护生态环境，处理好发展经济与保护环境的关系，使两者保持最优的动态平衡，把不损害生态环境作为发展的底线，将社会生产力发展维持在自然生产力承载能力的一定范围内。生产力是最活跃、最有革命性的因素，处于不断发展和提高的过程中，人们对于生产力的认识也在不断地深入。在农业文明阶段，生产力的实体性要素对经济发展起着举足轻重的作用，如铁器和牛耕的巨大作用，因此人们对生产力的认识水平也基本处于实体性要素阶段。

随着人类发展进入工业文明阶段，逐渐科学的管理使生产力的各种要素协调运转，提高了生产效率，科学技术作为渗透性要素被应用于生产过程，对经济发展做出贡献，也提高了人们对生产力的认识水平。工业文明依赖的是一种以掠夺资源为主要特征的发展模式，导致了人与自然关系的空前对立。所以在对资本主义工业文明范式进行反思和解构后，人们对生产力的认识达到了一个新的高度，从而提出了生态文明发展观。在生态文明阶段，生态要素对经济发展的贡献率逐渐提高，在诸如生态种养、生态旅游等发展方式中，生态环境起着决定性的作用。这种生产力发展的新趋势构成了习近平环境生产力理论产生的时代动因。

在不同的社会发展阶段，生产力会遇到不同形式的束缚。只有把生产力从其中解放出来，才能更好更快地发展生产力。邓小平曾指出，“革命是解放生产力，改革也是解放生产力”。从新民主主义革命到社会主义改革，再到改革开放，都是在解放和发展生产力。传统生产力理论在客观上为人类不负责任的经济活动提供了理论依据，于是造成了肆无忌惮的掠夺和破坏行为，生态环境生产力理论则是探索人与自然和谐相处、共生共荣、共同发展的产物。在生态环境生产力理论的新思想指导下，深入实施可持续发展战略，大力发展循环经济，努力建设生态文明和资源节约型、环境友好型社会，实现人类社会的可持续发展。

党的十九大报告提出：“我国经济已由高速增长阶段转向高质量发展阶段，正处在转变发展方式、优化经济结构、转换增长动力的攻关期，建设现代化经济体系是跨越关口的迫切要求和我国发展的战略目标。”高质量发展体现了新发展理念，是创新成为第一动力、协调成为内生特点、绿色成为普遍形态、开放成为必由之路、共享成为根本目的的发展。如今中国特色社会主义建设进入新时代，资源约束和生态环境成为经济发展的主要障碍，此时的治理环境、保护生态也是在解放和发展生产力。要想突破新时代生产力的发展桎梏，应合理利用自然法则和社会法则双向保护生态环境，修复自然生态的自组织能力，打破新时期经济发展的“瓶颈”。

高质量发展强调的是经济效益、社会效益和生态效益的结合，体现的是人与经济社会相协调的一种包容性的增长[12]。人的全面发展、资源环境的可持续都被纳入高质量发展。其中，经济效益主要指在高质量发展中要稳中求进，不能放弃经济增长的效率和质量；社会效益包括社会保障、人口素质、生活质量和社会环境等方面，更加关注社会的安定协调与健康发展；生态效益则强调了在经济发展中的可持续发展和生态保护问题。衡量经济发展状况不再仅看总量与规模，而是追求多个方面的协调共生。高质量发展下的价值判断与价值取向是从整体出发，统筹经济社会与生态环境的需求，具有全局观。例如，低碳科技和循环经济作为科技创新和产业革命的重要领域，不仅能推动社会生产向节能高效、清洁环保、绿色安全的生产方式转型，同时具有巨大的经济增长潜力，形成新的经济增长点，从而突破资源、能源、环境等要素的“瓶颈”，尽快实现发展新旧动能的转换。

参考文献

[1] 王新前．论生态经济系统的基本特征[J]．生态经济，1997（3）：1-4.

[2] 沈满洪，黄慰愿，陈理元．生态经济系统的组成要素及其公共性程度分析[J]．杭州大学学报（哲学社会科学版），1996（3）：69-73.
[3] 曹永辉．生态承载力持续承载下的经济发展模式研究[J]．生态经济（中文版），2013（10）：61-64，80.
[4] 中共中央马列编译局．恩格斯自然辩证法[M]．北京：人民出版社，1971.
[5] 中共中央马克思恩格斯列宁斯大林著作编译局．马克思恩格斯选集第 4 卷[M]．北京：人民出版社，1995.
[6] 齐红倩，王志涛．生态经济学发展的逻辑及其趋势特征[J]．中国人口・资源与环境，2016，26（7）：101-109.
[7] 习近平．共谋绿色生活，共建美丽家园——在 2019 年中国北京世界园艺博览会开幕式上的讲话[J]．党建，2019（5）：1，9.
[8] 孙若梅．生态经济学研究中理论和前沿进展的几点评述[J]．生态经济，2018，34（5）：54-59.
[9] 沈满洪．生态经济学的定义、范畴与规律[J]．生态经济，2009（1）：42-47，182.
[10] 习近平．决胜全面建成小康社会　夺取新时代中国特色社会主义伟大胜利——在中国共产党第十九次全国代表大会上的报告[M]．北京：人民出版社，2017.
[11] 习近平．习近平谈治国理政[M]．北京：外文出版社，2014.
[12] 任保平．高质量发展需要正确处理十八关系[N]．经济参考报，2018-11-28（6）.

第三章　生态产业化

第一节　生态产业化的内涵

党的十八大报告提出要“增强生态产品生产能力”，党的十九大报告提出“要提供更多优质生态产品以满足人民日益增长的优美生态环境的需要”。2018 年，在全国生态环境保护大会上，习近平总书记进一步指出，要加快建立健全以产业生态化和生态产业化为主体的生态经济体系。这是中国共产党在探索优质生态产品供给领域制定的重要政策方略，也是新时代生态文明体系建设的关键和根本出路。

生态产业化是由“生态”和“产业化”组合而成的词语。

其中，“生态”通常指代生态系统、生态资源；“产业化”是产业兴起和发展的过程，指某种产业在市场经济条件下，以行业需求为导向，以实现效益为目标，依靠专业服务和质量管理，形成的系列化和品牌化的经营方式和组织形式。基于对“生态”和“产业化”的理解，一般认为，生态产业化是指依据生态经济理论，按照社会化生产、市场化经营的方式，将生态产品和服务由无偿使用的资源转变为有价值的商品和服务，推动生态资源向生态资产、生态资本转变，实现生态资源价值增值。生态产业化的实质就是将绿水青山转变为金山银山，其中，“绿水青山”指的是结构和功能良好的生态系统。人类从生态系统获得的惠益被称为生态系统服务，包括供给服务（如提供食物和水）、调节服务（如控制洪水和疾病）、文化服务（如精神、娱乐和文化收益）以及支持服务（如维持地球生命生存环境的养分循环）[1]。“金山银山”指的不单单是财富，而是能够满足人们美好生活需要的各种有价值的产品的统称和代称；除了经济财富，还包括陶冶心灵、审美对象、文艺创作等精神文化财富。

生态产品和服务的生产是以自然要素为基础的，而自然界中存在的自然资源（如森林、草原、海洋等）是公共资源，产权无法界定，受益主体也难以明确区分，这也就决定了此类生态产品具有公共物品的属性，也就是非竞争性与非排他性，即单一消费者对此类生态产品的消费并不会对其他消费者在消费该产品时的效用产生任何影响，但同时，也没有办法阻止其他消费者对该产品的消费。公共物品属性使得人们难以自发免费提供足够的生态产品和服务，生态产品价值实现机制并不会自主建立。过去社会经济不发达，对自然资源的需求较小、对生态系统的损害较低，但如今随着社会经济发展水平的快速提高，倘若不采取措施，将难以满足生活、生产、发展对生态资源的需要。虽然说绿水青山本身就是金山银山，但是若在经济社会中没有得以体现，政府、企业、公众无法从生态环境保护行动中获取直接的经济效益，就会失去生态文明建设的持续动力。这就需要通过市场手段或非市场手段，使生态产品的理论价值能够在经济活动中得到真实反映，让生态资源成为与土地、劳动力、技术同等重要的生产发展要素。2015 年 9 月，中共中央、国务院印发《生态文明体制改革总体方案》，指出“树立自然价值和自然资本的理念，自然生态是有价值的，保护自然就是增值自然价值和自然资本的过程，就是保护和发展生产力，就应得到合理回报和经济补偿”。借助生态产业化，可将生态资源禀赋直接转化为生态产品和服务，或将生态资产进行优化配置，采用金融市场工具等方式实现生态资源价值的增值，这有助于提供更多优质生态产品和服务，满足人民日益增长的优美生态环境需要。

推进生态产业化，就是要按照产业化规律推动生态建设，推动生态要素向生产要素、生态财富向经济财富转变，促进生态与经济良性循环发展。生态产业化经营，不仅要以提供优质生态产品和服务为中心，通过市场交易或者政府公共支付实现价值补偿，而且还要在不影响生态系统服务功能的前提下，将生态环境优势转化为经济发展优势，发展“生态+”产业体系，提升区域产业竞争力。可见，生态产业化经营实质上是以生态产品生产和再生产为主线的经济活动过程。它是自然再生产过程和经济再生产过程的统一，两者相互交织、不可分割。因此，生态产业化经营，既要遵循自然规律，又要遵循市场规律，要在生态优先、绿色发展理念的指引下，探索生态产品价值市场实现机制，这是新时代我国生态经济体系建设的重点和难点。

第二节 基于政府购买的生态产业化路径

一、政府生态购买的内涵

1. 政府生态购买定义

政府购买又称政府采购。采购是基于某种目的，采购方与供给方签订合同，供给方向采购方提供商品和劳务的交易行为。按照购买主体不同，购买可分为私人购买和政府购买。顾名思义，私人购买就是主要以私人企业为主体的购买行为；政府购买是指以政府部门或者其他履行政府部门职责的部门为主体的购买活动，是我国政府提供公共服务的一种新机制、新方法。政府通过公开招标、定向委托、邀标等形式，将原本由自身承担的公共服务转交给社会组织、企事业单位履行，以提高公共服务供给的质量和财政资金的使用效率，改善社会治理结构，满足公众的多元化、个性化需求[2]。《中共中央关于全面深化改革若干重大问题的决定》明确指出，要加大政府购买公共服务力度，推广政府购买服务，凡属事务性管理服务，原则上都要引入竞争机制，通过合同、委托等方式向社会购买。近年来，政府购买被应用在公共服务提供的各个领域。

所谓政府生态购买，即政府购买生态环境服务，是政府购买在生态环境领域的应用拓展。最初，延军平等指出政府生态购买是为了环境的持久安全，在生态环境极端脆弱且又具有全局意义的地区，启动专门的生态工程，确定专门的职能机构，每年依据林草恢复的数量和自然生态质量来付给林草所有者相应的货币，实现农民的生态致富和对生态环境的保护[3]。但随着研究的深入，生态购买并不再仅仅适用于生态建设，也适用于生态保护和生态成果利用领域[4]。

生态购买的主体为政府机构，其中包括依靠财政拨款的政府机关、事业单位和公共事业部门等，购买资金主要来源于财政收入，如税收收入、公共服务收费、国际社会组织的贷款收入等。政府购买生态服务是将生态服务供给视为一种经济行为，将生态系统服务转变为生态产品，有助于生态资源价值的实现。同时，借助生产厂商之间的竞争获取生态服务生产的真实成本，赋予生态服务合理的价格，变无价生态为有价生态，变产品生态为商品生态，从而使生态环境真正价值化、货币化。

2．政府生态购买的本质

通过生态购买，政府依旧是生态产品的提供者，但不是直接提供者；通过引入市场手段，政府成为生态产品的购买者。其实质是民众和政府、政府和企业之间的双重委托-代理。

在购买过程中，政府和企业形成完全的契约关系，如签订管理合同、采购合同和特许经营合同等。其中，政府作为委托方，其目标就是要为社会提供所需的生态产品和生态服务。一方面，通过契约、合同的形式向私人企业购买社会服务需要的生态产品；另一方面，也通过规章制度来约束和监督企业的生产行为，以防止企业为了个人利益从而损害社会整体福利。过去，政府生态建设的重点在于项目初始与过程，无法确保生态产品供给机制的形成与维持，而通过生态购买，政府部门的重点在于生态建设的末端和生态效益，确保生态效益向经济效益的转变，有助于提高生态建设末端的质量与效率[5]。企业作为代理方，其生产的目的是利润最大化，而企业在获得部分优惠的前提下，通过生产生态产品，不仅能够实现利润最大化，同时也能提升企业的形象。在此过程中，企业必须按照市场的基本制度，如市场进入退出制度、价格制度等来进行生产，同时根据自身的运营条件和市场价格来调整生产的数量。

同样地，生态购买是民众和政府之间的委托-代理模型，生态产品是一种准公共物品，具有较强的公共性。因此，公众通过不同的渠道向政府委托其需求，由政府收税并进行购买，双方之间也会产生委托-代理关系。

二、政府生态购买的必要性

1. 发挥政府职能，实现生态资源均等供给

作为公众利益的受托人，政府有义务、有权利承担生态产品和服务的供给。很多生态产品和服务都具有公共物品属性，具有非竞争性、非排他性特点。对于此类生态资源，单纯依靠政府外的其他主体是很难保证其供给数量、质量的。政府要不断满足人民群众的需求，解决社会发展重大问题，维护国家的稳定发展，而生态环境问题与社会发展、公共福利密切相关，是政府的职责所在。当前，我国资源约束趋紧，环境污染严重，生态系统退化的问题十分严峻，人民群众对清新空气、干净饮水、安全食品、优美环境的要求越来越强烈，生态环境问题已经成为限制我国经济发展的重要阻碍，优良的生态环境已经成为广大人民的迫切需求，生态产品的价值实现是解决我国当前主要社会矛盾的重要一环。因此，对自然资源、生态环境进行管理，是政府当前的必要举措，具有充足的正当性。

良好的生态环境是最公平的公共产品，是最普惠的民生福祉。吴晓青等指出，生态购买是对我国只保证过程、不保证结果的生态建设模式反思的结果，标志着从向生态建设过程要生态效益转向向注重生态建设结果要效益[6]。通过政府生态购买，

将生态效益转化为经济效益，促进形成生态建设市场体系，借助于市场力量推动生态建设，提高了生态资源保护的吸引力，减轻了生态产品提供者的经济压力，有助于生态资源供给数量的增加，促进相关产业的发展，实现生态资源均等供给。

2. 打破政府困境，实现多元化供给

一方面，生态产品和服务种类众多，地理位置、气候条件、社会经济状况不同的地区所需的生态产品和服务也有所不同。同时，政府作为最大的社会服务提供者，需要大量的生态产品以满足社会需求。但一般来说，政府部门人员数量有限，专业技术水平有限，难以提供充足、稳定的生态产品和服务，且容易出现分配不均带来的地区间、城乡间、群体间的生态服务差异。另一方面，传统的政府提供公共服务的模式中，政府既是政策的制定者，也是服务的提供者，这种双重身份给服务的提供带来了很多隐患，竞争性的缺乏导致政府缺少提高效率与质量的内在动力，活动成本相对较高。因此，需要打破我国生态服务供给政府成本高、技术有限的现状，将财政投入的重点转向生态服务供给的配套基础设施领域，借助财政投资的引导作用，通过招标和非招标方式购买生态服务。借助生态购买模式，将政府的决策与执行分开，既减轻了政府的负担，也引入了竞争机制，政府和企业之间形成商业合作关系，由企业根据合同要求提供生态产品，同时带动各社会企业参与生态产业化发展，发挥社会各部分专业性、技术性优势。

三、政府生态购买的运作机制

生态购买是政府为民众间接供给生态产品的一种方式，通过委托生态产品生产者，保证产品的持续供给。作为买方，政府购买企业的生态产品和服务，并制定供给规则，为其提供资金支持或补偿生产者的损失，弥补企业投资生态环境建设的外部性，从而激励企业进入市场，培养市场主体或改善目前生态产业组织现状。企业通过政府提供的预期现金流进行生态项目建设，或者通过政府提供的预期现金流进行融资，这样政府间接地就把资本市场、技术市场和其他要素市场引入了生态环境领域，并吸引更多私人部门参与生态产品的供给，从而达成相对高效的供给。到一定时期后，由于环境产业链条和市场体系的逐渐完善，供给会自动启动需求，政府可以退出环境市场[7]。与政府直接供给相比，政府间接供给的方式相对更加丰富，可选择性更强。

1. 政府生态购买的方式

（1）组织管理模式

根据政府采购组织模式的不同，可以将采购方式分为集中采购、分散采购、半集中-半分散采购。政府生态购买属于政府公共服务采购的一种，其组织管理模式与政府采购相同。其中，集中采购是指政府采购范围内的任务由一个专门的机构以及专项资金负责，如公共环境产品资金。大规模的集中采购有利于吸引供应商，并且在谈判中获得更高的地位，对整个生态服务供给过程的控制效果更好，采购价格更实惠。分散采购是由各需求单位自行采购其需求的物品、工程和服务，主要优点在于利于有效沟通的进行，易于调整购买方向，反应迅速，行为灵活。半集中-半分散采购是集中采购和分散采购二者的融合，即一部分采购由需求单位自行决定并完成，其他部分则由专门机构用负责的部分项目专项资金购买，集中了集中采购和分散采购的优点，能够有效解决集中采购和分散采购的问题；集中和分散的程度根据所采购物品的数量、性质及相应政策决定。

集中采购与分散采购的适用情景有所区别，一般来说，较为复杂的采购（如高风险、高价值、专业知识要求较高的采购）使用集中采购模式，而低价值、低风险、简单的采购使用分散采购。在具体实践中，选取的采购模式不合适有可能会增加采购成本。目前，我国生态产品采购管理模式是半集中-半分散采购，如西北退耕还林专项基金和公主岭市林业局“村屯绿化”树苗购买项目，这也是当前国际上政府采购制度的一个发展方向。退耕还林专项基金中，政府作为委托方，委托企业植树种林，并购买企业种植的树林。采用集中购买的模式能够很好地对资金进行控制，同时也带动了许多技术先进、经验充足的企业进入生态林的供给中；而公主岭市林业局“村屯绿化”树苗采购项目则是采用当地市政府分散购买的模式，由林业局负责公共环境产品中林业生态产品的购买。这种模式既能够使专项生态产品的资金满足大规模的需求，同时也能够满足不同种类的生态产品需求。

（2）采购方式

政府采购方式是指政府采购得以实现的途径。联合国贸易法委员会发布的《货物、工程和服务采购示范法》，将采购方式分为招标方式和招标方式以外的采购程序。世界上各个大国基本上都把政府采购划分为竞争性与非竞争性方式，而且是以竞争性采购方式（招标投标方式）为主、非竞争性采购方式为辅。生态产品的政府购买方式可分为招标购买和非招标购买两种。招标购买主要是指政府事先设置好招标标准，并邀请符合标准的企业进行投标，并与中标企业签订契约。而根据竞标的竞争程度和过程不同，政府生态购买可分为公开招标、两阶段招标和限制性招标三种招标方式（表 3-1）。

表 3-1　政府生态购买招标方式和定义

招标购买方式	定义
公开招标	由购买机构通过大众传媒发布招标公告，邀请所有符合条件的企业参与竞标的一种政府购买模式，具有透明程度高、公开性强、推动竞争等特点，是政府购买的主要方式
两阶段招标	是对同一个项目进行两次投标的购买方式，第一次招标是由参与竞标企业先提出不含报价的技术标，政府收集各企业在技术、质量等方面的方案；第二次招标是参与企业根据第一次招标的意见进行修改，并提交最后的技术标和价格标
限制性招标	是事先对参与招标的企业范围和数量进行限制，然后由符合招标的企业参与竞标的一种方式

通常情况下，招标购买以外的购买方式都是非招标购买，这也是政府购买中的一种普遍方式。其具体也可以分为定向购买、询价购买、谈判购买及批量和小额购买，其具体定义如表 3-2 所示。

表 3-2 政府生态购买非招标方式和定义

非招标购买方式	定义
定向购买	定向购买也称为直接购买，其指的是政府向某一特定企业直接购买的方式，适用于来源单一或属专利、合同追加、后续维护等特殊情况的购买
询价购买	是政府向不少于三家的企业发出询价单，要求企业进行报价并对报价进行比较，最终确定中标企业的购买方式。这种方式一般适用于购买价值比较小的商品或者投标文件审查时间很长、参与企业投标文件需要高额费用以及参与企业资格审查条件过于复杂的购买
谈判购买	是政府在紧急情况下，与多家生产企业进行谈判，从而确定最优企业的一种购买方式
批量和小额购买	对于招标限额以下，单价不高、数量不大的产品，由于政府经常需要，所以可以集中批量购买；如果不经常需要，那么就可以直接进行小额购买

目前，在我国政府生态购买方式中，最为普遍的是公开招标、限制性招标和谈判购买。而无论是招标购买还是非招标购买，不同的生态产品适用的方式并不一样。如对大型净化水产品、森林修复工程等的购买，一般采用的是招标方式中的公开招标和两阶段招标；而对社区的生态产品，如社区绿化、垃圾

处理等，则可以采取非招标方式进行。当然，具体的购买方式应由具体情况来定，但其遵循的基本原则是：以市场为交易基础，政府和私人企业之间形成平等和独立的商业合作关系，通过《中华人民共和国政府采购法》以及相关的法律、法规，严格规范政府的购买行为，从而保证政府生态购买的公开、公平和公正。

2. 政府生态购买的运营机制

前文讨论了政府生态购买的供给方式，政府购买是在半集中-半分散管理模式下以招标方式和非招标方式进行的购买活动。无论是以招标方式，还是以非招标的方式，政府购买的本质都是委托-代理，私人企业都是产品的供给者，而政府部门或者履行政府职能的机构都是购买者。在此供给方式下形成的决策、定价和激励约束等运营机制并不完全相同。

在微观层面，政府生态购买的运营机制为：

①决策机制。私人企业是完全的市场参与者，是否参与供给生态产品和供给生态产品的项目、规模以及具体模式则取决于市场的需求。而政府充当市场的需求者，向私人企业购买生态产品以满足社会需求。政府生态购买决策与私人企业的并不一致，一方面是为了满足民众需求，另一方面也是政策引导所致。因此，其决策机制与完全的市场化决策机制有所差别，需专项专审、统一预算。

②价格机制。私人企业供给生态产品的必要条件是盈利，

而盈利的基本条件是生产收入高于生产的成本费用。这就形成了市场的基础价格，即马克思所阐述的“价值定律”。在此基础上，由于生态产品的公共性和供给的垄断性，政府和私人企业之间会产生协调机制，从而形成“市场+协调”的定价模式。

③激励约束机制。私人企业从自身的利益出发，会不断努力减少生产成本的费用，从而达到利润最大化。而消费者（民众）则通过选择是否使用生态产品及使用数量表示对生态产品的评价，再通过不同渠道将信息反馈给政府，政府最后决定是否再次购买生态产品，从而形成强大的市场约束。政府则通过设置不同的市场进入和退出壁垒，实施产品质量监督，并向消费者公布检测信息，同时健全立法、设置税收补贴等，促进市场的有效供给。

第三节 基于市场的生态产业化路径

随着经济发展水平、技术条件、产品需求等因素的变化，生态产品和服务的公共物品属性也发生着变化。当前，政府逐渐意识到其最终目的是生态产品和服务的充裕、高质量供给，而不是“一刀切”地提供所有的生态服务。因此，政府开始逐渐地从某些生态产品供给领域退出，转变角色，借助市场途径，利用竞争机制降低供给成本，提升供给效率，而政府部门的工作开始着重通过制度设计，确定为谁供给、供给什么、供给达到怎样的水平及如何支付供给费用等；至于生态产品的生产供应的具体行为，则可以由市场利用市场机制调配。

在具体实践中，生态产品价值实现途径多种多样。为结合不同类型生态产品的优势来精准设计其价值实现途径，分析不同生态资源产业化发展方向，现有学者不断尝试从不同角度将生态产品和服务进行分类。何金祥等结合生态产品的公共属性，将其分为公益型生态产品与非公益型生态产品两大类[8]；也有学者依据公共产品理论，将生态产品分为全国性公共生态产品、区域性公共生态产品、社区性公共生态产品、私人生态产品。本书主要是将生态资源分为原材料类生态资源、舒适性生态资源、环境容量类生态资源和生命支持类生态资源四大类，分别探讨其通过市场路径实现生态产业化的理论框架和实践方向。

一、生态产业化市场路径的内涵

人类社会的发展与生态价值之间密切相关，不可分割。当生态资源为人类所利用，并进入人类社会的经济循环过程，进而在此过程中发挥其生态价值时，生态资源就为人类带来了效益，其生态价值也就转化为与此种效益相关联的经济价值。当煤炭、石油、天然气、金属等资源被人类利用而产生经济价值时，这些自然生态资源就有了自身的价格。那么，自然生态资源（如环境容量类生态资源、舒适性生态资源等）在人类社会完成生态价值向经济价值的转化时，自然也就产生了自身的价格。而其价格，便是生态产业化中市场交易的基础，也是研究者应该关注和计量的重点。生态资源的价值主要通过其供给服务（如提供食物和水）、调节服务（如控制洪水和疾病）、文化服务（如精神、娱乐和文化收益）以及支持服务（如维持地球生命生存环境的养分循环）得以体现，但是生态服务的理论价值并不是我们在生态产业化过程中需要关注的重点。只有将其理论价值转变为现实价格，才能为其市场化供给路径提供经济价格基础，实现生态资源的现实交易。早在 2000 年，Heal 就明确指出，经济学家在衡量生态服务价值的时候更关注价格，而不是价值本身或重要性本身，经济学关于生态价值的衡量也只能是衡量生态服务资源可得性的细微变化[9]。通过一定的机制确定生态资源的价格后，就可以建立市场，通过交易手段，使生态资源发生流动和增值。因而，生态资源也就具备了资本的性质，完成了向生态资本的转化过程。这也就是生态产业化市场路径的实质。通过这一过程，自然生态资源所具有的生态价值完成了货币化，自然资源管理逐渐向市场化靠拢，增加了社会福利，降低了政府的管理成本，也在一定程度上消除了经济发展带来的环境外部性，促进了绿色发展理念的实现。

二、原材料类生态资源

原材料类生态资源是指作为产品生产基础性原料的资源，

处于生产体系产业链的上游环节，其价格决定了下游产品的价格水平。生态资源是人类生存发展的基本条件，原材料类生态资源定价的合理程度决定了其消耗程度；如果定价偏低，将会增大厂商的利润空间，加剧我国资源压力和生态环境约束趋紧的现状，成为我国转变经济发展方式的制约因素。目前，我国价格形成机制还不完善，特别是原材料类生态资源价格改革相对滞后，在一定程度上制约了市场机制作用的有效发挥。一是受体制因素的制约，由于市场化程度不高，价格不能真实地反映市场供求关系和资源稀缺程度，缺乏对投资者、经营者和消费者的激励和约束作用。二是原材料类生态资源的价格构成不合理，在许多产品生产过程中，资源破坏和环境污染的治理成本没有体现在价格中，外部成本没有内部化。价格只反映资源开发成本，尚未包括开发引起的资源破坏和环境污染的治理成本。三是资源之间比价关系不合理，部分资源价格明显偏低。四是市场体系不健全，在国际市场价格形成过程中缺乏应有的话语权。因此，在此类资源生态产业化过程中最重要的就是完善定价机制，使其外部成本在其价格中得以体现。

原材料类生态资源的定价机制目前主要有五种：成本分析法、影子价格法、CGE 模型法、供求定价法、李金昌定价法；各个方法各有优劣。考虑目前我国原材料类生态资源价格缺陷是未能正确反映环境成本及资源的稀缺程度，而边际机会成本定价法在包含外部成本的同时也能够反映出资源的稀缺性，定价也较为合理，因此，边际机会成本定价法是我国原材料类生态资源价格机制的改革方向。根据边际机会成本定价机制，可以将原材料类生态资源的价值分为劳动价值、效用价值和生态价值，且三者的价格表现分别为开发成本和税收与利润、使用成本、环境成本，上述价格表现又分别与边际生产成本、边际使用成本、边际外部成本相对应，具体关系如图 3-1 所示。

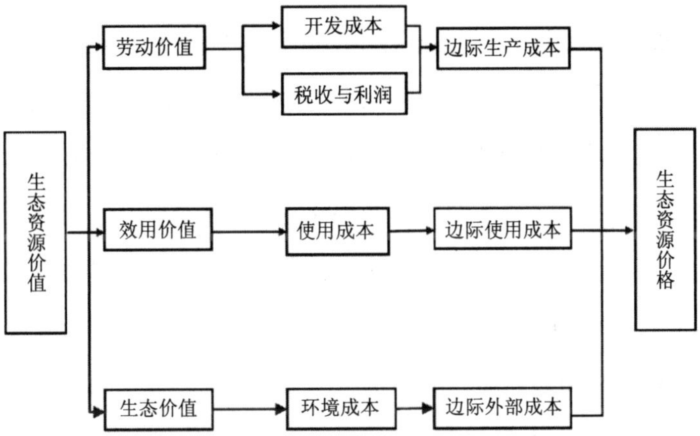

图 3-1 原材料类生态资源价值与价格构成

1. 边际生产成本

生产成本是指生产过程中各种生产要素的成本总和，原材料类生态资源的边际生产成本是指该种类生态资源数量（包括收获量与未收获的探明量）的单位变动所带来的总生产成本的相应变动。原材料类生态资源的边际生产成本包括开发成本、税收与利润，其中开发成本是资源在开发利用过程中的全部成本。目前，我国此类资源的定价是生产成本与行业平均利润之和。生产成本并非真正意义上的开发成本，相较而言，生产成本并未将勘探阶段等的成本包含进去，这就导致了我国原材料类生态资源的价格过低，造成了资源浪费。

2．边际使用成本

边际使用成本是指用某种方式使用单位某一原材料类生态资源时所放弃的用其他方式利用该资源所可能取得的最大纯收益。该成本是根据资源的机会成本确定的，需要注意的是，边际使用成本要求该资源要具有物质上的稀缺性与用途的多样性。边际使用成本的计算方法较多，包括逆算法、动态法和替代法。逆算法是指从资源的国际市场价格或影子价格中，扣除其他成本进而倒推出来；动态法是把原材料类生态资源与其他资本同等看待，若其边际使用成本的增长率高于利息率，则意味着投资于原材料类生态资源且推迟收获原材料类生态资源有利可图，这样会导致资源产量下降，边际使用成本上升，反之则下降，最终边际使用成本将按照与利息率相同的比率递增；替代法指原材料类生态资源的替代品或替代技术一定程度上能缓解资源的稀缺，可用厂商投入替代品及替代技术方面的成本直接衡量边际使用成本的大小。

3．边际外部成本

外部成本是指资源在使用的过程中，由于废水、废气、废渣等污染物的产生，给第三方带来的环境污染及其损失，且这种影响没有通过市场价格机制表现出来。边际外部成本是原材料类生态资源量的单位变动所引起的外部成本总额的相应变动，其高低不仅取决于受害者受到的损失大小，还取决于受害者对这些损失的评价，即支付意愿。目前，我国原材料类生态资源的价格中大多并未包含外部成本，即资源在开发使用过程中给其利益相关者带来的损失并未包含在产品价格之中。边际外部成本的评价方法主要有三种：直接市场法、替代性市场法与意愿调查评估法。直接市场法是指环境质量的劣化会直接导致生产成本和生产率的变化，进而导致投入和产出的变化，而投入或产出水平的变化是可以直接观察和度量的；替代性市场法是指利用某种有市场价格的替代物来间接衡量没有市场价格的环境物品的价值，因为某些商品和劳务的价格间接包含着厂商和消费者对相应环境的评价，可以间接反映人们对环境的支付意愿；意愿调查评估法是指通过直接调查相关或典型的对象，来评估他们的支付意愿或受偿意愿。

虽然通过边际外部成本评价法确定的资源价格有效地反映了资源的稀缺性与资源开发的环境成本，但是并不能直接将此作为市场的销售价格，还需对其进行适当的调整。在反映社会成本的同时，还要兼顾公平，充分考虑各方的承受能力。具体而言，原材料类生态资源价格调节过程中需要坚持市场配置资源与国家宏观调控相结合，以市场价格为基础，同时辅以必要的政府干预。

三、舒适性生态资源

舒适性生态资源是指能够为人类提供舒适性服务、满足人类的精神追求的自然资源，主要是指各类景观资源、公共土地、国家公园和自然保护区等。舒适性生态资源并非人类所生产的产品，其具有唯一性、使用方式的非消耗性、真实性、不可替代性、不确定性和破坏的不可逆性等特性，其价值主要通过舒适性得到体现。随着物质生活的日益丰富，人类对舒适性生态资源的需求会逐渐增高，因此此类资源具有巨大的增值潜力，适合通过生态产业化过程转化为生态资本。

舒适性生态资源可进一步分为三类：旅游资源、内涵性生态资源和区域性生态资源，接下来将分别讨论其市场化路径。

1. 旅游资源

旅游资源资产是指在一定的空间、地点条件下，由自然资源和社会人文资源形成的，能为旅游业提供经济价值的资源性资产，并通过法律程序明确归属于某经济法律主体。作为舒适性生态资源的重要组成部分，旅游资源资本化的过程即是其生态产业化的过程。简单来说，旅游资源资本化就是将旅游资源作为一种资本，将其投入旅游开发活动，进行市场化的开发、经营、运作和管理，使旅游资源实现价值增值。通过旅游资源经营权的市场交易，使其在市场中流转、增值，就是该类资源生态产业化的市场路径。

旅游资源的价格（主要指旅游资源经营权的价格）受到多种因素的影响，如旅游资源的类型和级别、现有收入情况、经营年限、交通、地理位置、知名度，政府也可以通过行政或者经济的手段直接影响其价格。在对旅游资源的价格进行确定时，主要方法为收益现值法与成本法。其中，收益现值法是通过对旅游资源的未来收益进行估计，并通过一定的贴现率将之贴现为现值的方法；成本法是通过计算旅游资源开发成本与旅游资源未来收益之和，得到旅游资源价格的一种方法。

但需要注意的是，并非所有的旅游资源都适合市场交易机制。对国家公园、森林公园、地质公园等类型的国有旅游资源，要维护其生态环境质量和生态系统的完整性，保护对人类文化有重要意义的自然景观，因此不需要对生态产业化过程进行重新配置，也不存在盈利需要，此类型国有旅游资源不需要采取市场化机制；但对另一部分国有资源，如各类公园的非核心区等，可以通过委托-代理经营、经营权出租等方式引入企业或者其他单位特许经营，在不影响资源质量的同时获取一定的利润。相较而言，集体和个人所有的旅游资源的运作方式则更加灵活，市场化机制有助于旅游资源的增值，实现生态产业化。

2. 内涵性生态资源

在生活中，环境属性会对某些资产的价格产生影响，这类资产就是包含内涵性生态资源的资产，常见的有房地产、绿色产品等。以房地产为例，除了面积、布局、交通等因素会对房子的价格产生影响外，绿化、噪声等环境属性也会对其价格产生影响，即内涵生态资源的价格（也可称为内涵价格）可以通过此类资产反映出来。当资产中环境质量较高时，其内涵价格也相对较高，可以通过资产中所蕴含的舒适性生态资源的价值评估确定资源的内涵价格。经常采用内涵资产定价法，该方法在假设买主了解资产价格的所有影响因素信息的基础上，建立资产与各类特征的函数关系，进而求出每种特性的边际价格。

基本上，内涵性生态资源的价格包含在资产价格之中，与资产密不可分。资产的价格是由市场决定的，因此内涵性生态资源的价格也完全取决于市场，当消费者更加重视环境质量时，此类资源的价格将会更高。一般而言，内涵性生态资源的产业化是在交易中自然发生的，与政策无关，不管价格高低；当资产交易发生时，若环境质量会对价格产生影响，那么内涵性生态资源也就实现了产业化。

3. 区域性生态资源

区域内城市间存在着两种自然资源的供需关系：经济资源（如石油、煤炭）和生态资源（其中包括舒适性生态资源）。在本部分主要讨论的是区域内单向供给的舒适性生态资源，简称区域性生态资源。对于此类资源，需要考虑的是区域内总体福利的变化。在传统的发展模式中，大多是下游牺牲环境质量、为上游的经济发展埋单，以部分地区的生态资源作为发展的代价，但此类发展模式并非可持续的。要想实现区域性生态资源供给的同时不减少区域内的总体福利，那么此类资源的产业化就是一种有效的手段。传统上，主要通过生态补偿，即政府部门提供财政支持，给予生态资源损失方一定的补偿，但是这种方式会加大政府的财政压力，同时也难以协调补偿的额度，机制也具有不可持续性。因此，可以通过市场手段实现此类资源的生态产业化，资源的需求方支付一定的报酬给损失方，以作为其牺牲自然资源的补偿。

区域性生态资源交易市场的运行需要以发展权流转机制的建立为基础。区域发展权是区域自主行使参与促进发展的行为权和获取发展利益的受益权的统一。对区域性生态资源的供给方而言，其在供给资源的同时还需要维持环境质量，因此不得不将环境保护和治理作为重点工作，这在一定程度上会对其发展造成影响；而需求方不仅不用在环境治理与保护方面投入大量的人力、物力、财力，还能够在环境质量水平上具有一定的优势，在发展经济的同时保障了居民的健康与环境需求。因此，需要借助市场交易手段，建立区域内发展权流转机制，采取一定的补偿措施，如产业支持、资金支持、人力资本或者技术支持，以弥补资源供给方放弃发展权带来的负面影响。但上述交易机制在实际操作过程中存在一定的困难，如难以定价或者成本过高等，因此还需建立区域间的协商谈判机制以尽量平衡资源供需两方的利益。此外，区域性资源交易机制在建立及推进过程中涉及多方面、多层次的利益关系，单一部门无法解决，因此需要成立分工明确的专业委员会，并进一步完善交易定价机制。

四、环境容量类生态资源

环境容量是指在人类生存和自然生态不受害的情况下，某一环境所能容纳的污染物的最大负荷量。环境容量是一种生态资源，其价值在于利用自然环境的承受能力，分解、消除、转化人类社会产生的有害物质，具有稀缺性、地域差异性等特点。只有经过人类的经营管理，使其得到有效的配置，才能在不造成生态环境不可逆的破坏的同时，实现其生态价值。有限的环境容量限制的不是环境，而是人类对环境使用的行为方式，当人类的活动强度威胁到环境自身的功能和价值的时候，必须在人们之间进行权利划分，确定各自的权利和责任[10]。

环境容量类生态资源的产权具有可分性，这里的可分性有两层含义。第一，环境容量类生态资源的产权在结构意义上是可分的。不同的主体对一个地区的环境容量类生态资源拥有产权的不同部分。例如，对于碳排放权来说，国家拥有其所有权，并将使用权以配额的形式发放给各企业，而各企业可以通过碳排放权市场进行使用权的转让，也就拥有了转让权。第二，环境容量类生态资源的产权在环境要素意义上是可分的。不同的环境要素对应不同类型的产权，在交易上也有不同的规则。产权的可分性决定了产权的可交易性。但是，对产权的分割进行妥善的界定是进行市场交易的前提。这里的产权界定是指对环境容量类生态资源的权利归属做出安排，包括所有者主体、使用权份额、对不同类型的环境容量类资源的不同标准和制度等。这就涉及产权初始分配的问题。正是由于初始分配并不一定是有效率的分配，交易才有进行的必要性。

对环境容量类生态资源而言，其产权施加的对象是概念性的环境容量，环境容量的有限性又进一步限制了人类对环境的使用方式。为防止人类活动对环境产生危害，有必要划分产权，确定各主体的权利与责任，这是市场化的前提。环境容量类生态资源的产权初始分配主体是地方政府，但地方政府并不使用此类资源，因此其价值的真正实现依靠对产权的再分配。目前，我国环境容量类生态资源的交易主要表现为排污权和碳排放权的交易，虽然取得了一定的成效，但依旧存在着一定的问题，其中价格的形成是关键。如果仅仅依赖市场决定资源的价格，则难以兼顾公平。因此，需要政府通过公开市场操作等对交易价格进行调节，从而实现资源分配的效率与公平的双赢。就定价方法而言，环境容量类生态资源不具有统一的市场价格，因此可以采取重置成本法与意愿调查法两种方法确定其价格。重置成本法即通过估算环境破坏后恢复原状需要的费用来估计资源的价格，其前提条件是人们能够意识到环境破坏的威胁并主动采取措施，同时相关措施的成本能够估算；意愿调查法则是借助问卷，调查人们对于环境假想变化的评价，通过了解受访者的赔偿意愿与支付意愿，赋予资源相应的价值，在无法利用市场得出资源价值时经常使用该方法。上述两种方法各有优劣，需要根据实际情况做出选择，综合考虑各地区的社会经济发展状况与环境质量情况，建立相应的价格形成机制，进而妥善管理环境容量类生态资源的市场交易。

第四节　基于政府+市场的生态产业化路径

一、生态资源特许经营概念

1. 生态资源特许经营

大多数生态产品具有自然垄断性与社会公益性两个典型特征。一方面，资源开发利用的限制性与规模经济特征决定了生态产品生产的垄断性；另一方面，自然资源的有效配置直接影响公共利益，具有社会公益性的特点。但是，垄断性与公益性二者之间又存在一定的矛盾，企业垄断使得价格偏高、效率低下，严重影响了其公益性。特许经营是解决二者间矛盾的有效手段。特许经营可分为商业特许经营和政府特许经营。其中，商业特许经营是一种管理模式、合同关系，以品牌许可为核心。具体而言，是指通过签订合同，特许人将有权授予他人使用的商标、商号、经营模式等经营资源，授予被特许人使用；被特许人按照合同约定，在统一经营体系下从事经营活动，并向特许人支付特许经营费。而政府特许经营则是指政府作为特许人，将国家的公共资源、公共物品的经营权许可给被特许人经营，被特许人向政府支付特许经营费。

作为国家公共资源的一种，生态资源的特许经营方式为政府特许经营，是指政府作为特许人，将国家公共生态资源的经营权许可给被特许人经营，而被特许人向政府支付特许经营费的合同关系。具体而言，主要有三种特许经营方式：一是在一定期限内，政府授权特许经营者投资、建设、运营、维护基础设施和公用事业，包括现有基础设施和公用事业的改建、扩建，期限届满移交政府；二是政府授权特许经营者运营、维护已建成的基础设施和公用事业，期限届满移交政府；三是政府授权特许经营者提供公共服务。不管是哪种方式，生态资源特许经营的本质是在实现生态资源的所有权和经营权分离的条件下，政府将竞争机制和市场力量引入生态服务的供给之中，充分发挥公共部门与私人部门各自的禀赋优势，通过相互之间的密切合作，为社会公众提供更多、更好的生态产品和服务。近年来，关于生态资源特许经营的争论一直在激烈地进行，争论的主要话题从最初是否进行特许经营逐渐转移到如何进行特许经营，争论的核心问题是如何处理保护与开发经营的关系，其中的关键问题是如何妥善处理政府监督管理和企业经营之间的关系。

虽然生态资源特许经营中的经营权转让包含了经营权的全部转让和其他权能（如占有权、处分权）的部分转让，但并没有改变生态资源的所有权性质——公共所有，公共财产恰好是公法得以调整的物质基础和公法调整的范畴。而且生态资源往往具有独特性、不可复制性和难以再生性；在生态环境日益恶化的状况下，具有独特价值的生态资源很容易遭受破坏，具有脆弱性，需要特别强调保护。而保护与开发经营在诸多方面的对立在私人企业内部是不能得到自行解决的，这就必然要求政府监督，甚至政府的直接参与才能解决保护的问题。另外，生态资源特许经营存在的前提是政府特许，政府是特许人，私人企业是被特许人，政府实施这种经营模式的目的在于实现其行政目的，这显然区别于商业特许经营。

2. 生态资源特许经营的优点

与生态购买相似，生态资源特许经营有助于克服政府行政程序烦琐、人事制度复杂、激励机制欠缺等缺点，能够有效激励私营企业，最大限度发挥企业高效灵活的经济管理优势。具体而言，特许经营模式具有如下一些特点：

①可以拓宽生态资源产业化的融资渠道，弥补财政资金的不足。受特许经营合约的限制，被特许人必须按照政府的相关

要求与规定进行经营，能够有效保证所提供的生态产品数量及质量。同时，被特许人所享有的特许经营权对企业来说是比较有利的经营条件，能够保证企业获取经济利益。因此，在保证供给优质生态产品的前提下，生态资源的特许经营还有助于将社会资金引入生态产业化进程中，可以有效缓解建设初期政府资金不足的问题。

②引入市场化经营管理理念，有效增加竞争，激励创新。引入特许经营的方式，能够打破以往生态资源供给方面政府的垄断地位。通过公平竞争确定被特许人，有助于提高生态产品的服务质量，降低公共产品的服务价格，最终提高生态环境质量。另外，特许经营模式的应用能够激励生态资源产业化建设中新技术的引进，使得技术长期相对落后的情况得以改善，弥补政府职能的缺陷。

二、生态资源特许经营的运行

1. 特许经营权授予

首先，有关部门要提出生态资源特许经营项目的建议与实施方案。根据我国《基础设施和公用事业特许经营管理办法》的规定，除法律法规和国家另有规定外，县级以上人民政府有关行业主管部门可以根据发展规划、经济社会发展需求与本地区基础设施和公用事业特许经营指导性目录，提出特许经营项目建议和实施方案，报本级人民政府组织审查。

方案提出后，有关部门需要对方案进行审查，并且委托开展特许经营可行性评估，并征求公众的意见。生态资源相关的特许经营项目应当具有公益性、长期性、可经营性，风险可分担。同时，与传统政府投资模式相比，社会资本参与能提高生态产品、服务的质量和效率，或者有效降低生态资源产业化的全生命周期成本。特许经营方案审查通过后，选择特许经营受许人。在此阶段要注意申请生态资源特许经营权途径的公平性，实施机关应当根据经批准的实施方案，按照《中华人民共和国招标投标法》《中华人民共和国政府采购法》等法律法规规定，通过招标、竞争性谈判等市场竞争方式，依法选择生态资源的特许经营者。一般来说，受许人均为个人、企业或团体（公益组织或公共团体等），在进行选择的时候需要对其拥有的财务能力、项目实施能力、相关经验等进行一系列的规定，对其参与生态资源市场化供给的能力进行系统性的评估，以确定最合适的受许人，并进行公示。

2．特许经营协议

确定生态资源的特许经营受许人之后，实施机关应当根据经批准的实施方案，与特许经营者签订书面特许经营协议，一般而言，生态资源特许经营协议应当包括以下内容：①项目名称、内容、特许经营方式及期限；②特许经营者或项目公司经营范围、注册资本、股东结构等信息；③项目资金来源；④收益取得方式；⑤价费及其调整机制；⑥履约担保和风险分担；

⑦项目资产所有权归属及转移；⑧提供公共产品或公共服务的数量、质量、时限等要求及绩效监管标准；⑨变更、提前终止及补偿；⑩项目期满移交；⑪违约责任与争议解决。其中，收益取得方式直接决定了受许人如何获得经济利益、能够获得多少经济利益。受许人取得合理收益主要是通过三种方式：一是对其提供特许经营的生态产品或服务向使用者收费；二是政府授予与生态资源特许经营项目相关的其他开发经营权益；三是政府为弥补受许人的经济损失，使其获得相对合理的经济效益，会选择给予受许人相应补贴或政府采购服务。

3. 监督管理受许人

为确保特许经营项目在不破坏自然生态环境的前提下得到有效开展，受许人要接受监督和评估。政府部门需要研究制定生态资源领域特许经营项目的行业标准、产品和服务技术规范，并在特许经营期内，按照上述要求和标准对生态资源特许经营项目进行监督和管理，及时对受许人违反法律法规规定的行为进行纠正，并依法处理，以确保在生态环境不受损害的前提下，最大限度地保证生态产品和服务供给的质量、数量与效率。同时，实施机关应当监测分析特许经营项目实施情况，同有关部门组织专业机构对项目实施情况进行综合评估，并根据综合评估报告，会同特许经营者提出改进完善特许经营建设运营的措施。除了接受政府部门的监督，受许人还受到广大公众的监督。除涉及国家秘密、商业秘密等依法不予公开的信息外，特许经营者和实施机关应当将特许经营项目的实施方案、招标文件、特许经营协议及其变更或终止情况、项目建设运营情况、综合评估报告等有关信息向社会公开。如果有关特许经营项目利害关系人、服务对象或社会公众认为特许经营者违反法律法规规定，或者不按照约定提供生态产品或服务，可以向实施机关或有关监管部门投诉，实施机关或有关监管部门应当依法处理。

三、生态资源特许经营实践

本部分主要是以国家公园与水权的特许经营为例，对生态资源特许经营的实践进行简单的分析介绍。

1. 国家公园特许经营

世界上很多国家都选择通过特许经营模式实现国家公园的运行，如美国、日本、韩国等。陈朋等通过对各国国家公园特许经营目的的比较分析后指出：各国国家公园特许经营目的主要有两个，一是在符合国家公园宗旨的前提下，为访客欣赏和理解国家公园提供必要的服务和设施，维持国家公园的功能多样性，推动国家公园的可持续健康发展，为顾客提供称心如意的服务；二是承担部分国家公园运营成本，实现国家公园核心资源和价值的保护，强调资源的有偿利用，减轻资金负担，拓宽地区和国家公园周边社区的经济基础，分担运营和保护国家公园的责任[11]。对我国而言，建立国家公园体制是党的十八届三中全会提出的重点改革任务之一，是我国生态文明制度建设的重要内容。2017 年 9 月，中共中央办公厅、国务院办公厅印发《建立国家公园体制总体方案》（以下简称《方案》），标志着我国国家公园体制的顶层设计初步完成，国家公园建设进入实质性阶段。《方案》明确指出，国家公园是我国自然保护地最重要的类型之一，属于全国主体功能区规划中的禁止开发区域，纳入全国生态保护红线区域管控范围，实行最严格的保护，并将特许经营管理作为国家公园管理机构的主要职责之一，“鼓励当地居民或其举办的企业参与国家公园特许经营”“研制国家公园特许经营等配套法规”“在确保国家公园生态保护和公益属性的前提下，探索多渠道多元化的投融资模式”。

实践中，对我国国家公园等自然保护地“特许经营”范围的表述尚无统一标准。条例和办法中的“特许经营”几乎涵盖了各类商业性访客服务，例如，《钱江源国家公园特许经营管理办法（试行）》第二条指出其适用于钱江源国家公园内开展的服务访客的特许经营活动（如餐饮、住宿、交通服务、特色商品和纪念品销售、自然教育、研学旅游、游憩、漂流、节庆活动、体育赛事、商业拍摄等），以及其他可能的资源合理利用活动（如特色农产品开发、水产养殖、中蜂养殖、生物基因产业等）；《岳麓山风景名胜区特许经营管理办法》第四条规定，“特许经营项目包括交通项目（索道、滑道、观光电梯、景交车等）和服务项目（商品销售、游乐、摄影、摄像、户外广告、文化体育娱乐、餐饮等）两大类别”；《贵州省风景名胜区内项目特许经营管理暂行办法》第三条规定，“特许经营的项目包括风景名胜区内基础设施建设以及维护、交通（车队、船队、游路、索道等）、漂流及必要的餐饮、住宿、商品销售、娱乐、摄影、摄像和游客服务等”。

2．水权特许经营

由于政府财政能力有限，我国原有的政府主导型水务发展格局已无法满足日益增长的水务市场需求。为此，政府开始充分调动市场资源，开展水务市场化改革。在融资和投资端，政府不断鼓励社会资本和外资的进入，在地方开展水务招商引资；在运营端，政府适度放开了市场准入门槛，允许符合资质的非国有企业以特许经营的形式建设运营自来水厂或污水处理厂；在定价端，政府改变了完全公益化的定价模式，公众不再以低价甚至无偿取得自来水供应和污水处理服务，将商品要素融入水价中，同时水务企业能够参与到定价过程中。我国水务市场化改革是典型的政策推动型，系列政策法规是推动改革不断深化的最主要动力源泉。政府系列文件的出台，从特许经营的市场准入上为社会资本进入水务产业打开了大门；从水价改革上为企业收回投资成本、获取合理利润提供了依据；从管理体制上为产业发展提供了正确指引和有效监督。

我国水务产业市场化形式主要包括：①集团化模式，将原有的事业单位改制为供排水集团公司，如深圳市城市水务局改为深圳市水务集团有限公司；②建管分离模式，形成区域性竞争，如上海市水务局在原上海市排水公司的基础上将投资、建设、运营三者分离，分别成立上海水务资产经营发展公司、上海城市排水公司、上海环境建设公司等单位；③BOT 模式和 TOT 模式，污水领域主要采取该模式，如北京桑德集团承接北京肖家河污水处理厂工程；④股份制上市公司模式，如浙江省上市公司钱江水利取得赤山水厂 30 年经营权；⑤多渠道筹资模式，将公益事业改制为微利市场，吸引各方资金涌入，如苏州市水务局提高污水处理费，吸引社会资本和外资；⑥其他模式，包括区域收购模式、引进外资组建新公司模式、出让部分股权模式、资产整体转让模式等。

第五节　生态产业化的路径选择

正如前文所述，涉及原材料类生态资源、舒适性生态资源与环境容量类生态资源的产业均适用于市场化路径，市场交易手段能够实现生态资源的有偿使用，同时可以吸引资金与技术进入生态资源市场，有助于减轻政府的财政、行政负担。但需要明确的是，并不是所有的上述类型生态资源都能够通过市场化路径实现产业化。一般而言，通过市场化路径实现生态产业化的条件有四个。

第一，生态资源要具有稀缺性，如果物品不具备稀缺性，那么获得或者使用其并不需要支付费用，将会不具有可交易性。在经济学中，可交易的物品被称为商品，而稀缺性是商品的必备特性。生态资源要转化为生态资本，必须同样具有稀缺性。不稀缺的物品也就是自由品，获得与使用其均不需要付费，也就不存在产权的问题。长期以来，清洁的空气、干净的水、健康的植被、肥沃的土壤等资源都被认为是自由品。但是，随着时代的发展、经济的快速增长和工业化程度的不断加深，各类环境问题层出不穷，雾霾、赤潮、荒漠化等环境和生态问题越发严重。生态资源已经不再是自由品，经济发展所带来的环境质量下降使得生态资源存在供给不足问题，生态资源同时存在着需求大量增长的情况，这也满足了生态产业化所需要的生态资源稀缺性条件。

第二，生态资源的产权能够有效界定。生态资源的产权实际就是由所有权和使用权组成的权利束。无论是观光旅游、居住所使用的舒适性生态资源，衣食住行所消耗的原材料类生态资源，污染排放所使用的环境容量类生态资源，抑或是维持生态系统正常运行所使用的生命支持类生态资源，消费者（或者称使用主体）使用、拥有或消费的都是生态资源的使用权。因此，具体到我国而言，生态资源的市场化路径实施依赖于生态资源使用权的明确界定，无论是水权、地权、林权还是其他生态资源的产权，说到底都是使用权的界定问题。此外，虽然环境容量类生态资源难以像物质产品一样实行实物交割，但通过碳排放权、排污权等产权确定，可以创造出一种虚拟交易市场，为其市场化奠定基础。

第三，生态资源的价值能够得以量化。生态产业化的关键环节是生态资源中蕴含的生态价值通过转化为经济价值，为人类社会创造效益。而生态资源价格的确定有赖于由生态价值转化的经济价值所创造的效益的衡量。生态资源的价格确定是以其所创造的经济效益的衡量为基础的，生态资源价值的量化为其合理交易奠定了基础。通过量化生态资源价值，可以为生态资源的市场交易确定合理、有效率的价格，从而推动生态产业化过程的发展。

第四，生态资源具有可增值性。当生态资源的价值可以得到量化时，如果生态资源逐步变得稀缺，那么生态资源的价值也应该水涨船高。这也是生态资本发生增值的原动力，也是推动生态产业化过程中市场交易发生的重要激励。想要维持生态资本的增值，需要对生态资本进行合理运营。通过运营手段，使生态资源在人类社会运行中发挥更大作用、产生更多效益，可以促进生态资本的进一步增值。

在生态产业化过程中，优先选择市场化路径，借助市场这个“看不见的手”实现生态资源的有效配置。但若是生态资源无法满足上述市场化路径的前提条件，可以进一步选择政府或政府+市场的产业化路径。要想在实践中做出合理选择，就需要全面了解政府生态购买和生态资源特许经营二者之间的区别。从本质来看，对于生态资源的特许经营，政府将其拥有的垄断经营权利转移至被特许人，是生态资源经营权的转移。而政府生态购买则是金钱的转移，政府通过向企业、社会组织或个人支付费用，购买生态产品和服务。从其是否盈利来看，一般而言，政府生态购买偏重于对生态资源软服务的购买，如水土涵养、生物多样性等，一般其承接的主体应该是事业单位和非营利性的组织。总体更加偏向于公益性质，即由政府来埋单，为广大民众提供生态产品和服务。而相较而言，生态资源的特许经营营利性更强，政府只是作为经营权的出让者，被特许企业为广大民众有偿提供生态产品及服务，因此具有稳定的现金流，生态资源的特许经营更容易吸引重视营利性目标的企业参与[12]。

因此，具有自然垄断性的生态资源经营性项目完全可以通过政策支持和配套机制回收成本，应该优先采用特许经营；对于生态资源准经营性项目，政府给予被特许人补贴只是为了维持被特许企业的合理回报，保证其财务的可持续性，避免生态资源供给的间断，其核心是享受企业所提供产品、服务的使用者依然在付费，政府补贴只是辅助作用，用户付费的核心并没有改变，基本属性仍是特许经营。政府生态购买适用于非经营性的生态资源，完全使用政府财政资金，属于政府购买服务范围。政府购买服务是指通过发挥市场机制作用，把政府直接提供的一部分公共服务事项以及政府履职所需服务事项，按照一定的方式和程序，交由具备条件的社会力量和事业单位承担，并由政府根据合同约定向其支付费用。

第六节 生态产业化的政策支持

一、完善生态资源产权制度

长期以来，干净的水、清新的空气等生态产品都属于公共资源，由于流动性、区域性等显著特征，无法清晰界定产权，受益主体也难以辨别，在很大程度上弱化了生态产品价值实现的动力。随着生态破坏和环境污染越来越严重，自然资源的稀缺程度不断增加，自然资源的经济价值越来越高，其资产属性逐渐明显。要想将生态资源变为生态资本并实现其增值，就必须建立完善生态资源产权制度。

产权并不仅指财产权或者对于物的所有权，而是在生产全过程中的一种代表动态生产关系存在的、包含一系列资产权利的权利束[13]，如产权的排他性、收益性、可让渡性、可分割性等。权利束既是一个“总量”概念，也是一个“结构”概念，即不同权利束的排列与组合决定产权的性质和结构。在其他情况不变时，任何物品的交换价值都取决于交易中所包含的产权束。完备的产权包括资源利用的所有权利，是一种理想状态[14]。自然资源产权是关于自然资源归谁所有和使用以及自然资源的所有人、使用人对自然资源所享有的所有、使用等权利的法律规范的总称，包括自然资源的所有权、使用权、收益权、转让权等[15]。在我国，绝大多数自然资源都属于国家所有，这是我国经济制度不同于资本主义国家经济制度的基本特征之一。《中华人民共和国宪法》第九条第一款规定："矿藏、水流、森林、山岭、草原、荒地、滩涂等自然资源，都属于国家所有，即全民所有；由法律规定属于集体所有的森林和山岭、草原、荒地、滩涂除外。"因此，在我国，生态资源交易的对象并非资源所有权，而是表现为产权性质的生态资源使用权，消费者（或者称使用主体）使用、拥有或消费的都是生态资源的使用权。生态产业化的实施依赖于生态资源使用权的明确界定。无论是水权、地权、林权还是其他生态资源的产权，说到底都是使用权的界定问题。

生态资源产权是资源市场化后的综合反映，生态资源产权的市场交易有助于城市经济的可持续发展。如果只是强调生态资源的所有权，限制生态资源产权的市场交易，约束生态资源产权流动，对维护城市生态功能是无益的。产权制度对发挥资源的经济效益和环境的生态效益起着重要作用。通过赋予产权人自然资源的使用权等权利，为获取持续的经济效益，产权人必然会提高保护和利用自然资源的积极性。同时，可对产权人行使权利的行为进行严格的法律限制，以预防产权人行使权利时给生态环境带来危害，将其可能对生态环境带来的损害降到最小，避免产权人对自然资源的掠夺性利用。

二、确定生态资源价值

生态资源的价值难以评估，如何根据其理论价值判断其经济价值是面临的另一重大挑战。生态资源价值确定的主要难点有两个：一是边界模糊，没有确切的标准确定其价格。生态产品的生产依赖于水体、大气、土壤、矿产、森林等生态资源，其所有权属于国家，尤其是大气和水体，具有很强的外部属性。人类肯定了生态系统服务的价值，并将其分为使用价值和非使用价值两大类。其中，使用价值是与资源的实际使用相联系的价值，包括直接使用价值与间接使用价值；而非使用价值是指生态系统服务功能所具有的独立于人们对它进行使用的价值，也称为“内在价值”，其又进一步分为选择价值、遗产价值和存在价值。但是市场上并没有进行交易的生态产品，不存在成熟、开放的交易市场，无法了解生态产品的供需情况，难以确定生态资源的市场价格。二是生态资源的时空特征加大了其定价难度。生态产品具有空间差异性，部分生态产品仅能够在特定区域范围内消费，无法跨区域发挥作用，但有些生态产品的影响范围是全球性的，如空气具有流动性，全世界范围内的空气质量是相互影响、密不可分的。此外，为实现可持续发展，当代人对自然资源的使用需要限制在能满足当代人的需要，又不对后代人满足其需要的能力构成危害的前提下。这种满足未来发展的生态保护价值是难以衡量的，因为这种超前的市场当下是不存在的。在所有这些情况下，市场都不能提供关于生态产品的价值的正确信号。生态资源转化的层级关系见图 3-2。

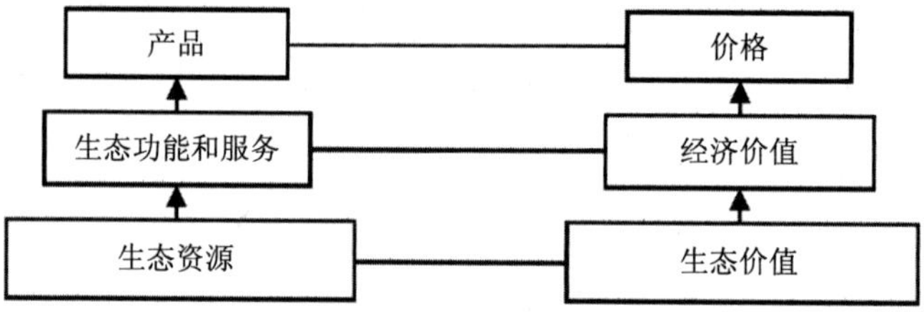

图 3-2 生态资源转化的层级关系

目前，统一的价值核算体系尚未形成，不同的学者有不同的考虑和计算模型，生态产品的统计、监测体系还不够完善，相关数据在完整性与精确性、及时性方面有所欠缺，而生态产品对人类社会的影响是具有长期性的，错误的核算、定价将会对人类产生不可估计的影响。加快建立科学性、动态性的生态产品价值核算制度是今后一段时间的研究重点。当前，生态产品价值的确定主要由政府和市场决定，环境税、生态补偿、排污费等主要由政府相关部门征收，其金额也主要由相关部门确定，但其金额总体呈现偏低的特点，即收费或补偿无法弥补环境成本。而碳排放权、排污权等则主要由市场决定其价格，但政府也扮演着重要角色。总体而言，生态产品价值的确定将会朝着科学、严谨、实用的方向发展。

三、规范生态资源交易市场

规范的市场是市场手段实现价值的重要前提。市场对生态产品的供给、消费、价格等有着重要影响，排污权、水权等生态产品的生产活动需要严格遵守市场规律，合理有效的供求机制、价格机制、竞争机制可为生态产品交易提供公平公开的市场环境。在市场建立初期，需依托政府的权力和权威，实施市场准入负面清单制度，提高行业进入的生态环境门槛，合理分配排污权等配额。同时，政府还应承担其引导私人参与生态产品市场交易的角色，探索正确反映市场供求、稀缺性、成本收益的价格机制，尽可能发挥市场在生态产品资源配置中的作用，实现生态产品的自由流动、公平竞争。

市场化定价要以市场主体多元化和竞争为基础。在缺乏竞争的市场结构中，垄断企业具有天然的为自身谋取高额利润的倾向，而缺乏增加产量、降低成本和提高效率的动力。垄断是市场失灵的表现。对生态资源行业中非自然垄断的环节，如发电、售电、天然气产业中的采掘业务，构建反垄断机构和反垄断法律，打破垄断、引入竞争是有效的解决方式。而对于行业中的自然垄断环节，如电力、煤气和自来水供应产业线路，除实行规制以外，要鼓励竞争，即便是不完全竞争，依然可以作为次优解决方案。因此，创造公平的竞争环境、引入竞争机制是防范垄断企业加强垄断势力的关键。需要注意的是，竞争是受市场规模约束的，在市场规模有限的情况下鼓励竞争而放松规制，可能会造成行业内部盲目投资、重复建设，所以政府在引入竞争机制的同时还应提升监管能力、改善监管效率。

四、提供经济政策支持

制定经济激励政策，推动生态产业化的发展进程。生态产业化发展初期，仅仅依靠市场的力量是不够的，需要政府制定相关经济政策，激励市场机制的快速建立。

一是完善税收政策，发挥税收对产业生态化发展的积极作用。借助环境税、资源税等税收引导消费者实现理性消费、适度消费和公正消费的同时，将产业生态环境友好程度纳入税率的决定因素，对资源综合利用程度较高的产品给予一定比例的税收优惠，提高对自然资源损耗严重、环境污染程度较重的产品的征税幅度，对从事环境保护项目的企业也给予一定的所得税优惠。借助税收调控，将产品价格与生态资源消耗相挂钩，使生态资源价值转化为真实的经济价值，并通过转移支付补偿生态产品生产者牺牲的经济社会发展机会成本。二是从投资、土地、贷款等方面对生态产业的发展给予支持，借助绿色金融推动绿色发展。通过市场化方式设立绿色产业基金，支持利用绿色信贷、绿色债券、绿色证券、绿色发展基金、绿色保险等政策工具，为生态文明建设服务。将生态资本变为生态资产，解决生态产业发展过程中融资困难的问题，从而鼓励、引导企业、公众合理开发生态资源，发展绿色产业，激发群众保护生态的热情，实现产业发展与经济发展的双促进。三是在实践中逐步解决目前我国生态补偿遇到的难题，保证受益者补偿、受损者受偿。通过对生态系统保护行为的激励获得持续稳定的生态系统服务，确保受偿者在获得合理的生态补偿的同时尽到生态保护的义务，使生态补偿目的得以实现，最终达到生态效益的最大化。一方面，要确保生态补偿资金及时足额发放；另一方面，要完善生态保护成效与资金分配挂钩的激励约束机制，加强对生态保护补偿资金使用和权责落实的监督管理，保障生态产品的供给和质量。

五、完善法律法规

相关法律法规的建立与完善是生态产品价值实现的重要保障，可有效推动生态资源生产、分配、交换和消费规范有序地开展。

第一，建立生态产品相关的法律法规制度。2017 年，《中共中央　国务院关于完善主体功能区战略和制度的若干意见》提出了要在浙江、江西、贵州、青海等四省开展生态产品价值实现机制试点的决策。自此，各生态产品价值实现机制试点地区都在致力于价值实现机制的具体实践，并取得了不错成效，且各地区的地方特色、侧重点均有所差异，为我国其他地区提供了大量成功范本。必须尽可能发挥各试点地区的作用，及时分析总结现有成功案例，将目前相对成熟、适用性广的经验转化为制度规定、政策安排，将不同试点地区的做法相互融合，提炼出一套具有中国特色的、全方位的生态产品价值实现机制。主要应侧重于通过法律法规完善生态产品的产权制度、价值实现方式、市场交易规则等，保证生态产品价值实现相关行为的有序开展、有法可依。还要开展生态产品保护立法与政策研究，将生态产品价值实现方面可复制、可推广的经验尽快上升到法律法规层面，制定出台生态产品交易管理办法等相关法律、法规和政策，提高生态产品违法违规的成本，以严格的制度和严密的法治推进生态产品价值实现和价值增值。

第二，健全生态产品绩效考核与责任追究制度。建立起多层次、全方位的“督政”体系，要求各地区、各部门结合实际，认真遵照执行《党政领导干部生态环境损害责任追究办法（试行）》《领导干部自然资源资产离任审计规定（试行）》，将生态环境保护情况纳入有关部门政绩考核中，切实落实环境保护责任的承担主体，转变以往以 GDP 为核心的考核制度，不再单纯以 GDP 论英雄。对造成生态环境损害的地区，终身追究领导干部的责任，直接督促各级领导干部切实承担起保护自然资源和生态环境的历史使命，有效强化有关部门的生态环境保护责任，避免“九龙治水”、互相推卸责任的局面。不断加大环境监管执法力度，严格落实生态环境保护“党政同责、一岗双责”，进一步压实地方党委和政府及有关部门的生态环境保护责任，大力督促落实生态文明建设责任制。统筹推进环保垂改、地方机构改革、生态环境保护综合执法改革。

参考文献

[1] 千年生态系统评估委员会．千年生态系统评估报告集（一）[M]．赵士洞，张永民，赖鹏飞，译．北京：中国环境科学出版社，2007.

[2] 徐家良，赵挺．政府购买公共服务的现实困境与路径创新：上海的实践[J]．中国行政管理，2013（8）：26-30，98.

[3] 延军平，等．西部大开发的战略与对策[M]．北京：科学出版社，2001.

[4] 邢光超，曾贤刚．基于政府购买的生态服务供给机制研究[J]．环境保护科学，2015，41（4）：117-123.

[5] 延军平，徐小玲，刘晓琼，等．基于生态购买的西部经济与生态良性互动发展模式研究[J]．陕西师范大学学报（哲学社会科学版），2006，35（4）：96-101.

[6] 吴晓青，夏峰，洪尚群．生态购买是西部生态建设的新战略[J]．四川环境，2006（1）：28-30.

[7] 蒋天文．政府生态购买：一个解决生态环境的经济方案[J]．财政研究，2002（9）：41-44.

[8] 何金祥，徐桂芬．对不同类型生态产品价值实现方式的思考[J]．国土资源情报，2019（6）：20-27.

[9] Heal G. Valuing ecosystem services[J]. Ecosystems，2000，3（1）：24-30.

[10] 汪新波．环境容量产权解释[M]．北京：首都经济贸易大学出版社，2010.

[11] 陈朋，张朝枝．国家公园的特许经营：国际比较与借鉴[J]．北京林业大学学报（社会科学版），2019，18（1）：80-87.

[12] 郑传军．特许经营与 PPP 的比较：国际经验和中国实践研究[J]．国际经济合作，2017（1）：82-90.

[13] 马克思，恩格斯．马克思恩格斯全集[M]．北京：人民出版社，1963.

[14] 卢现祥．新制度经济学[M]．2 版．武汉：武汉大学出版社，2011.

[15] 封志明．资源科学导论[M]．北京：科学出版社，2004.

第四章　产业生态化

第一节　产业生态化的内涵

一、产业生态化的概念

随着工业化进程的推进，环境污染、资源枯竭、生态恶化等问题层出不穷。为解决这些问题并且实现产业系统的持续发展，“产业生态化”概念应运而生。习近平总书记在 2018 年全国生态环境保护大会上强调“加快建立健全以产业生态化和生态产业化为主体的生态经济体系”，使“产业生态化”在国内受到了更多的关注与研究。由于“产业生态化”这个概念面世时间不长，学者研究角度各异，其尚未形成统一的定义。国内外对此主要存在以下几种观点。

国外对产业生态化的表述较少，大多表述为“产业生态”，研究的重点也多集中于产业生态学。Erkman 认为，产业生态有 3 个关键要素：产业生态以系统、全面、综合的视角看待产业、经济及其与生态的关系；产业生态化强调人类活动的生理基础；产业生态将技术进步视为产业从不可持续发展向可持续发展演变的关键要素[1]。

产业生态学理论传入中国后，我国许多学者将“产业生态”动词化为“产业生态化”，对此大致从三个角度进行了定义。第一个角度是产业生态化的目标。厉无畏等认为：“生态化是指产业依据自然生态的有机循环原理建立发展模式，将不同的工业企业、不同类别的产业之间形成类似于自然生态链的关系，从而达到充分利用资源，减少废物排放，物质循环利用，消除环境破坏，提高经济发展规模和质量的目的。”[2] 袁增伟等则认为：“产业生态化是依据生态经济学原理，运用生态、经济规律和系统工程的方法来经营和管理传统产业，以实现其社会经济效益最大、资源高效利用、生态环境损害最小和废弃物多层次利用的目标。”[3] 朱红伟认为：“产业生态化的实质及根本目标，就是要建立一个能够促进和实现经济系统与自然生态系统之间物质、能量和谐流动的产业体系。”[4]第二个角度是产业生态化的实现过程。郭守前认为：“产业生态化创新，是指把产业系统视为生物圈的有机组成部分，在生态学、产业生态学等原理的指导下，按物质循环、生物和产业共生原理对产业生态系统内和各组分进行合理优化耦合，建立高效率、低消耗、无（低）污染、经济增长与生态环境相协调的产业生态体系的过程。”[5] 陈洪波认为：“产业生态化是生态产业化的前提，其是从产业组织视角出发，实现资源的循环利用，引进环境友好型技术，从而提高生产流程的生态化，在不破坏环境生态的前提下增加产出。”[6] 屠凤娜认为：“产业生态化是将资源循环利用和生态环境保护结合在产业发展的过程中，产业生态化是最具有实质性意义的可持续发展，是实现生态文明的重要战略选择。”[7] 第三个角度是生态系统。黄志斌等认为：“产业生态化就是把作为物质生产过程主要内容的产业活动纳入生态系统的循环中，把产业活动对自然资源的消耗和对环境的影响置于生态系统物质能量的总交换过程中，实现产业活动与生态系统的良性循环和可持续发展。”[8] 孔令丞等则认为：“产业生态化是人工产业系统的生态型回归，应将产业系统从线性增长模型变成相对闭合的能量循环系统。”[9]

二、产业生态化的基本内涵

1. 产业生态化以区域为基础

产业生态化的目标是企业之间能够相互利用废弃物，这就对企业之间的地理距离提出了要求，企业距离过远会增加废弃物利用的成本，导致经济效益下降，从而降低企业废弃物利用的积极性与效率。现实中，产业发展到一定阶段就会出现空间集聚现象，因此产业生态化建立在具体的区域背景之上，在对生态产业的前期规划与布局时是不能忽略区域概念的。生产与自然环境的两个主要矛盾是生产对自然资源的需求与环境的供给能力之间的矛盾，以及生产排放的废弃物对环境的冲击与环境自身的承载力之间的矛盾。产业生态化的目标就是解决生产与环境的矛盾，因此发展产业生态化还要考虑区域的自然资源禀赋、技术水平等，考虑如何保证产业间废弃物交换流程的顺利进行。

2. 产业生态化的核心是构建产业生态系统

产业生态化是产业生态学的重要实践手段，其核心是模仿自然生态系统，构造出合理的产业生态系统，也就是产业系统的生态化。即应用生态系统中物种共生、物质循环再生的原理，利用现代科技和系统工程的方法，通过一系列工艺链与生态链的连接和组合，采用系统工程的最优化方法，设计出多层次利用物质和能量的生产工艺系统。该系统把人类的物质和能量转换过程置于自然生态系统物质能量的总交换过程中，通过对人类生产系统与自然生产系统结构和功能上的整合，使物质和能量能够以资源节约、环境友好的方式，在二者构成的大系统内部不断地被循环和高效利用[10]。

3．产业生态化的最终目标是产业可持续发展

提出产业生态化的背景就是环境恶化、资源枯竭等问题导致产业持续发展受到威胁，产业生态化通过加强企业间废弃物利用与物质循环，从而减轻甚至完全消除产业废弃物对环境的破坏，降低产业对资源的消耗，最终实现产业的可持续发展。

综上所述，本书将产业生态化定义为：为实现产业的可持续发展，在产业生态学理论的指导下，以构建产业生态系统为核心，以区域环境现实条件为基础，通过促进产业系统内部的物质、能量流动，使产业活动能够满足环境友好和资源节约的要求。

三、产业生态系统的演化理论

产业生态化的核心是构建产业生态系统，生态系统本身就具有趋于成熟的倾向，即进化。因此，有必要对产业生态系统的进化进行梳理，从而加深对产业生态化的理解。所谓进化，就是生态系统由简单的状态变为较复杂的状态，这种定向性变化被称为演替。产业生态系统也有一个从低级到高级、从简单到复杂的演化过程，按发展阶段可以划分为一级产业生态系统、二级产业生态系统和三级产业生态系统。

1．一级产业生态系统

一级产业生态系统是一种较为早期的生态系统，出现在产业形成初期。此阶段的产业生态系统以线性的“资源—产品—

废弃物”生产流程为特点，没有任何废弃物的回收转化。这既是因为技术和管理意识达不到，也与此时的产业系统对资源的需求很小有关。由于废弃物排放量不大，此时既不会造成资源枯竭，也不会造成严重污染。此时的产业生态系统中，生产与消费在很大程度上只是一些相互不发生联系的线性的物质与能量流动的叠加。但是，随着产业规模的增大，如果仍然维持这种线性生产方式，势必会造成污染的加重，环境破坏又进而对生产造成影响，致使这种产业生态系统无法继续维持，因此必须完成产业升级。

2. 二级产业生态系统

二级产业生态系统是从一级产业生态系统升级而来的。此时的产业生态系统已经不再是完全的线性生产模式，而是通过部分废弃物的回收加工再利用，形成一种“准循环”的生产模式。在这种生产模式下，资源的消耗变得更少，污染的排放得到减少，但是依然无法做到完全意义上的循环经济，还会对环境造成污染。这种污染的程度是可以接受的，是保持在产业所处外部环境的承载力范围之内的。这也符合这一阶段技术背景下费用-效益最大化的情形。在现实世界中，二级产业生态系统是最为普遍的。

3. 三级产业生态系统

三级产业生态系统的生产模式是完全转化为循环经济的模式，其能源结构已经完全摆脱了对化石能源的依赖，开始使用其他类型的清洁能源和可再生资源，排放的废弃物能够100%得到处理或回收利用，产业间以副产品的利用为桥梁建立起物质循环的关系。此时的产业生态系统是在极高技术条件和生产能力下的理想产业系统，现实中这样的产业系统还非常少。

第二节 产业生态学理论

产业生态化的指导思想是产业生态学，因此本部分对产业生态学的发展历程及主要思想进行介绍。

一、产业生态学理论的早期研究

20 世纪 50 年代以后，西方学者不满足于仅从经济学的视角去解决资源环境与经济发展的问题，此时正突飞猛进发展的生态学特别是仿生学，为西方学者提供了解决问题的新思路：将自然生态系统的物质循环原理应用到产业系统中，使产业系统成为一个物质循环闭路系统。1966 年，Kenneth E Boulding 发表了《即将到来的宇宙飞船世界的经济学》一书，该书首次提到了“生态经济”一词，将地球经济发展比作宇宙飞船，其是一个与世隔绝的独立系统，生存方式就是不断消耗自身的资源；当资源耗尽时，其将走向覆灭。宇宙飞船若想要延长寿命，只能通过飞船内部进行资源循环，尽可能少地排出废弃物。同理，地球经济若想谋求长久发展，只有依靠对资源的循环利用才能实现。此外，Ayres 于 1969 年提出的“产业代谢理论”也是这一时期具有代表性且对后世影响深远的理论。他认为，经济系统的产业活动与生物学中的代谢过程具有类似性，产业代谢是外界吸收低熵“食物”并排出高熵废弃物的过程。20 世纪 70 年代初，日本产业机构咨询委员会发布了《产业生态学：生态学引入产业政策的引论》研究报告，提出重新审视日本的产业体系，规划产业结构体系应从生态环境入手。虽然该机构的研究后来中断，但是其很多观点已经带有明显的产业生态学思想。

二、产业生态学理论的形成

1989 年，美国通用汽车实验室的 Robert Frosch 和 Nicolas Gallopoulos 在《科学美国人》上发表了一篇题为“Strategies for Manufacturing”的文章，该篇文章被国际产业生态学会认定为产业生态学理论的发端。该文的主要思想是：传统的生产方式下，产品的每一道制造工序都是独立的，导致产生的生产废料无法被二次利用，因此要革新生产方式，采用一体化的生产方式，使一道工序的废料成为另一道工序的原料，从而实现废弃物产出最小化。美国国家科学院与贝尔实验室在 1991 年共同举办了首次产业生态学论坛，对产业生态学的概念、研究内容、研究工具、发展前景、应用领域等进行了归纳，将产业生态学定义为：“产业生态学是研究各种产业活动及其产品与环境之间相互关系的跨学科研究。”[11] 1995 年，国际电力与电子工程研究所（IEEE）在《持续发展与产业生态学》白皮书中，从研究内容的角度定义产业生态学：“产业生态学是一门探讨产业系统与经济系统以及它们与自然系统相互关系的跨学科研究，其研究涉及诸多学科领域，包括能源供应与利用、新材料科学、基础科学、经济学、管理科学、法学等。”[12]同年，产业生态学的第一本教科书——*Industrial Ecology* 面世，该书是由耶鲁大学的 Thomas E. Graedel 和 Braden R. Allenby 合著的。他们认为企业组织和生物组织之间存在相似性，生物的生态系统结构对产业系统的构建具有极大的借鉴意义，产业生态学是从产业生态系统的角度评估和降低产业活动的环境影响，使企业和环境协调发展，实现可持续发展的科学[13]。此外，Graedel 和 Allenby 共同提出了产业系统演化发展的三个阶段：一级产业生态系统的线性模型、二级产业生态系统的不完全循环模型和三级产业生态系统的闭路循环模型。产业系统演化发展的三阶段理论对此后产业生态学的发展具有重要意义。这一理论为人类经济实现从“牛仔经济”向“宇宙飞船经济”的转变提供了一个在理论上具有吸引力的技术路径。1997 年，《产业生态学杂志》创刊，由耶鲁大学和麻省理工学院主办，该刊主编 Reid Lifset 在发刊词中进一步明确了产业生态学的性质、研究对象和内容，认为：“产业生态学是一门迅速发展的系统科学分支，它从局地、地区和全球 3 个层次上系统地研究产品、工艺、产业部门和经济部门中的能流和物流，其焦点是研究产业界在降低产品生命周期过程中的环境压力的作用，产品生命周期包括原材料的采掘与生产、产品制造、产品使用和废弃物管理。”[14] Lowenthal 等认为，产业生态学是借用和改造生态学的原理与方法，将其用于分析产业系统（包括该系统的物质流、能量流和信息流）对社会以及环境的影响[15]。Andrews 认为产业生态学是环境管理的一种新范式，它将人类的生产活动置于整体的大环境中，以自然环境作为组织产业活动的模型，而不应将视野局限于一定的区域[16]。Andrews 的提法突破了过去产业生态学将重点放在讨论固定区域内生态产业园上的情况，使研究的范围进一步扩大，得到了学术界的广泛认可。

三、产业生态学理论的发展

2000 年，国际产业生态学会（ISIE）的成立是产业生态学发展的里程碑事件。2001 年，主题为“产业生态学的科学和文化”的第一届产业生态学国际大会在荷兰莱顿召开，其后每两年举办一次。Desrochers 详细剖析了产业共生的概念，通过案例分析指出理想的产业闭路循环难以得到实践，而企业间的副产品交换是另一种可考虑的形式[17]。Desrocher 的成果使产业生态学的相关研究延伸到跨企业甚至跨行业分析的阶段。我国学者在产业共生研究领域也成果颇丰。胡晓鹏认为产业共生有两种内涵：第一种是指在分工不断细化的前提下，同类产业的不同价值模块和不同类产业，但具有彼此经济联系的业务模块所出现的融合、互动、协调的发展状态。第二种是指同类产业或其相似的产业业务模块因某种机制所构成的融合、互动、协调的发展状态[18]。王珍珍等总结产业共生具有四个方面的本质内涵：共生是一种自组织现象；共生单元之间发展的总趋势和总方向是共同进化；共生能量获得的主要途径是共生单元之间的合理分工；共生现象的本质特征之一是合作竞争关系[19]。

从产业生态学理论的发展演进过程不难发现，产业生态学的研究视域逐渐扩大，从理论研究逐步转向应用研究，对实践的指导意义越来越大，但始终都把产业作为一个系统，从生态系统的基本原理出发谋求可持续发展的具体路径。该理论研究当前存在一个明显的不足，即研究对象过分聚焦在工业，缺乏对农业、服务业生态的研究；若想要进一步完善产业生态学的理论体系，提升对实践的指导能力，还需加强对农业、服务业生态的研究。

第三节 生态农业

我国是一个传统的农业大国。当前，我国农业发展面临着诸多压力：如何在保证满足人们对粮食需求的同时，遏制农村环境和生态环境的恶化；如何让我国农产品在激烈国际竞争中占有一席之地；如何实现我国农业的可持续发展等。解决这些问题的根本方法就是实现对农业资源的合理利用和对生态环境的保护，也就是发展生态农业（Ecological Agriculture）。发展生态农业既能解决农业的可持续发展问题，也符合生态文明建设的内涵，更有利于乡村振兴的尽快实现。

一、内涵与特点

生态农业的实践起源于20世纪20年代的欧洲，但是对生态农业集中性的理论研究要追溯到20世纪70年代。1962年，蕾切尔·卡森（Rachel Carson）的《寂静的春天》一书面世，该书揭示了过度使用农药、化肥会对环境造成严重的污染，对人类生存构成威胁。这使人们反思“石油农业”的危害，探索新的农业发展模式。1971年，美国土壤学家William Albreche首次提出了“生态农业”一词。他从土壤学角度出发，认为优秀的土壤条件才是作物健康生长的重要前提。对于“石油农业”高度依赖的化肥和农药，他提出了鲜明的态度：合理少量施用化肥，在为作物提供营养的同时也能降低土壤污染；杜绝施用化学农药，因为要想达到杀虫的效果，农药必须达到一定浓度，而这种浓度的农药不仅污染环境，更会打破生态平衡。1981年，英国农学家M. Killey Worthington根据自己在欧洲有机农场的亲身实践，提出生态农业的定义：生态上能自我供养、低能耗、经济上可持续的，在环境、理论和审美方面可接受的变化的小型农业系统。提倡选用有机质肥料，不拒绝机械化生产，在生产过程中提倡利用可再生资源[20]。1984 年，美国农学家 Wes Jackson 将生态农业定义为：农业生产通过尽可能减少人工管理来增强土壤肥力，促进作物生长，保护生物种群的多样化，维持生态平衡，通过少用或不用化肥、农药，减轻其对环境造成的压力和污染，实现农业的永续发展。美国农业部将生态农业定义为：生态农业是一种摆脱了对人工合成的化肥、农药、动植物生长调节剂和饲料添加剂的依赖，依靠作物轮作和秸秆、牲畜粪肥等天然有机物补充养分，利用生物和人工技术防止病虫草害的生产体系。德国农业部认为生态农业的运行方式是：对于植物生长，使用有益天敌或机械除草方法来除虫除草，利用腐殖质以及轮作或间作等种植方式保持土壤肥力，使用有机肥和长效肥来保证作物生长所需的营养；对于畜牧，控制牧场畜载量，采用天然饲料饲养，不使用抗生素，不使用转基因技术。

“生态农业”在我国首次出现是在 1982 年的全国生态经济学术研讨会上。当时我国经济迅速发展，社会对农副产品的需求与日俱增，但是当时农村的生产力水平相对低下，环境污染、资源枯竭等问题困扰着农村发展。因此，生态农业备受瞩目。我国生态农业的奠基人叶谦吉教授在其著作《生态农业：农业的未来》一书中对生态农业做出这样的阐释：“生态农业就是从系统的思想出发，按照生态学原理、经济学原理、生态经济学原理，运用现代科学技术成果和现代管理手段以及传统的农业的有效经验建立起来，以期获得较高的经济效益、生态效益和社会效益的现代化的农业发展模式。简单地说，就是遵循生态经济学规律进行经营和管理的集约化农业体系。”[21]马世骏等在 1987 年出版的专著《中国的农业生态工程》中，从工程学的角度定义了生态农业：“生态农业是生态工程在农业上的应用，它运用生态系统的生物共生和物质循环再生原理，结合系统工程方法和近代科技成就，根据当地自然资源，合理组合农、林、牧、渔、加工等比例，实现经济效益、生态效益和社会效益三结合的农业生产体系。”[22] 厉以宁认为生态农业对我国来说是兼顾经济发展与生态环境的较为理想的经济发展道路，生态农业是指依靠农业系统内部来维持土壤肥力，促使农业稳定、持续生产的一种农业，它能够带来生态的良性循环，使社会既能稳定、持续地取得丰富的农产品，又能保持良好的生态环境，使社会的生活质量提高[23]。孙敬水指出生态农业是替代传统农业的全新农业模式，它把现代科学技术成就与传统农业科技的精华有机结合，把农业生产、农村经济发展和生态环境治理与保护、资源的培育与高效利用融为一体，具有生态合理性，使功能得以良性循环[24]。杨晓东将生态农业与传统农业模式进行对比，发现生态农业具有以下特点：生态农业是高产量、高效益、高质量的，追求经济效益、社会效益、生态效益三者的有机统一；生态农业能够最大限度地保护和利用好地球资源，把废弃物的排放减小到最低程度，能够极大地提高资源转化成产品的效率[25]。

从以上关于生态农业的定义和内涵，可以总结出生态农业具有下面几个特征：

（1）综合性。生态农业不再是我国传统的“小农业”生产方式，是一种“大农业”。注重发挥生态系统的整体功能，规划时从整体全面的角度出发，不仅发展农业，也要协调发展农林牧副渔业，实现农业结构的优化调整，提高第一产业的生产能力。同时，生态农业是在农村资源短缺与环境恶化的背景下提出的，发展生态农业表面上是解决农业问题，实质是解决经济、社会和生态综合发展的问题。

（2）高效性。与粗放、低效、高耗的传统农业相比，生态农业强调采用先进的技术和理念，通过物质循环达到物尽其用，降低农业成本，提高资源利用效率，实现农业增产提质，农业生产效率大大提高，农业经济效益提高，这也有助于解决农村剩余劳动力就业问题。

（3）可持续性。发展生态农业，就是为了保护和改善农村生态环境，防治污染，维护生态平衡，提高资源利用效率，实现农业的永续发展。生态农业不是单纯追求农业产值的提高，而是在充分考虑与协调经济、社会和生态关系的前提下追求利益最大化，既能满足人们对农产品不断增加的需求，也能增强整个生态系统的持续性，使农业经济发展持续化。

（4）区域性。我国地域幅员辽阔，不同地区的自然条件和社会经济条件不同，农业生产方式多种多样，因此各地在发展生态农业的过程中应该充分考虑本地区的自然条件、人力资本、经济发展水平、科技能力等，充分发挥传统农业的优势，突出各地的“个性”，发挥各区域自身的优势，扬长避短，建设具有特色的生态农业。

二、主要模式

根据地区的资源禀赋状况，生态农业的模式可以分为规模化型、城郊型和内部融合型。

（1）规模化型模式。规模化型模式是指在土壤肥沃、土地面积大的平原地区，将土地等资源集中在一起，进行规模化生产，注重提升农业生产过程的专业性，农产品走品牌化、特色化道路。政府在发展规模化型生态农业的过程中扮演重要角色。一方面，发展规模化型生态农业的前期需要大量的资金；另一方面，发展规模化型生态农业需要相关的服务配套和基础设施，这两项工作都需要政府的大力扶持。

（2）城郊型模式。城郊型模式适用于大城市周边的农村地区。依托大城市的科技平台，提升专业化水平，围绕城市居民对农产品多样化的需求布局农产品种植，根据城市居民休闲旅游的偏好建设综合性生态农业园，发展农业观光旅游，使农业业务和收入多样化。

（3）内部融合型模式。内部融合型是针对生态脆弱地区的生态农业发展的。在生态脆弱区，过度发展种植业会加剧水土流失，而放牧数量过多会引起草场沙化。为了保证生态脆弱区居民的收入，第一产业的内部融合不失为一种较好的选择，也就是将种植业和畜牧业相结合。

三、生态农业园区

随着农业现代化建设的不断推进，农业产业结构优化升级，土地流转加速，生态农业的新业态——生态农业园区不断涌现，受到了越来越多的关注。郑敏等认为，生态农业园区是在一定的区域范围内，以当地的自然资源、社会资源为基础，广泛应用国内外先进适用的高新技术，以高新技术的集约投入和有效转化为特征，运用现代经营管理理念和生产方式，对土地等自然资源进行优化配置，对传统农业结构进行调整和改造，广泛吸收社会资金，使农、林、牧、副、渔相结合，集生产、生态、生活于一体的现代农业生产经营区[26]。魏德功指出，生态农业园区就是在经济相对发达、农业装备技术基础条件较好、有一定的区位优势和产业优势的区域，按照现代农业的内涵和发展趋势，以实现农民富裕为主要目标，以高科技为依托，以市场信息为导向，以农业资源的高效持续利用为根本，由多元投资主体兴建和企业化运作的融产业化、集约化、科技化、生态化于一体，集高效种养、加工配销、示范推广、旅游观光于一身的现代农业与农村可持续发展的试验示范园区。

随着我国生态农业园区建设的不断推进，涌现了许多成功的案例，比较典型的有陕西杨凌农业高新技术产业示范区、北京蟹岛度假村、江苏太仓东林合作农场等。

陕西杨凌农业高新技术产业示范区是我国第一个农业科技园区，成立于 1997 年。杨凌农业高新技术产业示范区依托当地的科研力量和高新技术，培养专业人才，开展农业试验研究，使其在农业生产中能够广泛运用生物技术和现代工程技术，形成了以“生物工程、环保农资、绿色食药品”为特色的产业格局。具体来说，在生态农业方面，对于粮食生产，采取集约化手段，重点以品种替换、丰产栽培技术推广为主，发展旱作农业普及技术、推广地膜覆盖和玉米早播技术；对于果品生产，一方面重点开发适用于西北地貌种植的优良品种，另一方面与相关机构合作，大力开展有机食品、绿色食品的培植；对于温室大棚，推广无土栽培、滴灌和微灌技术，发展无公害、反季节、有特色瓜果、蔬菜的培植；针对西部缺水的问题，建设节水灌溉基地，广泛推广先进的节水灌溉设备和手段。在生态旅游方面，将农业观光与科技旅游相结合，相继建成了杨凌现代农业示范园区创新园（国家 3A 级旅游景区）、杨凌农林博览园（国家 4A 级旅游景区）、新天地农业科技示范园（国家 3A 级旅游景区）、秦岭山现代农业生态旅游园等（图 4-1）。

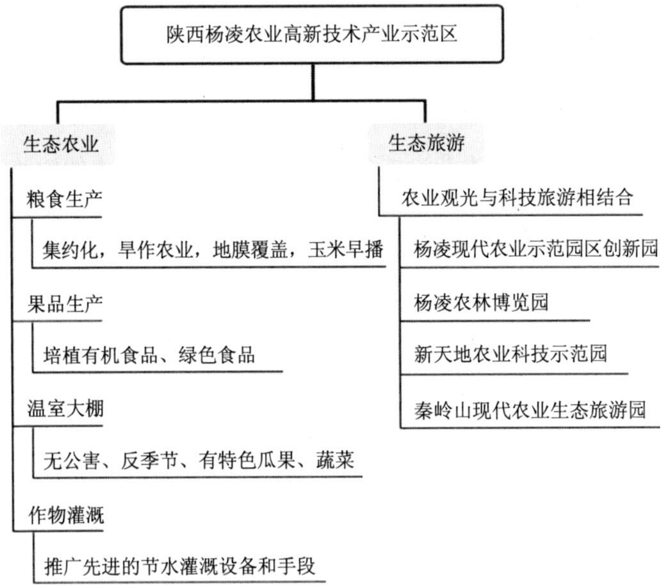

图 4-1 陕西杨凌农业高新技术产业示范区运行模式

北京蟹岛度假村隶属于北京蟹岛集团——一家集生态农业与旅游观光为一体的大型品牌企业。蟹岛度假村占地 300 亩，以发展绿色生态农业为核心，采用“前店后园”的经营模式，既包括种植业和养殖业等第一产业，也有农产品加工等第二产业，还通过深度开发生态农业的旅游价值，拥有餐饮、住宿和观光旅游等第三产业，整个度假村是一个环保高效的农业园区。蟹岛度假村通过农业观光、采摘、农机展示、科普教育、乡土人情展示以及农村生活体验，将生态农业与旅游有机结合，实现了农业的产业化发展，又开发了具有竞争力的、特征鲜明的旅游产业。蟹岛集团现已成为北京规模最大、最具特色、最具魅力的环保型农业旅游产业集团。蟹岛度假村的核心建筑是三点钟农业园，该农业园占地 3.2 万米^2，同时拥有生态农业生产、农业展示、农业设施产业化经营等功能。园内的旅游设施（如餐位、球场、垂钓处）均是依靠生态农作物自然分割形成的。蟹岛度假村在保护环境和资源循环利用方面颇有建树：首先，对于度假村生产生活产生的大量污水，通过引进污水处理技术将污水二次利用，从而建立了高效水资源循环利用系统。对于种养殖业产生的沼气，则是利用沼气技术建立有机肥生产系统，然后将产生的有机肥用作水厂养殖的养料，既提高了资源利用效率，又降低了生产成本。其次，充分利用当地丰富的地热资源，根据不同产业的需求，将地热水供应于农业生产、洗浴、供暖等各个产业，减少了传统供热造成的污染和能源消耗。最后，种植业和养殖业实现良性互动，生产绿色生态产品。蟹岛度假村使用“稻蟹混养”这种绿色生态生产方式，通过在稻田养殖螃蟹，可以提高稻田土壤肥力，促进水稻生长；与此同时，稻田中的幼虫等又成为螃蟹的绿色饲料，生产绿色水产品。为确保螃蟹健康生长，稻田不打农药，这样既可以得到优质的绿色生态大米，也可以得到绿色生态的螃蟹。水稻收割以后，剩下的稻草可用作度假村内温室大棚的保温材料，水稻加工为大米后剩下的稻壳、稻糠则用于喂猪，而猪产生的粪便又是沼气生产的原料（图 4-2）。

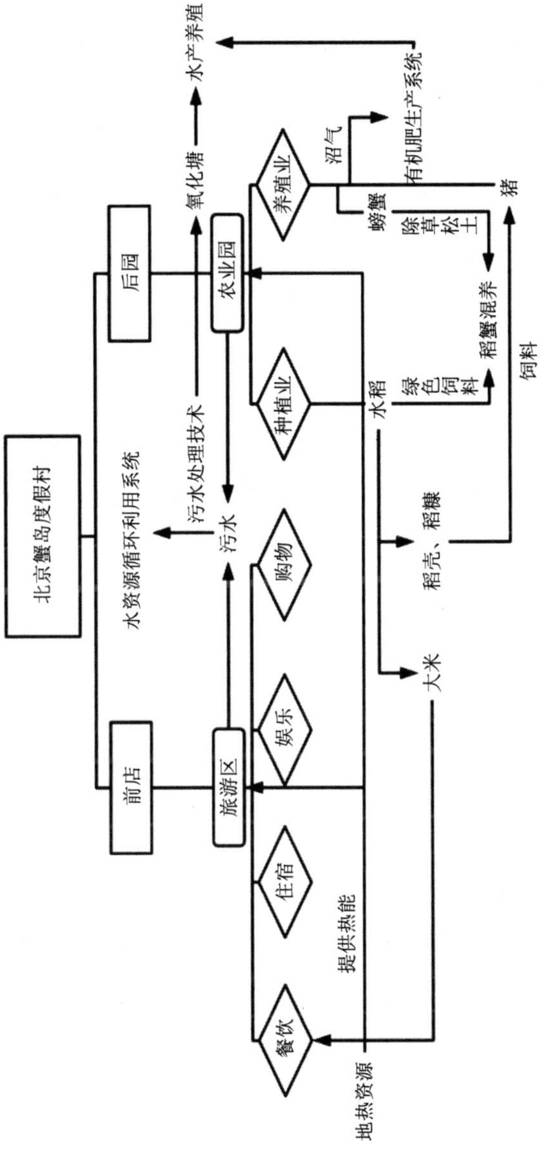

图 4-2　北京蟹岛度假村运行模式

江苏太仓东林合作农场是江苏省太仓市东林村在2010年5月姚湾村民小组完成拆迁的基础上建立的太仓首批合作农场之一。东林合作农场遵循资源循环利用原则，以发展生态农业为核心，建立了种植业、养殖业和农产品加工一体化产业经营体系。东林合作农场之前主要种植富硒水稻，水稻收割以后会留下秸秆。传统处理秸秆的方式会造成环境污染，东林合作农场从解决秸秆问题入手，构建了东林循环农业模式。稻田产生的秸秆一部分作为有机肥还田，另一部分被送到农场开设的养殖场喂羊。而养殖场会产生大量的畜禽粪便等废弃物，为此东林合作农场建立了堆肥场，将畜禽粪便进行无害化处理后制成有机肥。这种循环农业做法既降低了农产品生产成本，又提升了农产品的质量，解决了粪便导致的农村面源污染问题。东林合作农场实施农产品品牌战略，采取“四统一”生产标准，即产品质量统一、服务提供统一、品种布局统一、统一收购入库，成功打造了“金仓湖富硒有机米”的品牌，该农场生产的富硒大米价格为普通大米价格的4倍。对于养殖场，东林合作农场通过规模化经营来延伸产业链条，不局限于传统养殖场的种羊引进、繁育、培育等业务，增加了肉羊生产和白切羊肉销售两项业务，增加了产品附加值和经济效益。此外，东林合作农场还依托良好的资源条件，发展生态农业观光旅游产业，包括农产品展销、休闲垂钓、农耕体验、果园采摘、参观大米加工厂工艺流程等项目（图4-3）。

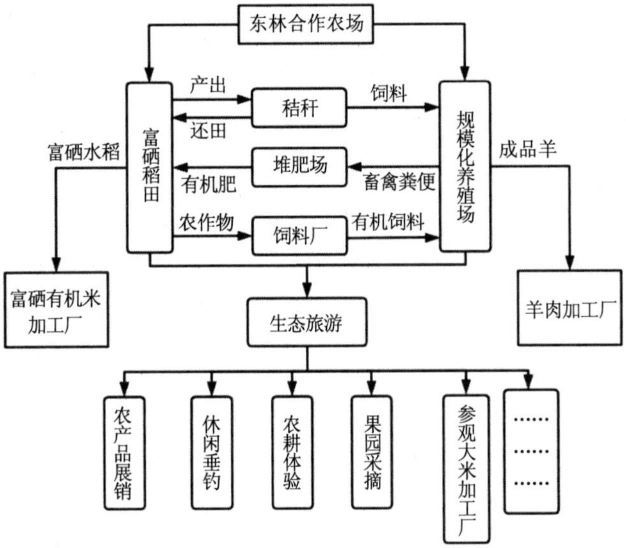

图 4-3 江苏太仓东林合作农场运行模式

四、典型案例

生态农业的实践早于生态农业的理论研究，欧洲的一些国家早在 20 世纪 20 年代就开始建设生态农业，随后日本、东南亚的一些国家也进行了探索，形成了一些典型案例。这些案例对我国的生态农业建设也具有参考意义。

1. 菲律宾玛雅农场

菲律宾玛雅农场是东南亚地区生态农业的代表作之一，其位于菲律宾首都马尼拉附近。从玛雅农场兴建开始，历经十年，形成了一个拥有农业生产良性循环的农业生态系统的农场。玛雅农场始建时是一个面粉厂，面粉厂每天生产时都会产生大量的麸皮，麸皮可以作为动物的饲料。经营者为了充分利用面粉厂产生的大量麸皮、增加经济效益，建立了养畜场和鱼塘。为了进一步延长产业链，经营者又建立了肉食加工和罐头制造厂。随着农场的逐渐发展，经营者扩大了农场的占地规模，并将其取名为玛雅农场。

农场规模扩大后，随之而来的是农场每天运行产生的大量粪肥污染以及废弃物处理的问题。为了解决这个问题，玛雅农场陆续建立起 10 多个沼气生产车间，每天产生沼气 10 多万米^3，提供了农场生产和家庭生活所需要的能源。另外，产气后会留下沼渣和沼液，沼渣一部分作为牲畜饲料，一部分作为有机肥料、用于肥田；沼液在藻类氧化塘得到处理后，作为养料送入水塘养鱼养鸭，最后再取塘水、塘泥去肥田、生产粮食，这是一次循环。而农田生产的粮食又被送进面粉厂加工，进入新一次循环。玛雅农场运行模式见图 4-4。

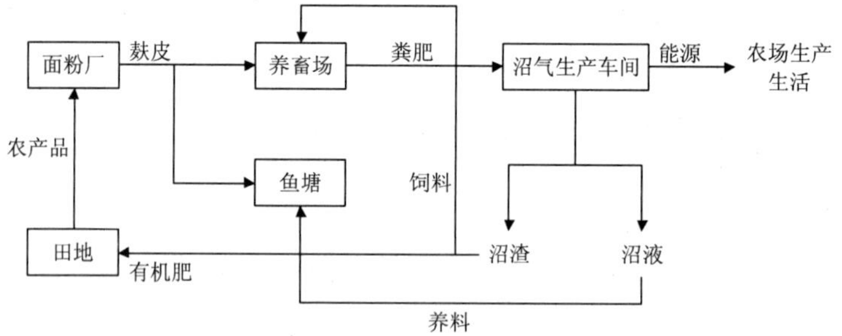

图 4-4　菲律宾玛雅农场运行模式

2. 美国生态农业

美国作为世界上第一大农产品出口国，其生态农业的规模和水平在世界上名列前茅。这得益于美国在农业方面拥有完善的法律法规体系以及在财政方面对农业的鼎力支持。完善的法律法规体系是美国生态农业发展的坚实保障：1910 年颁布的《杀虫剂法》可以看作农业立法的雏形；1933 年，美国第一部关于农业的法律——《农业调整法》出台，既为美国农业法律、法规、政策制定奠定了基础，也收获了其境内 25%的农田成功休耕、土地肥力和生态环境得到了一定程度的保护与恢复的现实成效；1977 年，《农业科研、推广和教育法》出台，为了加强农业科技推广，成立了美国公共农业科研推广机构，推动了生态农业技术成果的转化应用；1985 年颁布的《食品安全法》对土地休耕和土地补贴制度做出了明确的规定，同时对基本农产品提高支持，提升了美国农产品的国际竞争力；之后，出台了一系列对生态农业针对性更强的法律，如《土地污染防治法》《自然资源保护法》《有机农业法》等。可以说，美国拥有一套较为完备的协调农业发展与环境保护的法律法规体系。

美国在财政方面对农业的鼎力支持主要体现在生态补偿上。农业领域比较成功的生态补偿项目是土地休耕计划（Conservation Reserve Program，CRP）。CRP 资金来源于联邦政府财政投资，CRP 是美国规模最大的私有土地休耕计划，每年投资约 20 亿美元。CPR 主要针对水资源匮乏和水土流失严重的地方，政府部门与农场主、牧场主签订合同，合同的主要内容是放弃耕地，将土地恢复回自然状态，此合同一经签订，期限为 10 年，每年每公顷由国家补偿 85～100 美元。CRP 已有 30 多年的历史，基本达到了预期的目标，在成功保护自然资源的同时，为美国各地的农村社区带来了明显的经济效益和环境效益。CRP 累计防止了超过 90 亿吨土壤的侵蚀，有效保持并增强了土壤生产力；恢复了约 270 万英亩[①]的湿地，保护了近 175 000 英里[②]的河道，保护了水质；固定了数亿吨大气中的二氧化碳，净化了空气，提高了空气质量，使当地社区以及郊区和城市居民受益；CRP 通过对野生动物栖息地的保护，改善了野生动物的生存环境，促进了野生动物的繁衍，为人们带来了野生动物狩猎和观光等许多娱乐效益。此外，联邦和州际联合保护合股项目（CREP 项目）也是一个典型。该项目是在美国全国范围内对水质、土壤侵蚀和野生动植物自然繁殖地等有重大影响地域的农业生产用地进行保护，通过财政补贴，激励农场主、牧场主与政府签订 10～15 年的合同，合同期间在该地界内停止农业生产活动。

美国生态农业模式见图 4-5。

① 1 英亩≈4 046.86 米^2。

② 1 英里≈1.61 千米。

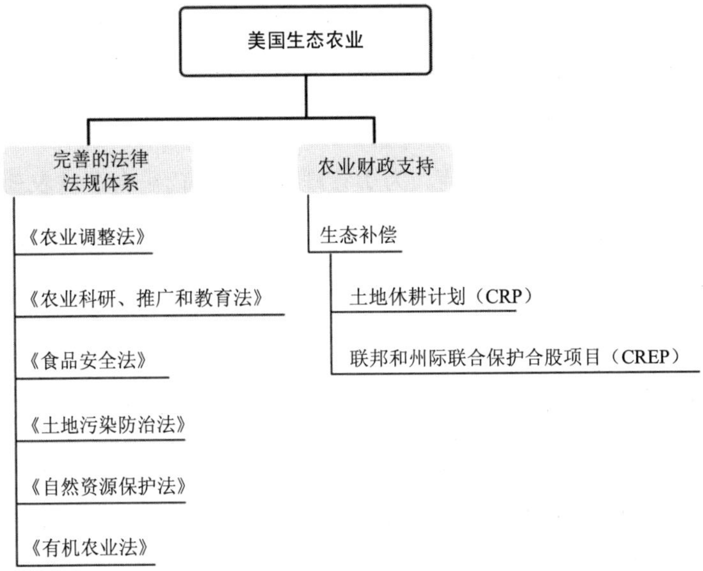

图 4-5 美国生态农业模式

3. 日本农业

日本的生态农业建设始于 20 世纪 70 年代。当时，“石油农业”的负面影响凸显，农业的可持续发展陷入困境，人们生活质量下降。为了解决这些问题，日本政府开始探索生态农业建设，重点在于减少土地盐碱化和农业面源污染。在生态农业建设的过程中，日本政府的许多政策做法可圈可点，收效显著。

因为日本自身资源有限，日本政府鼓励各地探索适合本地区发展的生态农业模式。因此，日本的生态农业模式多种多样，包括减化肥-减农药栽培型、再生利用型、有机农业型、稻作-

畜产-水产三位一体型、畜禽-稻作-沼气型等。日本很早就认识到农药对环境的危害性，因此一方面注重加强对农药的注册管理与使用指导，另一方面积极研究开发低毒农药，逐步淘汰毒性大、残留性高的农药。为了管理农药，专门出台了《农药管理法》，对毒性大、残留性高的农药按《农药管理法》实行严格的注册管理制度。凡是注册的农药，农药生产者或进口商必须将药效试验、毒性试验、代谢试验、残留试验、对环境影响试验等资料与注册申请书、药样同时提交给农林水产省以审查、注册[27]。此外，还通过每年举办“防止农药危害”的宣传活动，提高全民的预防农药危害意识和环保意识。随着这种意识的提高，农民自发减少农药用量。

日本政府在制定农业法律方面注重前瞻性和实操性，从而必要时能够及时进行修改以适应当前的社会需要。日本目前关于生态农业的法律法规有四部，分别是《食物、农业、农村基本法》《可持续农业法》《堆肥品质管理法》《食品废弃物循环利用法》。这些法律是相互补充、配套实施的，或者就是在《农业基本法》的基础上结合现实进行的更新与补充。1999 年颁布的《食物、农业、农村基本法》就是《农业基本法》的延伸，是充分考虑了日本农业的现实发展需要，同时对 21 世纪日本食物、农业、农村发展进行总体规划，确立下来的指导性、纲领性法律。日本对 1961 年颁布的《农业基本法》进行更新后，其核心内容变为保证食物稳定供给，充分发挥农业、农村的各项功能，实现农业、农村可持续发展。《可持续农业法》是促进实施可持续农业生产方式的规范性法律。而《堆肥品质管理法》则是与《可持续农业法》相配套的单项专业性法律，于 2001 年颁布，是《肥料取缔法》中的重要组成部分之一。该法律明确规定，堆肥属于特殊肥料，应受到严格的管理。日本还十分重视资源开发和保护，制定了一系列这方面的重要法律，如《农业改良促进法》《农村地域工业导入促进法》《农地调整法》《关于出售国有土地等的特别措施法》《日本国土调查法》《关于农地转用许可标准法》《地力增进法》《森林法》《水资源保护法》《水资源开发促进法》《沿海渔业整顿开发法》等，这些法律以《农业基本法》为基础，相互协调促进，有力保障着农业发展目标的实现[28]。

日本生态农业模式见图 4-6。

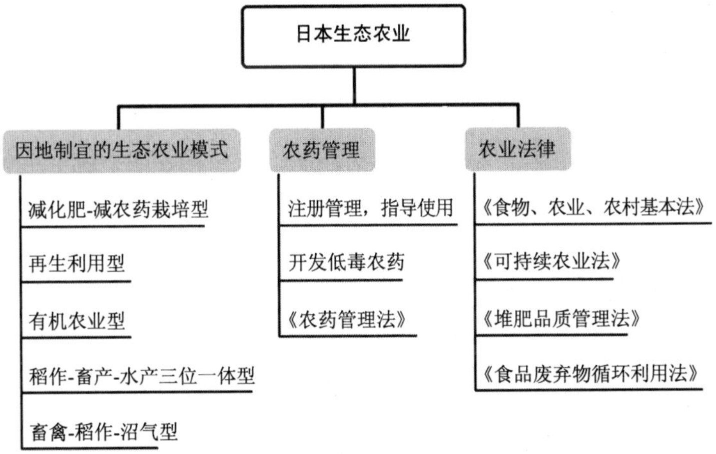

图 4-6　日本生态农业模式

4．德国生态农业

相比于欧盟的其他国家，德国对生态农业采取更高的要求、更高的标准。在德国被认定为生态农业需要具备 9 个条件：①耕地除虫除草时，只能采用有益天敌和机械除草的方法，不能采用化学类的除草剂和除虫剂；②在保证作物营养方面，施用有机肥料，不用化学肥料；③为了保证土壤质量，采用轮作的种植方式；④利用土壤腐殖质来改良土壤，保持肥力；⑤植物生长遵循自然规律，不使用化学试剂加快植物生长；⑥牧场动物要保持合理的数量；⑦采用天然饲料喂养牧场动物；⑧出现病虫害或者瘟病时，不使用抗生素；⑨无论是作物种植，还是动物饲养，都不使用转基因技术。更高的标准则体现在德国对生态产品的规定上：欧盟规定生态产品在生产过程中，原料必须是生态的；如果必须使用附加料，附加料中传统农产品的占比不能超过 25%；只有附加料中生态产品占比超过 95%，产品才能作为纯生态产品出售。而德国对生态产品的规定是产品中必须有 95%以上的附加料是生态的，才称为生态产品。

德国在发展生态农业的过程中，重视对农民的教育培养。德国 90%以上的农民都接受过职业培训。在德国，大部分的农民职业教育是免费的，这就意味着参加职业教育没有门槛，也不会对自身经济状况造成负担，因此农民比较愿意主动接受职业教育。在从传统农业向生态农业生产的转型期间，农户将会免费得到针对生态农业生产的专业培训，内容包括品种的选择、田间管理技术、病虫害防治、畜禽饲养、农产品的市场营销等。农民从事有机农业生产完全是在对生态农业充分认识后，综合考虑经济效益、环境等各方面因素而自愿做出的选择[29]。

在德国生态农业发展的过程中，有一类主体发挥了积极的、不可忽视的作用，这类主体就是生态农业协会。一般情况下，农户想要发展生态农业，往往选择依托一个或两个生态农业协会。生态农业协会是政府推广生态农业过程中的有力补充，其工作内容相对政府而言更加细致、具体。生态农业协会主要负责审核新成员的加入，对已入会成员进行管理，监督其生产过程，抽样检查产品，为生态产品的种养提供技术咨询以及市场营销等服务。德国生态农业模式见图 4-7。

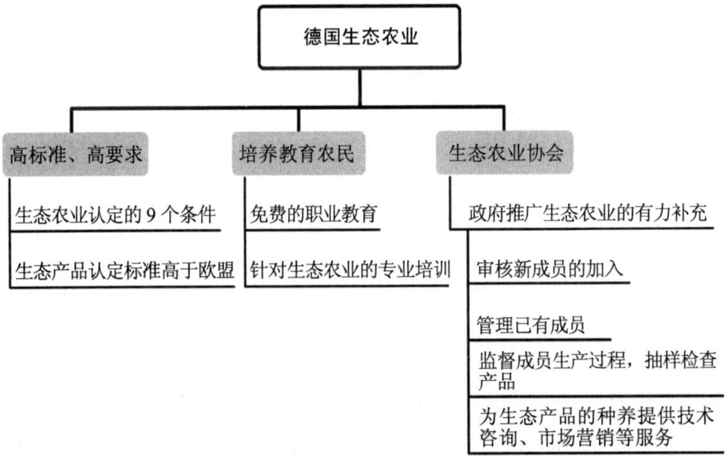

图 4-7　德国生态农业模式

第四节 生态工业

自第一次工业革命之后，现代工业迅速发展，在为人类创造了巨大的财富、让世界面貌发生了根本性变化的同时，也对自然环境造成了重创，环境污染、生态失衡、资源短缺等问题屡屡发生，已经对人类的生存构成了巨大的威胁、成为世界普遍关注的问题。过去几十年的粗放型经济发展对我国的生态环境造成了不可忽视的负面影响，直接制约了我国社会经济的可持续发展。传统的工业化生产方式与保护环境之间存在固有矛盾，这迫使人们重新思考工业的生产方式，以及如何在享受工业文明硕果的同时，又能最大限度地减轻环境压力，进而达到人与自然和谐相处的局面。在这样的背景下，生态工业走入大众视野。

一、内涵与特点

一般认为，生态工业思想源于美国通用汽车公司的 Robert Frosch 和 Nicolas Callopoulos 于 1989 年 9 月在《科学的美国人》杂志上发表的一篇题为《可持续工业发展战略》的文章。他们认为通过在企业之间建立共生关系，使得工业系统可以像生态系统那样实现物质循环，工业系统便转化为生态工业系统，从而优化资源利用，缓解环境污染。这一思想一经问世，引发学术界广泛关注和深入探索。T. E. Graedel 和 B. R. Allenby 在其于 1995 年合著的 *Industrial Ecology* 中对生态工业进行了描述：在不对环境造成压力的前提下，工业的生产发展要通过生态化将工业系统和周围的环境协调联系起来，优化物质的整个循环系统，优化从原料到制成的材料、产品以及最后产生的废弃物等各个环节。在生态工业系统中，资源与资源之间相互依存、相互制约，生产模式是"原料—产品—废弃物—原料"，具有可持续性、循环利用的特点[13]。联合国工业发展组织在 1991 年将生态工业定义为"不破坏基本生态进程的前提下，促进工业长期内给社会和经济利益做出贡献的工业化模式"。Suren Erkman 认为生态工业是在一定的空间范围内，多个企业依据生态学原理相互结合，形成的具有一定物质循环、能量流动和价值增值的新型工业链[1]。

1985 年，马传栋在《经济研究》上发表了一篇题为《论生态工业》的文章，开启了我国生态工业研究与实践的大幕。肖焰恒等认为，所谓生态工业是指根据生态学和生态经济学原理，应用现代科学技术所建立和发展起来的一种多层次、多结构、多功能、变工业排泄物为原料、实现循环生产、集约经营管理的综合工业生产体系[30]。杨文举认为生态工业的内涵是：依据生态经济学原理，以节约资源、清洁生产和废弃物多层次循环利用等为特征，以现代科学技术为依托，运用生态规律、经济规律和系统工程的方法经营和管理的一种综合工业发展模式。它要求综合运用生态规律、经济规律和一切有利于工业生态经济协调发展的现代科学技术，从宏观上使工业经济系统和生态系统耦合，在微观上做到工业生态资源的多层次物质循环和综合利用[31]。周劲松等根据自身对生态工业学 10 多年的研究，将生态工业系统定义为：依据工业生态学和经济学原理，运用生态规律、经济规律和系统工程的方法来经营和管理的，以废弃物（物质和能量）合理的多层次利用为特征的一种现代化的工业运行系统[32]。朱谷生指出生态工业的基本内涵是：利用生态学和生态经济学中的长链利用原理、生态系统耐受性原理、能量多级利用和物质循环再生原理、价值增值原理等，把若干工业生产活动按照自然生态系统的模式，组织成一个“资源—产品—再生资源—再生产品”的物质循环流动生产过程，建立起相当于生态系统的“生产者、消费者、还原者”的工业生态链[33]。李树认为生态工业是指合理、充分、节约地利用资源，工业产品在生产和消费过程中对生态环境和人体健康的损害最小以及废弃物多层次综合再生利用的工业模式，是一种现代工业生产方式[34]。于法稳认为生态工业是一种基于工业生态学、循环经济、生态经济等基本原理，通过构建产业节点之间的耦合，实现物质和能量的高效组合利用，以及产业与环境之间稳定协调的发展形态。生态工业在遵循减量化、再使用、再循环“3R”原则的基础上，在实践中表现为 3 个层次，即产品、企业以及企业间[35]。

目前对生态工业并没有一个统一的定义。根据不同学者的研究结论，从广义的角度上来说，生态工业在不同的层面上都有着不同的内涵。在工业产品层面上，它是生产环境友好型工业产品，是对工业产品的生态化升级；在制造技术层面上，它是使用清洁生产等高新技术，对生产方式的生态化升级；在制造业企业层面上，它是转换企业运行管理理念，对企业盈利方式的生态化升级；在特定区域层面上，它是各类生态企业共生互利，对工业园区的生态化升级；在行业层面上，它是工业行业结构优化，传统产业的生态化升级；在国家层面上，它是国家实现可持续发展的基础。从狭义的角度来说，生态工业是传统工业结合了生态学后形成的一种全新的、环境友好型的、可持续的工业生产模式，既能为人类创造物质财富，对生态的压力又在其可承受范围内。原材料和产生的废料使用最大化，生态企业主获得更高的利润，生态系统依然保持平衡。

生态工业是针对传统工业的各种弊病提出的，对其相关特征的研究结论也是将其与传统工业进行比较进而总结得出的。马传栋认为，生态工业区别于传统工业发展模式的最基本特点是重视工业经济活动的生态化，从而使得生态工业体系具有 5 个具体特点：一是对工业生产自然条件的利用和保护要结合；二是工业生产过程中要最大限度地节约资源和能源；三是工业生产成果在技术经济上有利于资源、能源节约和环境保护；四是在工业产品流通中促进对保护资源与环境有利的产品的流通，限制不利产品的流通；五是区域或城市的工业产业结构同所处的生态系统的自然结构和机制相适应[36]。胡顺延总结了生态工业具有的 4 个基本特征：一是企业之间的生态化关联关系，构成工业生态链或生态网，从而形成生态工业体系。二是废弃物排放最小化，工业废弃物能得到综合再利用。三是工业企业产业结构和布局的优化调整，企业朝着规模化、专业化的方向发展。四是生态工业园区不单纯着眼于经济发展，而是着眼于工业生态关系的连接，每个企业都发挥着能量及物质转化、利用的功能[37]。杨文举认为从追求目标上来看，生态工业将工业的经济效益和生态效益并重，从战略上重视环境保护和资源的集约、循环利用，有助于工业的可持续发展；从自然资源的开发方式上来看，在生态经济系统的共生原理、长链利用原理、价值增值原理和生态经济系统的耐受性原理指导下，生态工业对资源进行合理开采，使各种工矿企业相互依存，形成共生的网状生态工业链，达到资源的集约利用和循环使用；从产业结构和产业布局的要求上来看，生态工业要求具有合理的产业结构和产业布局，以与其所处的生态系统和自然结构相适应，以符合生态经济系统的耐受性原理；从废弃物的处理方式上来看，生态工业不仅从环保的角度遵循生态系统的耐受性原理而尽量减少废弃物的排放，而且还充分利用共生原理和长链利用原理，将过去的“原料—产品—废料”的生产模式转变为

“原料—产品—废料—原料”的模式，通过生态工艺关系，尽量延伸资源的加工链，最大限度地开发和利用资源，既获得了价值增值，又保护了环境，实现了工业产品的“从摇篮到坟墓”的全过程控制和利用[31]。

二、主要模式

1. 企业层面的生态工业发展模式

在企业层面，发展生态工业，要求企业做到内部循环、清洁生产等，这些对企业的规模、技术创新能力、资金等都有比较高的要求，因此生态工业型的企业往往是一些大型企业。中小企业引入生态工业机制后，很可能因为规模和技术而达不到生态工业应有的效率。企业发展生态工业从两个方面入手：一是将生态工业理念融入企业的经营理念中，将保护和改善生态环境纳入企业核心发展战略；二是在生产过程中，注重构建资源在生产环节全过程的循环利用体系，提高资源利用效率，选择生态工业型的上下游厂商。构建生态工业型企业主要有两种模式：一是对企业进行全面的生态化改造，也就是企业在现有的基础上通过技术升级、生产环节重组等来实现企业内部资源的有效循环利用；二是延长企业内部产业链，也就是保留企业原有的主营业务，但是根据主营业务的副产品或者废弃物的性质来实现多元化经营。

2. 园区层面的生态工业发展模式

工业发展到一定阶段，就会出现产业集聚，形成工业园。对工业园的生态化升级存在 3 种模式：一是对现有的工业园进行生态化改造，工业园内的所有工业企业升级生产技术，对企业与企业之间的生产关联进行规划，达到园区内部资源有效循环利用；二是基于生态工业学理论开发新的工业园；三是建立虚拟型生态工业园，对于那些已经存在的、数量较多、分散的中小企业，如果将其集中起来重新规划建设，迁址的成本巨大，而且也不易实现，所以用现代信息技术手段来突破地域限制，将众多产业链上通过废弃物资源联系起来的中小企业虚拟聚集，建立虚拟生态工业园区。

3. 区域层面的生态工业发展模式

区域层面发展生态工业实际上是要形成一个完整的生态工业系统，实现区域内生态保护与经济发展相协调，整个社会可持续发展，对周边地区的可持续发展有一定辐射作用。生态工业区域具有三大核心要素：生态化的工业体系、完善的基础设施、绿色导向的社会消费。因此，发展区域层面的生态工业，首先需要构建以工业共生、资源循环利用为特征的生态化的产业体系。其次，必须建设和完善生态工业相关的基础设施，包括清洁能源体系、绿色技术支持、资源循环利用基础等。最后，在全区域内广泛宣传倡导绿色消费、低碳生活。此外，建立综合协商和决策机制、完善相关法律法规、制定合理的规划等都是必要的。

三、生态工业园

生态工业的重要实践形式就是生态工业园。美国 Indigo 发展研究所 Emest Lowe 教授于 1992 年最早提出生态工业园的概念：一个生态工业园是一个由制造业企业和服务业企业组成的群落。它通过管理包括能源、水和材料等基本要素在内的环境与资源方面的合作来实现生态环境与经济的双重优化和协调发展，最终使该企业群落寻求一种比每个公司优化个体表现就会实现的个体效益的总和还要大得多的群体效益。美国总统可持续发展委员会在 1996 年对生态工业园进行了定义：生态工业园是指某一社区范围内的各家企业相互协作，高效率地分享社区内的各种自然资源、基础设施等，从而获得经济效益和环境效益，最终实现社区内的人、经济和环境协调发展。生态工业园是精心规划原材料和能量交换的工业系统，在这个系统内通过尽可能少地投入资源来实现废弃物产生量的最小化，从而实现经济、生态和社会的可持续发展。在 2007 年的《国家生态工业示范园区管理办法（试行）》中，国家环境保护总局将生态工业园定义为："依据清洁生产要求、循环经济理念和工业生态学原理而设计建立的一种新型工业园区。"

生态工业园的分类方法有很多。依据创建的原有工业基础划分为改造型生态工业园、全新规划型生态工业园；依据生态工业园内成员企业间的地域关系划分为实体型生态工业园、虚拟型生态工业园；依据产业结构划分为联合企业型生态工业园、综合园区型生态工业园。国家环境保护总局于2006年发布的生态工业园区标准中，将生态工业园区分为3类。一是行业类生态工业园区：是以某一类工业行业的一个或几个企业为核心，通过物质和能量的集成，在更多同类企业或相关行业企业间建立共生关系而形成的生态工业园区。二是综合类生态工业园区：是由不同工业行业的企业组成的工业园区，主要指在高新技术产业开发区、经济技术开发区等工业园区基础上改造而成的生态工业园区。三是静脉产业类生态工业园区：静脉产业（资源再生利用产业）是以保障环境安全为前提，以节约资源、保护环境为目的，运用先进的技术，将生产和消费过程中产生的废弃物转化为可重新利用的资源和产品，实现各类废弃物的再利用和资源化的产业，包括废弃物转化为再生资源及将再生资源加工为产品两个过程。静脉产业类生态工业园区是以从事静脉产业生产的企业为主体建设的生态工业园区。

生态工业园是继经济技术开发区、高新技术开发区之后我国的第三代产业园区。我国在1999年启动了生态工业示范园区建设试点工作，在2001年建立了第一个国家级生态工业示范园区——广西贵港生态工业（制糖）示范园区。我国生态工业园的建设经历了3个阶段：①起步阶段（2001—2007年）。在此期间，我国批准建设的国家生态工业示范园区有17个，生态工业园呈缓慢低速发展，处于初步摸索阶段，开展试点的地区很有限。②曲折阶段（2007—2010 年）。由于受到国际金融危机的影响，我国生态工业园建设前期增长疲软，后期爆发式增长。2008 年、2009 年仅批准建设 3 个国家生态工业示范园区，2009 年我国推出了 4 万亿元经济刺激政策，其中一部分资金用于经济结构调整和经济发展方式转变。生态工业园是未来我国工业园区建设的重点，仅 2010 年一年就批准建设 22 个国家生态工业示范园区。③快速增长期（2010 年以后）。随着经济情况的好转，以及前两代产业园（经济技术开发区和高新技术开发区）日趋发展成熟，生态工业园建设进入了快速增长期，年平均审批数达到 10 个以上。

四、典型案例

1. 丹麦卡隆堡（Kalundborg）工业园

丹麦卡伦堡工业园区兴建于 20 世纪 50 年代，是国际上最早的生态工业园。园区内一家企业的生产废弃物是其他企业的生产原料，企业与企业间形成一种互惠互利、工业共生的关系。这种工业共生一方面实现了废弃物的最小化排放，减少了废弃物对环境造成的污染，也缓解了资源短缺的问题，园区获得了直接的生态效益；另一方面，工业共生降低了企业的生产成本，拓展了企业的收入来源，企业获得了直接的经济效益。

卡伦堡工业园的核心成员包括丹麦最大的燃煤火力发电

厂 Asnaes 火力发电厂、丹麦最大的炼油厂 Statoil 炼油厂、大型的石膏板厂 Gyproc、国际生物医药公司 Novo Nordisk、大型的土壤修复公司 A/S Bioteknisk Jordrens、卡伦堡市区等。卡伦堡工业园的工业共生具体来说就是：发电厂在供应发电过程中产生的蒸汽有 4 种用处，一是炼油厂炼油和生物医药公司制药都需要热能，发电厂供电产生的蒸汽释放的热量就转化成了热能；二是蒸汽通过地下管道可以向卡伦堡全镇居民供热，之前镇上燃烧油渣供热，有了蒸汽供热后就关闭了镇上 3 500 座燃烧油渣的炉子，这大大减少了烟尘排放量；三是蒸汽变为低温的循环热水，给蔬菜大棚供暖，有助于绿色蔬菜生长；四是蒸汽的余热传至水池中用于养鱼，实现了热能的多级使用。炼油厂也实现了综合利用。炼油厂产生的燃料气可以供应给电厂，用于燃烧发电，产生的废水经过生物净化处理，通过管道向电厂输送，而产生的火焰气通过管道提供给石膏厂，用于石膏板生产过程中的干燥环节，减少了火焰气的排放，石膏厂对石膏进行脱硫、会产生稀硫酸，又可以将稀硫酸供应给附近一家硫酸厂。火电厂烧煤发电的过程中产生的粉煤灰可以提供给土壤修复公司，用来生产水泥和筑路。

卡伦堡工业园区通过以上循环经济的实践，环境污染减少，资源利用效率提高，废弃物量减少，利润却得到了提高。卡伦堡工业园区能运行得如此成功，背后的原因是企业共生降低了生产成本，企业共生的交易成本也较低，也就是利益的驱动。制药厂选择用电厂的蒸汽是因为自己生产蒸汽的成本高于从电厂那里购买蒸汽的成本，石膏板厂用电厂脱硫产生的石膏是因为过去从西班牙进口石膏原矿，运输费用会增加生产成本，直接使用园区内的石膏后，产品的成本明显降低（图 4-8）。

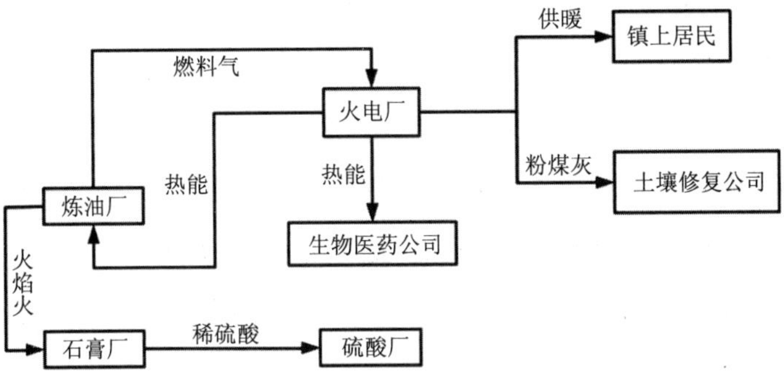

图 4-8　丹麦卡伦堡工业园运行模式

2. 日本 Kokubo 生态工业园

Kokubo 生态工业园区位于日本 Yamanashi 地区。由于该地区没有工业垃圾处理系统，原本所有企业产生的工业垃圾都要运到别的地区进行处理，运输成本比较高。起初，园区内的 23 家企业发现他们共有的且数量最大的废弃物是纸，因此为了降低纸垃圾处理成本，建立了企业间废纸收集和循环利用系统。具体来说，就是有一个公司对废纸进行集中收集和分类，然后造出再生纸，园区内的其他企业从这家公司购买纸张。废纸循环利用系统也是工业园内企业间最初的废弃物交换系统。在这种循环下，再生纸厂有稳定且廉价的原料供应，又有稳定的销售需求市场，再生纸厂在实现规模经济的同时，园区其他企业降低了工业垃圾处理成本，企业经济效益增加。Kokubo 工业园是通过将废弃物集中起来，对废弃物进行最大化利用而建立生态工业园区的典型。后来废纸循环利用系统被延伸到了木条和塑料的回收循环利用上。Kokubo 工业园每年会产生大量的易燃废弃物，处理易燃废弃物的费用对企业来说是一笔比较重的成本负担。为解决这个问题，节省处理废弃物的成本，于 1996 年通过垃圾衍生燃料（Refuse Derived Fuel，RDF）设备，利用废弃的木条和塑料发电，既解决了垃圾处理问题，又为园区内的企业降低了用电成本（图 4-9）。

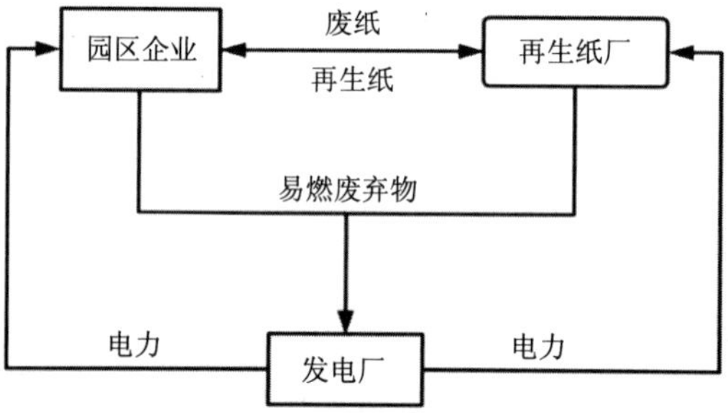

图 4-9　日本 Kokubo 工业园运行模式

3．广西贵港国家生态工业（制糖）示范园区

广西贵港国家生态工业（制糖）示范园区是国内最典型、最早开始建设的一个生态工业园区。该园区以我国规模最大的

制糖企业——广西贵糖（集团）股份有限公司（以下简称贵糖集团）为核心。贵糖集团生产的主要产品是食糖，在生产食糖的过程中会产生大量的蔗渣、蔗髓、废糖蜜、酒精废液、滤泥及废水等多种副产品或废弃物。据此进行废弃物循环利用，最终该生态工业系统包括 6 个子系统：蔗田系统、制糖系统、酒精系统、造纸系统、热电联产系统、环境综合处理系统。该生态工业园区拥有比较完整的生态工业链网结构，即甘蔗—制糖—酒精—造纸—热电—水泥—复合肥。其具体运行内容是：蔗田系统处于基础性地位，园区内的主要原料就是蔗田系统输出的甘蔗，从某种程度上来说蔗田系统是园区的总原料供应商，因此蔗田系统担负着向园区生产提供高产量、高质量的甘蔗的任务，保障园区制造系统有充足的原料供应；制糖系统则是以甘蔗为原材料，通过改造制糖工艺，引入高新技术，生产出各种各样的糖类产品，如普通精炼糖、高附加值的有机糖、低聚果糖等；甘蔗制糖的一个副产品是废糖蜜，酒精系统通过能源酒精工程和酵母精工程，生产出能源酒精和高附加值的酵母精等产品，一年能够循环利用废糖蜜近百万吨；造纸系统以甘蔗制糖的副产品——蔗渣为原料，生产出质量较高的各种制品，如生活用纸、文化用纸等；热电联产系统将甘蔗制糖的副产品——蔗髓作为热电厂发电的燃料，替代部分煤，既减少了环境污染，又能够供应园区企业生产所需要的电力和蒸汽，降低了用电成本，且保障了园区用电的安全性；环境综合处理系统即时充分利用前面提到的5个系统，由于企业生产依然会产生一些废弃物和不能循环利用的副产品，对环境也造成了一定的压力，因此园区设立环境综合处理系统，为园区制造系统提供环境服务，并提供回用水以节约水资源。这6个子系统紧密关联，通过副产物、废弃物和能量的相互交换，形成了比较完整的闭合工业生态网络。既实现了节约资源、资源最大化利用、减轻环境和资源的压力，又使园区内的企业优势互补、延长产业链，增加园区的经济效益。这种以生态工业思路发展制糖工业的做法，为我国制糖工业产业升级、结构优化开辟了一条新路径（图4-10）。

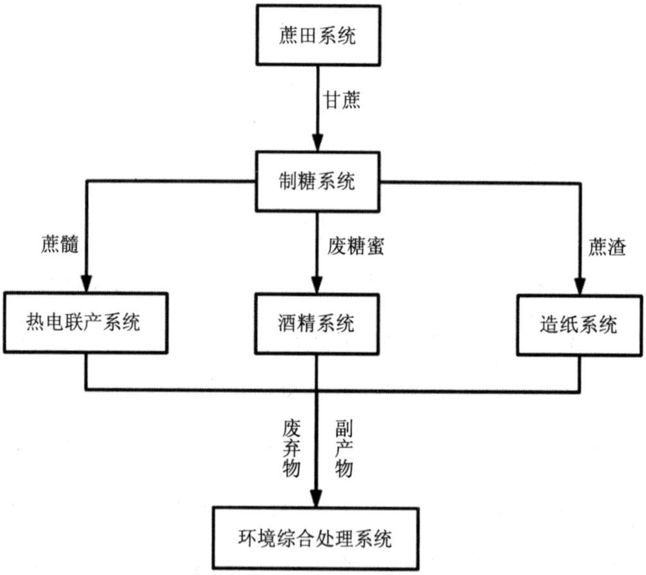

图4-10 广西贵港国家生态工业（制糖）示范园区运行模式

4. 山东鲁北国家生态工业示范园区

山东鲁北企业集团自 2003 年开展国家生态工业示范园区创建工作，该园区于 2020 年 12 月验收合格、正式被批准为国家生态工业示范园区。山东鲁北企业集团构建的生态工业示范园区是我国第一个以盐化工和无机化工为主体的循环经济基地，是我国目前为数不多的企业类型的国家生态工业示范园区之一。

山东鲁北企业集团是集化工、建材、轻工、电力等 12 个行业于一体的国有特大型企业。鲁北企业集团以生态工业和循环经济理念为指导，依靠科技创新，创建了 3 条生态工业产业链：磷铵、硫酸、水泥联产生态产业链；海水“一水多用”生态产业链；清洁发电与盐、碱联产生态产业链。

磷铵、硫酸、水泥联产生态产业链是用生产磷铵排放的废渣——磷石膏分解水泥熟料和二氧化硫窑气，用水泥熟料与锅炉排出的煤渣和来自盐场的盐石膏等配置水泥，用二氧化硫窑气制硫酸，硫酸返回用于生产磷铵。上一道产品工序的废弃物成为下一道产品工序的原料，整个生产过程没有废弃物排出，资源在生产全过程中得到了高效循环、持续利用和有序利用，各产品工序形成一个生态产业链条。海水“一水多用”生态产业链是以发展海洋化工为目标，突破传统制盐模式，实施创新设计，利用海水逐级蒸发、净化原理，在 35 km 的潮间带上建成百万吨规模的现代化大型盐场，构建了“初级卤水养殖、中级卤水提溴、饱和卤水制盐、苦卤提取钾镁、盐田废渣盐石膏制硫酸联产水泥、海水送热电冷却、精制卤水送到氯碱装置制取烧碱和氯气”的海水“一水多用”产业链，产生了巨大的综合效能，为国内盐业企业综合利用海水资源开辟了新路径。清洁发电与盐、碱联产生态产业链是热电厂以劣质煤和煤矸石为原料，采用海水冷却，将排放的煤渣用作水泥混合材料，经预热蒸发后的海水排到盐场制盐，同时与氯碱厂链接。氯碱厂利用百万吨规模的盐场的丰富卤水资源，不经传统的制盐、化盐工艺，直接通过管道把卤水输入氯碱装置，既减少了生产环节，又节省了原盐运输费用，建设成本、运行成本大幅降低，大大增强了企业核心竞争力，该集团“一水多用”产业链成为我国离子膜烧碱行业“盐、碱、热、电”联产的特色工程（图 4-11）[38]。

相比于前面介绍的 3 个生态工业园，山东鲁北企业集团在一个企业内部形成了最为合理的共生关系。在一个企业内部达到工业共生、资源循环利用的交易成本往往更低，制定整体发展规划和综合管理更为容易，当然这对企业的规模有一定的要求，但是这也为我国其他大型工业企业生产生态化升级提供了借鉴。

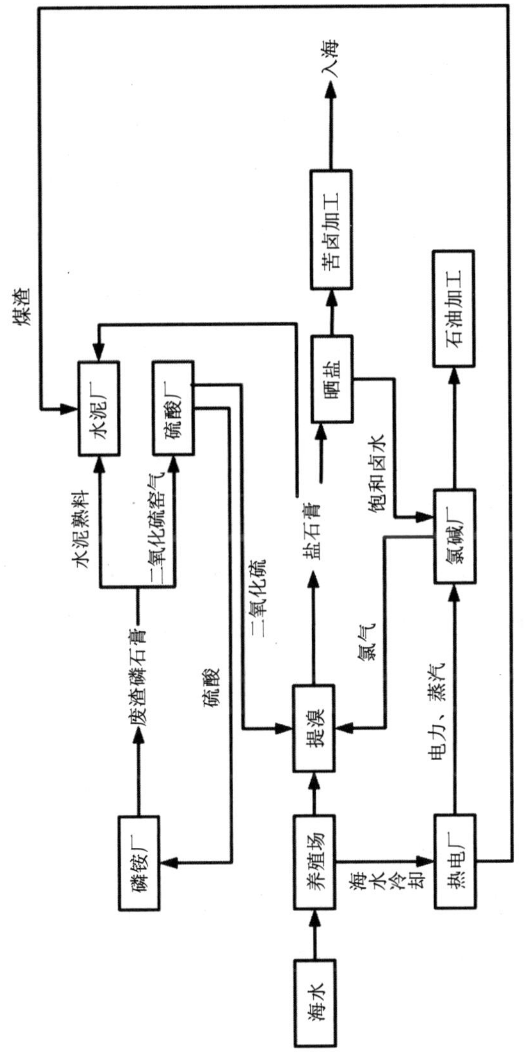

图 4-11 山东鲁北国家生态工业示范园区运行模式

第五节 生态服务业

在过去的很长一段时间里，服务业被称为“无烟工业”，人们普遍认为服务业对资源的需求和对环境的污染都是很小的。随着服务业的深入发展，其对资源的消耗、废弃物的产生以及对生态环境的污染不容忽视，目前传统服务业的污染已经成为环境污染的重要来源之一，很多学者提出发展“生态服务业”。

一、内涵与特点

迄今为止，生态服务业还没有一个统一的定义。孙婷认为，生态服务业是生态循环经济的有机组成部分，包括绿色商业服务业、生态旅游业、现代物流业、绿色公共管理服务等部门，是指在充分合理开发、利用当地生态环境资源基础上发展的服务业。其发展在总体上有利于降低城市经济的资源和能源消耗强度，发展节约型社会是整个循环经济正常运转的纽带和保障[39]。赵桂慎等认为生态服务业就是以生态学理论为指导，依靠技术创新和管理创新，按照服务主体、服务途径、服务客体的顺序，围绕节能、降耗、减污、增效和企业形象等方面，通过实现物质和能量在输入端、过程中和输出端的良性循环，将循环经济理念实践于长远发展中的新型服务业。生态服务业是循环经济的有机组成部分，包括清洁交通运输、绿色科技教育服务、绿色商业服务和绿色公共服务等部门[40]。杨伟民等将生态服务业分为 3 类：第一类为供给性生态服务业，该产业提供生物和能量产品，以公共基础建设为主，无法进行市场交易，也难以测量产品价值，价值实现依靠政府购买；第二类为协调性生态服务业，该产业是将生态与经济之间的关系从制约调节为协同，生产混合类型产品，部分产品可通过市场交易；第三类为经营性生态服务业，该产业是指利用服务业的优势进行经济开发，由社会投资并实现自我循环，产品全部通过市场交易[41]。

根据学者们对生态服务业的观点，本书将生态服务业的特点总结为以下几点：

（1）资源循环利用的发展模式。传统服务业的生产过程是“资源—产品—废弃物—环境污染”，是单向的。而生态服务业强调服务业企业在生产的过程中实现资源的循环利用，也就是某一个生产环节的废弃物是其他生产环节的原料，追求资源的最大化利用和废弃物的最小化产出，这是一种可持续的发展模式。

（2）生态化的经营理念。在传统产业的产业关联中，第三产业的发展依赖第一产业、第二产业提供机器设备、原材料、消费资料等，而第三产业为第一产业、第二产业提供产供销服务、资金、信息、人才等，三大产业之间是密切联系、相互制约的。生态服务业则是在此基础上，通过自身的生产生态化升级，促进生态农业和生态工业的发展，最终实现整个生态经济的形成。这就要求生态服务业改变传统经营理念，将经营理念生态化。

（3）生态化的服务主体。服务业的主体是服务企业，服务企业可以通过开展清洁生产审计、ISO14000 环境管理体系认证、环境标志认证、生态文化创建等措施实现企业的生态化升级。此外，《中华人民共和国清洁生产促进法》中对服务业领域实施清洁生产提出了原则性要求，《绿色市场认证实施规则》《绿色饭店评估细则》等相关行业标准则进一步明确了对服务业清洁生产的具体要求，服务企业应该主动遵守法律法规和行业标准，在相关标准的指导下，根据自身企业的生产特点，尽快实现从传统的服务主体向生态化的服务主体转变。

（4）清洁化的服务方式。服务企业提供服务时是有特定的方式和途径的，选择何种服务方式和服务途径也是服务企业服务质量的重要体现，关系到服务企业服务品牌的创建，因此这是服务企业生态化建设的重要环节。实现服务方式和途径的清洁化可以看作服务企业实现生态化升级的重要标志之一。不同服务行业由于其自身产品的特性，服务方式和途径的清洁化过程不尽相同。因此，服务企业要在相关行业标准的指导下，依据自身特色，探索出一条适合本企业服务方式和途径的清洁化之路。

（5）环保型的消费模式。经济学原理告诉我们：生产决定消费，消费反作用于生产。消费者的消费行为是服务企业进行产品开发和服务途径优化的风向标。如果消费者对生态服务产品不认可，生态服务业是发展不起来的。因此，引导消费者改变传统消费模式、在全社会推行绿色消费理念是服务企业生态化建设的重要途径之一。所谓的绿色消费是指消费者在消费时选择绿色企业生产的绿色产品，在消费的过程中合理地处置废弃物，不造成环境污染，最重要的是在消费观念上崇尚自然、追求健康的产品，兼顾生活舒适与环境保护、资源节约，追求可持续消费。

我国当前生态服务业中的生态物流、生态旅游等发展态势良好，下文对我国发展态势良好的生态服务业进行介绍。

二、生态物流

生态物流是在生态学原理的指导下，将循环经济思想融入传统物流，利用先进的技术对相关的物流作业环节进行改进，为客户提供绿色化的商品和服务，降低对环境的污染程度，提高资源的利用效率。相比普通物流只注重降低成本、追求各个环节合理，生态物流兼顾经济效益和生态效益，是一个具有社会责任感的物流体系。生态物流不仅追求商品生产和营销过程的绿色化，而且强调整个商品流通环节的生态化，也就是废弃物的回收循环利用也被纳入生态物流的业务范围。

发展生态物流对我国经济发展和社会可持续具有重要意

义。我国电商产业迅猛发展，这带动了物流业的进一步发展。物流业的飞速发展在一定程度上导致了环境日益恶化、空气污染加重、资源严重浪费等，对社会经济的可持续发展产生不利影响。发展生态物流有利于减少物流业的资源浪费，降低对环境的压力，符合我国高质量发展的要求。发展生态物流有利于增强我国物流业的国际竞争力。生态物流的概念被提出之后，就成了一些发达国家用来抵制发展中国家产品出口的工具，如绿色壁垒。发展生态物流可以降低整个产品生产过程中的碳排放，从而打破进入发达国家的绿色壁垒。而且我国加入世界贸易组织（WTO）以后，外国物流企业开始进入我国市场。我国物流企业的竞争压力逐步增大，只有发展生态物流，才能提升我国物流业的国际竞争力，使我国物流业在国际市场上占有一席之地。发展生态物流可以增加企业的经济利益。一方面，生态物流强调资源的循环利用、废弃物的资源化，这意味着同样的资源可以生产出更多的产品，企业的生产成本将会降低；另一方面，为了解决日益严峻的环境问题，我国的环保法律法规日趋严格，采用生态物流可以降低企业的污染罚款和治污费用，有利于企业取得新的竞争优势。

当前我国生态物流发展的过程中还存在这样一些问题：一是信息化水平有待进一步提高，一方面由于我国物流企业大多规模较小，企业在进行信息化改造时缺乏动力和资金支持，也就难以独自承担生态物流发展时代背景下的企业信息化建设。

另一方面是我国物流企业大多是民营企业，缺乏物流信息化建设的专业人才，其现有员工只在传统领域具有丰富的工作经验，会导致企业在进行物流信息化的规划中出现较多的失误，无法制定明确可行的规划。二是融资不足。企业由于自身经营管理不善，不能够按时还本付息，从而导致融资无法正常进行。此外，部分金融机构认为给中小物流企业发放贷款风险过大，故将中小物流企业拒之门外。三是生态化发展的意识没有得到物流行业的全行业认可。很多传统的物流企业认为对自己的产业生态化升级耗资巨大，收效具有不确定性，较大的经营风险让这些企业选择固守传统物流。

三、生态旅游

近些年来，随着我国居民的收入上升，人们的旅游需求与日俱增，这使得我国旅游业蓬勃发展。我国被世界公认为全球旅游业发展最快、最有潜力的国家之一。但是我们也要看到，传统的旅游业发展方式只是盲目地追求利润最大化，不顾生态环境自身的承载力。全国许多地区的旅游环境因此遭到破坏，这其实激化了经济发展与环境保护的矛盾，旅游业的可持续发展成为亟待解决的问题。生态旅游的出现为实现旅游业的可持续发展提供了方向。

生态旅游以生态环境资源为基础，以欣赏自然风光、野生动植物和当地风土民情等为目的，通过提高当地的经济收入和人们的生活质量，为当地生态环境的保护工作增加资金来源，实现生态环境资源的价值，也能促进自然资源的保护和当地文化的保存，同时旅游者对自然和人文资源的保护意识也能得到提高，最终整个旅游业走上可持续发展的道路。

生态旅游可以归结为两大要点、三大标准、四大功能、五大特点。“两个要点”指旅游对象的自然性、旅游对象不应受到损害。“三大标准”指旅游对象是原生、和谐的生态系统，旅游对象应该受到保护以及社区的参与。“四大功能”指旅游功能、保护功能、扶贫功能、环境教育功能。“五大特点”指普及性、保护性、多样性、专业性和精品性[42]。

生态旅游有两种类型，一类是内生型地域生态旅游系统，是指纯天然生成物，其生成过程没有人类的足迹，比如原始森林，草原，未污染、未开发的河流、湖泊、丘陵等。另一类是外生型生态旅游系统，是指人工干预形成的景观。包括自然类的，如观光农业园、植物园、动物园等，也有人文类的，如历史文化遗产、民族风情园等。

参考文献

[1] Erkman S. Industrial ecology：An historical view[J]. Journal of Cleaner Production，1997，261（3）：1-10.

[2] 厉无畏，王慧敏．产业发展的趋势研判与理性思考[J]．中国工业经济，2002（4）：5-11.

[3] 袁增伟，毕军，张炳，等．传统产业生态化模式研究及应用[J]．中国人口·资源与环境，2004（2）：109-112.
[4] 朱红伟．产业生态化理论的演化和发展研究[J]．中国地质大学学报（社会科学版），2008（5）：27-32.
[5] 郭守前．产业生态化创新的理论与实践[J]．生态经济，2002（4）：34-37.
[6] 陈洪波．“产业生态化和生态产业化”的逻辑内涵与实现途径[J]．生态经济，2018，34（10）：209-213，220.
[7] 屠凤娜．产业生态化：生态文明建设的战略举措[J]．理论前沿，2008（18）：36-37.
[8] 黄志斌，王晓华．产业生态化的经济学分析与对策探讨[J]．华东经济管理，2000（3）：7-8.
[9] 孔令丞，谢家平．产业生态化：人工产业系统的生态性回归[J]．生态经济，2005（4）：42-46.
[10] 张雪梅．中国西部地区产业生态化的发展路径研究[D]．兰州：兰州大学，2009.
[11] 杨建新，王如松．产业生态学的回顾与展望[J]．应用生态学报，1998（5）：3-5.
[12] Hardin Tibbs. Industrial ecology：An environmental agenda for industry[M]. New York：Arthur D. Little，Inc.，1995.
[13] Thomas E. Graedel，Braden R. Allenby. 产业生态学[M]．施涵，译．北京：清华大学出版社，2004.
[14] 杨建新，王如松．产业生态学基本理论探讨[J]．城市环境与城市生态，1998（2）：3-5.
[15] Lowenthal M D，Kastenberg W E. Industrial ecology and energy systems：a first step[J]. Resources，Conservation and Recycling，1998，24（1）：51-63.
[16] Andrews C J. Putting industrial ecology into place-Evolving roles for planners[J]. Journal of American Planning Association，1999，65（4）：

364-375.
[17] Desrochers P. Regional development and inter-industry recycling linkages: some historical perspectives[J]. Entrepreneurship and Regional Development，2002，14（1）：49-65.
[18] 胡晓鹏．产业共生：理论界定及其内在机理[J]．中国工业经济，2008（9）：118-128.
[19] 王珍珍，鲍星华．产业共生理论发展现状及应用研究[J]．华东经济管理，2012，26（10）：131-136.
[20] 赵博勇．生态农业及其发展模式研究[D]．西安：西北大学，2009.
[21] 叶谦吉．生态农业：农业的未来[M]．重庆：重庆出版社，1998.
[22] 马世骏，李松华．中国的农业生态工程[M]．北京：科学出版社，1987.
[23] 厉以宁．论生态效益型的经济发展道路[J]．科技导报，1991（7）：19，20-23.
[24] 孙敬水．我国生态农业发展研究[J]．经济问题，2002（8）：31-33.
[25] 杨晓东，宋秋菊．关于对我国生态农业问题的思考[C]//第五期中国现代化研究论坛论文集．2007：266-269.
[26] 郑敏，程谦，王冬霞．实施农业标准化 促进生态农业建设[C]//山东省科协重点学术研讨活动成果——山东生态省建设与发展论文汇编．山东省科学技术协会，2004：244-247.
[27] 庄同春．日本环境保全型农业概述及启迪[J]．黑龙江农业科学，2006（6）：83-85.
[28] 车将．国外生态农业建设对比及其对我国生态农业建设的启示[D]．杨凌：西北农林科技大学，2007.
[29] 潘永圣，彭汉艮．德国有机农业的发展与启示[J]．江苏农业科学，2004（5）：113-115.
[30] 肖焰恒，陈艳．生态工业理论及其模式实现途径探讨[J]．中国人口•资源与环境，2001（3）：102-105.
[31] 杨文举，孙海宁．发展生态工业探析[J]．生态经济，2002（2）：56-59.

[32] 周劲松，吴舜泽，王金南．生态工业系统分析——以山东鲁北集团为例[C]//中国环境科学学会、中国环境保护优秀论文集（2005）（下册）．北京：中国环境科学学会，2005：951-956.
[33] 朱谷生．生态工业理念在珠江上游新型工业化中的运用[J]．经济体制改革，2005（5）：163-165.
[34] 李树．我国生态产业的发展模式及政策支持[J]．经济问题，2008（11）：24-27.
[35] 于法稳．中国生态产业发展政策回顾及展望[J]．社会科学家，2015（10）：7-13.
[36] 马传栋．论生态工业[J]．经济研究，1991（3）：18，70-74.
[37] 胡顺延．略论企业生态化管理[J]．党政干部论坛，2002（1）：44-45.
[38] 秦丽杰．吉林省生态工业园建设模式研究[D]．长春：东北师范大学，2008.
[39] 孙婷．关于发展贵阳市南明区生态服务业的几点思路[J]．特区经济，2007（5）：202-204.
[40] 赵桂慎，郭兴华．关于生态学的深层思考[J]．生态经济，2009（10）：178-181.
[41] 杨伟民，杜凤莲．基于生态系统服务视角的沙区生态服务业分类及对策研究[J]．北方经济，2020（10）：67-70.
[42] 王跃华．论生态旅游内涵的发展[J]．思想战线，1999（6）：43-47.

第五章　区域经济生态化

第一节　区域生态经济学理论

生态经济学是一门研究生态系统与经济系统之间相互作用的科学，结合经济学与生态学视角去探寻社会-经济-生态复合系统运动规律，是解决经济-环境问题的重要分析方法。随着人类经济社会活动范围的扩大与区域经济一体化的发展，生态环境问题呈现出明显的区域性特征，生态研究领域出现了空间规模概念，学者们意识到直接将传统生态学的研究方法应用在时空尺度上是不科学的、传统生态学已经无法满足人类的发展需求，开始了对不同类型区域经济可持续发展的研究与实践，逐步形成区域生态经济学。作为生态经济学的重要分支学科之一，区域生态经济学参照了地理学、经济学、生态学 3 个学科的理论，旨在探究区域尺度上生态经济问题的解决方法。

一、区域

任何的生产、生活都离不开一定的区域。区域的概念最早起源于地理学。D. Whittlesey 认为区域是选取并研究地球上存在的复杂现象的地区分类的一种方法；对地球表面任何部分，如果其在某种指标的地区分类中是均质的话，该部分即为一个区域。在地理学概念的基础上，区域内涵不断深化，它不仅仅是空间上的概念，更重要的是强调不同地域之间因某种联系而形成共同体。如政治区域是因政治目的而形成的行政管理单元；经济区域是基于描述、分析、管理、计划或制定政策等目的而作为一个应用性整体加以考察的一片地区[1]，是人的经济活动所造就的，围绕经济中心而客观存在的，具有特定地域构成要素并且不可无限分割的经济社会综合体[2]。

在生态学中，区域则是指一类基本生态空间单元，具有完整的生态结构、生态过程和生态功能，通过人与人、人与环境相互作用的方式进行物质、能量和信息交换。最典型的生态区域是流域，指包括一个水系的干流和支流的整个集水区域，由水资源充当一个纽带，将上游、中游、下游联系在一起，形成一个共同体。

二、区域生态经济学

区域生态经济学是生态学、地理学等学科融合而生的产物，但不仅仅是简单的学科交叉或者学科间的机械组合，而是在更大尺度上的整合，是人类社会发展的必然。目前，学术界对区域生态经济学没有统一的定义，梁山认为区域生态经济学是研究一定时空范围内的生态系统的组成、结构、功能、发展过程及其矛盾运动规律的学科[3]。廖尚华等将区域生态经济学定义为从区域生态经济系统基本矛盾入手，运用马克思政治经济学理论、生态学理论和现代系统论分析方法来研究社会物质资料生产和再生产运动过程中生态系统与经济系统之间的物质循环、能量流动、信息传递以及价值增值的一般规律并以之指导区域生态经济的发展的学科[4]。

“区域”的概念是区域生态经济学最核心的理念，区域生态经济学的产生是由于生态经济系统存在地域差异性。一是生态环境的差异，不同区域的地质条件、气候、水文条件等存在差异，进而导致动植物、微生物等生物群落结构的差异；二是社会经济系统的差异，区域内居住条件、交通条件、经济发展水平的差异必然会造成农业经济系统、工业经济系统分布不同。各区域内生态系统、社会经济系统的差异组合起来，形成了更加错综复杂的关系[5]。这也意味着区域生态经济学的研究对象通常是某一时空范围内的生态经济系统。因此，在研究过程中，应注重从区域角度出发，综合地、全面地分析生态问题，强调区域内部各个生态单元的相互影响、相互联系与相互依存，更加注重区域在空间上的整合性；不仅研究区域的自然特性、不同区域之间的协调发展，还关注资源环境与经济社会发展之间的协调。如何实现人与自然的和谐共生、实现可持续发展是区域生态经济学的研究重点。

三、区域生态经济系统管理

区域生态经济系统是典型的耗散结构，生态系统负反馈机制和经济系统正反馈机制之间存在难以自动调和的矛盾，且如果不加以干预，二者之间的矛盾会不断激化，最终整个系统将走向灭亡。为维持生态系统与社会经济系统之间的平衡，确保人类活动的干扰在生态系统的承载力范围内，需要对生态经济系统进行调控、管理。区域生态经济系统管理就是以生态经济系统平衡为基本理念，以人为调控主体，以区域生态经济系统为调控对象，以社会系统、经济系统、生态系统综合效用的最大化为目标。

管理并不意味着通过禁止所有人类活动去实现生态系统的保护，而是指将人类活动对生态系统的影响控制在不损害后代人满足其需求的范围内，尽可能减少生活生产对生态环境的冲击，鼓励资源的合理开发、利用，以一种可持续的方式实现经济社会发展。其基本目标为保持环境完善、追求经济效率、追求公平状态，其本质是保持生态经济系统的健康和恢复力，使系统既具有调节短期压力的能力，也能够适应长期的变化。同时，由于区域生态系统的复杂性、有限的可预测性，以平衡管理与控制的手段解决一些区域性生态问题，特别是在区域生态系统发生重大变化或重组过程中如何进行区域生态系统管理与调控等方面存在困难。因此，在实践中，必须根据相应的改变做出调整，不断探索、认识区域生态系统本身内在规律、干扰过程，进行适应性管理。

第二节　生态城市

城市是人类社会发展的必然产物，是伴随着人类社会分工的不断深化、人类社会文明的持续进步而形成的具有一定人口规模的聚集区域。自工业革命以来，随着社会生产力的提升，世界各国城市化进程加快。当今，城市已然成为国家经济稳定、持续增长的重要来源和有效保障，城市的良性发展关系到各个国家、地区和民族的未来，关系着全球和整个人类发展的未来。对于我国而言，城市的发展极大地促进了经济社会的繁荣，提高了居民的生活水平，“盼温饱”已经成为过去，人们不再仅仅满足于物质上的提升，对美好生态环境的盼望愈加强烈，对经济高速增长的盲目追求已经难以满足当前人民的需求，传统的发展模式也难以继续为城市的发展提供强大动力。传统城市化的弊端逐渐暴露，人们试图探索一种人与自然、社会经济与生态环境和谐发展的城市发展模式。在此背景下，生态城市理念应运而生，并在全球范围内得到了广泛认可，其关键在于经济、社会、生态环境三方面发展的均衡，在努力满足人民需要和经济发展的同时，尽可能减少对生态环境的破坏，追求人与自然的和谐发展。

我国现在是世界上人口最多的国家和世界上最大的发展中国家。传统的城市发展模式是国民经济长久发展和生态文明建设的障碍，不利于可持续发展基本国策的落实，因此必须着力改变我国传统城市发展模式。为了扭转我国资源不堪重负的窘境，必须有效利用资源和保护生态环境，大力建设生态型城市，“把城市放在大自然中”“让城市融入大自然，让居民望得见山、看得见水、记得住乡愁，注意保留生态原始风貌，慎砍树、不填湖、少拆房”。如今，我国经济发展进入新常态，生态文明建设处于前所未有的战略高度。党的十八届三中全会强调要“紧紧围绕建设美丽中国深化生态文明体制改革，加快建立生态文明制度，健全国土空间开发、资源节约利用、生态环境保护的体制机制，推动形成人与自然和谐发展现代化建设新格局”。城市作为人居环境发展的最高形式，其生态建设成果影响着整个社会的生态文明程度。

一、生态城市概念内涵

城市的实质是由社会、经济、自然三者相互联系、相互作用耦合而成的社会-经济-自然复合生态系统。该系统是以人的行为为主导，以自然环境为依托，以资源流动为血脉，以社会体制为经络的人工生态系统[6]；不同于纯粹的自然生态系统，社会-经济-自然复合生态系统是人类认识和改造自然的标志性成果，其存在和发展受到自然规律和社会发展规律的共同制约，生态城市则是城市生态化发展的结果。1971 年，联合国教科文组织发起“人与生物圈计划”（Man and Biosphere Programe，MAB），明确提出生态城市概念，将其定义为“借鉴生态系统的运行方式，加强城市系统内部的循环与优化，实现物质与能量的高效利用，从而尽可能地节约资源与能源，减少对自然界的侵害。同时，充分利用与城市相依的自然力，创造可持续发展的、社会和谐的、经济高效的、生态良性循环的人类居住区形式，形成自然、城市与人融为有机整体的互惠共生的结构”。生态城市的内涵随着社会和科技的发展，不断得到充实和完善。虽然到目前为止，生态城市的定义还没有得到明确，但随着研究的深入，学者们对生态城市的总体理解逐渐一致。生态城市可看作一个稳定、协调、可持续的社会-经济-生态复合系统，实现了自然资源与能源的合理开发、综合利用、循环再生和系统保护，充分发挥生产力，保证居民身心健康与生态环境质量，促进人与自然环境的和谐共生。生态城市理念不是孤立存在的，而是与其他理念并存并包括其他理念，是变革和解决社会和城市问题的各种理论的综合[7]。生态城市的代表性概念内容见表 5-1。

表 5-1 生态城市代表性概念内容

学者（年份）	概念要义
Roseland（1987）	变革和解决社会和城市问题的综合体
Register（1987）	生态健康、与自然和谐共存，保留城镇社会、美学的丰富多样
Yanisky（1981）	物质、能量、信息三要素高效利用、良性循环
王如松（1988）	社会-经济-自然复合生态系统协调发展、有效利用、良性循环
黄光宇等（1997）	应用生态工程、社会工程、系统工程等现代科学与技术手段而建设的社会、经济、自然可持续发展，居住满意、经济高效、生态良性循环的人类住区
黄肇义等（2001）	自然和谐、社会公平，人与自然、人与人的和谐
王如松（2009）	体制合理、社会和谐的文化，人与自然和谐共生的生态社区
周通等（2015）	经济、社会和生态环境协调发展，资源高效利用，人类与自然环境和谐共生
汤姚楠等（2019）	人类社会、经济、生态协调发展，物质、能量、信息高效利用

生态城市是一种“基于自然的解决方案”（Nature-based Solution，NBS）。2008 年，世界银行发布了报告《生物多样性、气候变化和适应性：来自世界银行投资的 NBS》，首次提出了“基于自然的解决方案”，指出“自然”既是气候变化影响的“受害者”，又是应对气候变化的“重要阵地”，因此人们要更为系统地理解人与自然的关系，构筑尊崇自然、绿色发展的社会经济体系，以有效应对气候变化、实现相关可持续发展目标。2015 年，欧盟委员会将“基于自然的解决方案”纳入“地平线 2020”（Horizon 2020）科研计划，并从更广阔的视角阐述了其

内涵，指出 NBS 是一种受到自然启发、支撑并利用自然的解决方案，以有效和适应性手段应对社会挑战，提高社会的韧性，带来经济效益、社会效益和环境效益。此后，NBS 逐渐被扩展到可持续发展相关的多重领域。虽然生态城市理念起源早于 NBS，但生态城市理念可看作城市建设领域“基于自然的解决方案”，以生态环境保护为前提，制定长期稳定的方案，服务于经济、生态和环境等多重目标，通过资源高效利用、因地制宜和系统性干预手段，使自然特征和自然过程融入城市。生态城市建设是城市建设的高级阶段，代表着未来城市发展的方向，是一项任重道远的工程，而不仅仅是一个营销口号。生态城市所追求的是人类与自然的健康与活力，力求实现生态环境、社会经济发展之间的良性循环，构建城市可持续发展模式。生态城市建设不是一个理想境界，而是一场破旧立新的生态革命[8]。生态城市中的生态不是回归自然的原始生态，而是在不超过生态系统承载力的前提下，结合生态经济学、系统工程方法去改变传统城市的经济建设与发展模式，改变传统的生产和消费方式、决策和管理方法，挖掘城市内一切可利用的资源潜力，耦合生态型产业（经济）、生态环境（自然）和生态文化（社会）三大子系统而成的[9]。

二、生态城市特征

具体而言，生态城市具有以下特征[10-12]：

（1）和谐性。生态城市各子系统相互依存、不可分割，在发展的同时要充分地考虑到各个子系统的局部利益，不仅重视经济发展与生态环境的协调，更注重对人类生活质量的提高，是在整体和谐的条件下寻求发展。和谐是生态城市最基本的特征，不仅包括城市生态系统内部社会经济发展与生态环境之间的和谐，还包括人与人之间、人与自然之间的和谐，城市融于自然，人回归自然。除了系统内部的和谐，生态城市的和谐性还体现在其与系统外部、系统之间的和谐。

（2）可持续性。生态城市是可持续发展思想在区域上的重要表现，可持续的发展模式是生态城市区别于传统城市最明显的特征，要求统筹兼顾社会、经济、生态环境三者整体效益。生态城市需要具备合理的生态结构、和谐的生态秩序、完善的生态功能，确保能够提供正常、稳定的生态服务，为社会经济的发展提供保障，而社会经济的发展又能够为城市的生态建设提供物质基础，二者之间形成一个正向反馈的循环，在发展中保护，在保护中发展。同时，还要兼顾不同时间上的资源配置，不对后代人的生存和发展构成威胁，不因眼前的利益而用“掠夺”的方式促进城市暂时的繁荣，保证其发展的健康、持续、协调。

（3）高效性。生态城市不同于以往传统城市高能耗、高污染、低效益、低循环的粗放型经济发展模式，其追求系统整体的高效与活力，强调最大限度地减少对生态的破坏与对资源的消耗。在生产过程中，借助科学技术，提高资源的利用率，实现资源的高效利用，减少对外部资源和环境的依赖，实现物尽其用、地尽其得、人尽其才、各施其能、各得其所，使各行业、各部门之间分工合作、共生协调。

（4）多样性。相对于传统城市而言，生态城市的建设内容更加丰富，我们所要建设的生态城市是要充分体现各地域的自然、社会、经济、文化和历史特征的，具有鲜明特色的个性化城市，而不是单一的城市。不同社会历史背景、不同生态环境背景下的生态城市不应按照单一的发展标准统一建设，而应结合地区自身条件，制定适合于自身特点的生态化发展策略，创建各具特色、多种类型的发展模式。

三、国内外生态城市建设实践

自 20 世纪 70 年代生态城市理念提出后，国内外在城市生态建设方面积极探索。虽然还未建成真正意义上的生态城市，但国外生态城市建设已取得一系列具有借鉴意义的实践经验，国内生态城市建设也在稳步推进。何碧波等根据建设目标的系统性、建设路径的差异、建设条件的约束等方面，将生态城市分为重建型和改造型两种[13]。其中，重建型生态城市通过重建新城，彻底消除现代工业城市结构与机理的痼疾；改造型生态城市则是制定明确、具体的目标，直接指导实践活动，把现有的城市优化改造成可持续发展的生态城市。在一些自然环境破坏比较严重、不易恢复的城市，可以按照生态城市的理念彻底改变原有城市的规划，重建生态新城。但实践中新城的建设进展缓慢，面临的困难重重，国内外实践大多是在老城区的基础上改造为生态城市。

1. 国外生态城市建设实践

1984 年，联合国教科文组织 MAB 计划提出了生态城市建设的 5 项原则，分别是生态保护战略、生态基础设施、居民的生活标准、文化历史的保护、将自然融入城市。1996 年，该组织完善了生态城市建设原则，将其总概为 10 项原则[14]：①修改土地利用开发的优先权，优先开发紧凑的、多种多样的、绿色的、安全的、令人愉快的和有活力的混合土地利用社区，而且这些社区靠近公交车站和交通设施；②修改交通建设的优先权，把步行、自行车、马车和公共交通出行方式置于比小汽车方式优先的位置，强调“就近出行”；③修复被损坏的城市自然环境，尤其是河流、海滨、山脊线和湿地；④建设体面的、低价的、安全的、方便的、经济实惠的混合居住区；⑤培育社会公正性，改善妇女、有色民族和残疾人的生活和社会状况；⑥支持地方化的农业，支持城市绿化项目，并实现社区的花园化；⑦提倡回收，采用新型优良技术和资源保护技术，同时减少污染物和危险品的排放；⑧同商业界共同支持具有良好生态效益的经济活动，同时抑制污染、废弃物排放与危险有毒材料的生产和使用；⑨提倡自觉的简单化生活方式，反对过多消费资源和商品；⑩通过提高公众生态可持续发展意识的宣传活动和教育项目，提高公众的环境意识。

在生态城市的规划设计方面，美国加利福尼亚州城市规划师 Joseph Smyth 提出了生态城市建设的 8 个规划和设计原则；澳大利亚的规划设计师 David Engwicht 提出了 10 条重建生态城市的方针；Paul Downton、Cherie Hoyle 等一起提出了 12 项生态圈设计原则，这些原则进一步丰富了生态城市的设计思想。在实践中，国外以生态城市建设为目标开展的城市生态建设代表有美国的克里夫兰市和伯克利市、澳大利亚的怀阿拉市和阿德莱德、巴西的库里蒂巴市和桑托斯市、德国的弗赖堡和埃尔朗根市、日本大阪和千叶新城、丹麦哥本哈根等。达良俊等通过对国外生态城市的建设实践进行总结归纳，将国外生态城市的建设模式划分为规划调控型、环境美化型、污染治理型、资源循环型和功能转化型 5 种类型[15]。

其中，规划调控型是指从城市整体规划、土地利用模式和交通运输体系规划等宏观调控层面上，应用生态学原理，制定明确的生态城市建设目标、原则和途径，并落实到城市生态建设的具体措施上。澳大利亚阿德莱德是规划调控型生态城市的典范，成功实践了 R. Register 提出的“影子规划”，制定了时间跨度长达 300 年的生态城市发展规划，该规划针对各阶段提出不同的建设措施，体现了生态城市建设循序渐进的特点[16]。

环境美化型生态城市则是将优美的环境与城市生活的便利完美结合，侧重优美生态环境的建设、人与大自然的融合。“花园城市”新加坡环境优美、经济发达，是环境美化型生态城市建设的典型代表。其建设过程中贯穿了“天人合一”的观念，强调人类社会的繁荣发展与生态系统的安全稳定相协调。为确保在城市社会经济快速发展的同时，依然保证城市拥有清洁美丽的环境，新加坡在城市规划和建设过程中非常重视自然环境的保护、公园绿地的建设，努力创建一个人与自然和谐相处的城市。

污染治理型则是针对传统发展过程中环境问题严重的城市，从治理污染、维护居民健康、改善人居环境的角度，将环境治理作为城市发展中的重要环节。其中，德国弗莱堡即是针对城市环境污染进行生态城市建设的典型，其根据城市特征，制定可行措施、推进生态城市建设。由于交通污染物排放量占其大气污染物排放量的 80%，弗莱堡加强城市公共交通系统建设，鼓励自行车出行，减少私家车的出行，成功减少了空气污染。此外，弗莱堡还通过提高能源价格、鼓励使用节能灯等措施减少能源消耗，通过建设“太阳能城市”等措施开发、推广新能源[17]。

资源循环型生态城市的建设将循环经济模式贯穿和渗透在城市发展的产业结构、生产过程、基础设施、居民生活以及生态保护等各方面，是在城市功能合理定位、充分有效利用现有资源和高科技基础之上进行生产消费活动的城市，是新形势下实现城市新发展思路的重要探索。澳大利亚怀阿拉市即是该类生态城市建设的典范。怀阿拉市生态城市项目充分融合了各种可持续发展技术，该项目的发展战略提出了 7 条生态城市建设的战略要点，致力于解决怀阿拉市的能源和资源问题。除了传统能源的替代与城市建筑开发的控制，为了能够在贫瘠地区满足城市发展所需的能源和资源，怀阿拉市设计并实施了全面的水资源循环利用计划，形成了一体化的循环网络[18]。

功能转化型是针对资源型城市的城市生态化道路。资源型城市（包括资源型地区）是以本地区矿产、森林等自然资源开采、加工为主导产业的城市（地区）类型，其发展主要依靠资源的开发。由于资源衰减、生态环境破坏严重等原因，资源型城市发展容易受限，因此资源型城市的功能转型是其发展的必然，而生态城市建设则是这些城市新的发展出路。法国洛林是以铁矿、煤矿资源丰富而著称的重化工基地。20 世纪 60 年代末至 70 年代初，因资源、环境和技术条件的变化以及外部市场的竞争压力，洛林实施了“工业转型”战略，彻底关闭了成本高、消耗大、污染重的企业，用高新技术改造传统产业，并且制定优惠政策，吸引外资。经过大约 30 年的时间，洛林成为工业新区，走向了新生。

2. 国内生态城市建设实践

1986 年，江西省宜春市率先提出了建设生态城市的发展目标，并于次年开展了生态城市规划与建设试点工作。1995 年，国家环境保护局发布了《全国生态示范区建设规划纲要（1996—2050 年）》，自此开启了全国生态示范区创建工作。2003 年，国家环境保护总局开展建设生态省、生态市、生态县。组织制定了《生态县、生态市、生态省建设指标（试行）》，从经济发展、环境保护、社会进步 3 个方面制定了城市和地区生态创建的建设指标与目标体系，为全国生态城市创建和城市生态建设提供了较为全面的参考与指南，为我国生态城市建设探索发挥了重要作用。2010 年，环境保护部发布的《关于进一步深化生态建设示范区工作的意见》指出，生态建设示范区是生态省（市、县）、生态工业园区、生态乡镇（原环境优美乡镇）、生态村的统称，是最终建立生态文明建设示范区的过渡。

2013 年，环境保护部出台了《国家生态文明建设试点示范区指标（试行）》，从生态经济、生态环境、生态人居、生态制度、生态文化五大类，选取 30 项指标对生态文明建设试点地区进行考察。2016 年，环境保护部印发《国家生态文明建设示范县、市指标（试行）》，从生态空间、生态经济、生态环境、生态生活、生态制度、生态文化 6 个方面设置 35 项示范市、示范县建设指标。2019 年 9 月，生态环境部为充分发挥生态文明建设示范市县的引领作用，修订了《国家生态文明建设示范市县建设指标》。国家生态文明建设示范市县是国家生态市县的“升级版”，是推进区域生态文明建设的有效载体。该指标体系结合我国生态文明建设的新形势，以国家生态市县建设指标为基础，充分考虑发展阶段和地区差异，以促进形成绿色发展方式和绿色生活方式、改善生态环境质量为导向，选取生态制度、生态安全、生态空间、生态经济、生态生活、生态文化六大类，从目标责任体系与制度建设、生态环境质量改善、生态系统保护、生态环境风险防范、空间格局优化、资源节约与利用、产业循环发展、人居环境改善、生活方式绿色化、观念意识普及 10 个方面设置了市级指标 37 项、县级指标 34 项，是衡量一个地区是否达到国家生态文明建设示范市县标准的依据。

（1）生态制度

绿水青山就是金山银山，保护绿水青山，必须依靠制度、依靠法治。习近平总书记强调，“在生态环境保护问题上，就是要不能越雷池一步，否则就应该受到惩罚”“只有实行最严格的制度、最严密的法治，才能为生态文明建设提供可靠保障”。贯彻执行法律、法规、制度，让制度成为刚性的约束和不可触碰的高压线，让制度规定不再是“没有牙齿的老虎”。创建地区应当认真学习贯彻习近平生态文明思想，编制具有自身特色的生态文明建设规划，落实国家、省（区、市）有关生态文明建设的决策和政策，将生态文明建设工作纳入党政干部实绩考核评分标准中。政府应主动公开生态环境信息、强制企业公开生态环境信息，并依法开展规划环境影响评价。

（2）生态安全

建设美丽中国，良好的环境质量是重要标志。良好生态环境是最公平的公共产品，是最普惠的民生福祉，人民群众日益增长的优美生态环境需要已成为我国社会主要矛盾的重要内容，持续改善环境质量是不断满足人民对美好生活新期待的必然要求。一是要将生态环境的硬约束融入经济社会发展的全过程，强力实施三大保卫战——蓝天保卫战、碧水蓝天战、净土保卫战。二是保护生态系统，保证生态环境状况指数不降低，保障行政区域内森林、草地占总面积的百分比，建设自然保护区、划定生态保护红线，防止外来物种入侵，特有性或指示性水生物种种类和数量不降低，实施海岸线、湿地、重要物种栖息地的整治修复工程。三是防范生态环境风险，妥善处置危险废物，建立完善建设用地土壤污染风险管控和修复名录制度、突发生态环境事件应急管理机制。

（3）生态空间

国土是生态文明建设的空间载体，因此必须珍惜每一寸国土，优化国土空间开发格局是生态文明建设的重要任务。党的十八大报告指出，优化国土空间开发格局，国土是生态文明建设的空间载体，必须珍惜每一寸国土。要按照人口资源环境相均衡、经济社会生态效益相统一的原则，控制开发强度，调整空间结构，促进生产空间集约高效、生活空间宜居适度、生态空间山清水秀，给自然留下更多修复空间，给农业留下更多良田，给子孙后代留下天蓝、地绿、水净的美好家园。生态空间的格局优化是国土空间开发格局优化的重要内容，必须建立生态保护红线制度，确保面积不减少、性质不改变、主导生态功能不降低，并对重要的自然生态系统、自然遗迹、自然景观及其所承载的自然资源、生态功能和文化价值实施长期保护，保护自然岸线、河湖岸线。

（4）生态经济

一方面，要促进资源的节约利用，要求能源消费水平和节能降耗状况、水资源消费水平和节水降耗状况、经济发展水平及土地节约集约利用水平相关指标和碳排放强度保持稳定或持续改善，制订并完成强制清洁生产审核年度计划。另一方面，要发展产业的循环，提高农业、一般工业废弃物综合利用率。推动企业间副产品和废弃物的交换利用，合理延伸产业链，形成产业共生模式，促进基础设施和公共服务的共建共享，提高资源利用效率和减少污染物排放，推动城市建筑垃圾、医疗垃圾、危险废物等废弃物集中协同处置，探索因地制宜的废弃物处理模式，切实为城市绿色循环发展提供保障。

（5）生态生活

一是人居环境的改善。生态文明建设坚持以人民为中心的发展思想，坚持生态惠民、生态利民、生态为民，着力解决损害群众健康的突出环境问题，还老百姓蓝天白云、繁星闪烁，清水绿岸、鱼翔浅底，鸟语花香、田园风光。生态文明建设首要的是为人民提供健康的生活环境，保证饮用水水源地的水质，提高污水处理率、生活垃圾的无害化处理率，增加人均公园绿地面积。二是让绿色融入生活的方方面面，形成绿色生活方式。例如，建设最大限度地实现人与自然和谐共生的高质量建筑，提高绿色产品的市场占有率，增加政府采购中有利于绿色发展、循环发展、低碳发展的产品规模比例。

（6）生态文化

美丽中国是人民群众共同参与、共同建设、共同享有的事业，必须加强生态文明宣传教育，强化公民环境意识，推动形成简约适度、绿色低碳、文明健康的生活方式和消费模式，从抱怨向行动转变，以行动促进认识提升，知行合一，把建设美丽中国转化为全民自觉行动。

国家生态文明建设示范市县建设指标见表 5-2。

表 5-2 国家生态文明建设示范市县建设指标

领域	任务	序号	指标名称	单位	指标值	指标属性	适用范围
生态制度	（一）目标责任体系与制度建设	1	生态文明建设规划	—	制定实施	约束性	市县
		2	党委政府对生态文明建设重大目标任务部署情况	—	有效开展	约束性	市县
		3	生态文明建设工作占党政实绩考核的比例	%	≥20	约束性	市县

领域	任务	序号	指标名称	单位	指标值	指标属性	适用范围
生态制度	（一）目标责任体系与制度建设	4	河长制	—	全面实施	约束性	市县
		5	生态环境信息公开率	%	100	约束性	市县
		6	依法开展规划环境影响评价	%	市：100 县：开展	市：约束性； 县：参考性	市县
生态安全	（二）生态环境质量改善	7	环境空气质量 优良天数比例 $PM_{2.5}$ 浓度下降幅度	%	完成上级规定的考核任务；保持稳定或持续改善	约束性	市县
		8	水环境质量 水质达到或优于Ⅲ类比例提高幅度 劣Ⅴ类水体比例下降幅度 黑臭水体消除比例	%	完成上级规定的考核任务；保持稳定或持续改善	约束性	市县
		9	近岸海域水质优良（一、二类）比例	%	完成上级规定的考核任务；保持稳定或持续改善	约束性	市
	（三）生态系统保护	10	生态环境状况指数 干旱半干旱地区 其他地区	%	 ≥35 ≥60	约束性	市县
		11	林草覆盖率 山区 丘陵地区 平原地区 干旱半干旱地区 青藏高原地区	%	 ≥60 ≥40 ≥18 ≥35 ≥70	参考性	市县

领域	任务	序号	指标名称	单位	指标值	指标属性	适用范围
生态安全	（三）生态系统保护	12	生物多样性保护 国家重点保护野生动植物保护率 外来物种入侵 特有性或指示性水生物种保持率	 % — %	 ≥95 不明显 不降低	参考性	市县
		13	海岸生态修复 自然岸线修复长度 滨海湿地修复面积	 km hm^2	完成上级管控目标	参考性	市县
	（四）生态环境风险防范	14	危险废物利用处置率	%	100	约束性	市县
		15	建设用地土壤污染风险管控和修复名录制度	—	建立	参考性	市县
		16	突发生态环境事件应急管理机制	—	建立	约束性	市县
生态空间	（五）空间格局优化	17	自然生态空间 生态保护红线 自然保护地	—	面积不减少，性质不改变，功能不降低	约束性	市县
		18	自然岸线保有率	%	完成上级管控目标	约束性	市县
		19	河湖岸线保护率	%	完成上级管控目标	参考性	市县
生态经济	（六）资源节约与利用	20	单位地区生产总值能耗	t标准煤/万元	完成上级规定的目标任务；保持稳定或持续改善	约束性	市县
		21	单位地区生产总值用水量	m^3/万元	完成上级规定的目标任务；保持稳定或持续改善	约束性	市县

领域	任务	序号	指标名称	单位	指标值	指标属性	适用范围
生态经济	（六）资源节约与利用	22	单位国内生产总值建设用地使用面积下降率	%	≥4.5	参考性	市县
		23	碳排放强度	t/万元	完成上级管控目标	约束性	市
		24	应当实施强制性清洁生产企业通过审核的比例	%	完成年度审核计划	参考性	市
	（七）产业循环发展	25	农业废弃物综合利用率 秸秆综合利用率 畜禽粪污综合利用率 农膜回收利用率	%	 ≥90 ≥75 ≥80	参考性	县
		26	一般工业固体废物综合利用率	%	≥80	参考性	市县
生态生活	（八）人居环境改善	27	集中式饮用水水源地水质优良比例	%	100	约束性	市县
		28	村镇饮用水卫生合格率	%	100	约束性	县
		29	城镇污水处理率	%	市≥95 县≥85	约束性	市县
		30	城镇生活垃圾无害化处理率	%	市≥95 县≥80	约束性	市县
		31	城镇人均公园绿地面积	m^2/人	≥15	参考性	市
		32	农村无害化卫生厕所普及率	%	完成上级规定的目标任务	约束性	县

领域	任务	序号	指标名称	单位	指标值	指标属性	适用范围
生态生活	（九）生活方式绿色化	33	城镇新建绿色建筑比例	%	≥50	参考性	市县
		34	公共交通出行分担率	%	超、特大城市≥70 大城市≥60 中小城市≥50	参考性	市
		35	生活废弃物综合利用 城镇生活垃圾分类减量化行动 农村生活垃圾集中收集储运	—	实施	参考性	市县
		36	绿色产品市场占有率 节能家电市场占有率 在售用水器具中节水型器具占比 一次性消费品人均使用量	 % % kg	 ≥50 100 逐步下降	参考性	市
		37	政府绿色采购比例	%	≥80	约束性	市县
生态文化	（十）观念意识普及	38	党政领导干部参加生态文明培训的人数比例	%	100	参考性	市县
		39	公众对生态文明建设的满意度	%	≥80	参考性	市县
		40	公众对生态文明建设的参与度	%	≥80	参考性	市县

第三节　生态乡镇

一、生态乡镇概念内涵

乡镇在整个国家的经济社会发展中发挥着基础性作用。与城市相比，乡镇的人口成分相对简单、地域范围相对较小，更加贴近基层、贴近群众。随着社会经济发展水平不断提升，乡镇经济快速发展，成为新型城镇化建设的重点对象。但乡镇的生态环境问题日益突出，在其发展建设过程中，如何解决乡镇新型城镇化建设的生态环境问题，如何协调好社会、经济、生态之间的关系已然成为乡镇生存、发展的关键问题。同时，乡镇也是我国生态文明建设的基本单元，是推动绿色发展的重要一环，建设好乡镇生态文明对全国生态文明建设具有至关重要的意义[19]。生态乡镇还是实现乡村振兴的基础和保障，全面推进乡村振兴必须要走绿色发展道路，生态乡镇的建设是农村绿色发展的重大推动力。只有将生态优势转变为经济发展优势，将农民身边的“绿水青山”转变为切切实实的“金山银山”，才能最大化发挥地区优势，快速实现农村地区可持续性的脱贫致富。

因此，必须高度重视乡镇的经济发展，清醒地认识到乡镇经济的发展必须贯彻绿色发展理念，绝不能走传统性的经济增长道路，应避免其对社会经济与生态环境的和谐发展产生不利影响，牢固树立保护生态环境就是保护生产力、改善生态环境就是发展生产力的理念，尊重自然、顺应自然、保护自然。具体而言，生态乡镇以追求乡镇内部人与自然的和谐共生、实现乡镇可持续发展为目标，以生态经济学原理、系统工程方法、循环经济理念为指导，将环境保护融入乡镇经济、社会发展的总体规划中，大力发展生态经济，提高生态环境质量，重点培育生态文化，社会进步、经济发展、生态保护三者之间保持和谐。与生态城市相同，生态乡镇建设目标也是实现社会-经济-自然复合生态系统的稳定与发展，促进经济增长，加快社会发展，实现可持续发展，并让绿色发展的成果惠及全体人民。不同的是，乡镇的人口成分较简单，经济社会发展水平较低，政府部门对乡镇情况的了解更加全面，这提高了乡镇开展生态文明建设的针对性与可操作性，但乡镇生态文明建设的经济压力更大，居民生态意识的培养更加困难，这些均使得生态乡镇的建设与生态城市存在一定的区别。

二、生态乡镇建设重点内容

在各乡镇经济发展进程之中，秸秆焚烧、违建、污染物直排等方面的污染环境问题逐渐显现出来，对我国生态文明建设产生了直接的影响。具体表现在如下 3 个方面：①未按照相应的规范及标准开展相关生产活动，导致生态环境受到严重的污染。近年来，我国对新农村建设给予高度重视，在很大程度上促进了乡镇经济的发展，但往往忽视了生态环境的建设，引入和扶持了一些经济效益高的产业。很多中小型企业也正是看中了乡镇的廉价劳动力等条件，不断向新建的城镇集中，乡镇宽松的资源环境政策、薄弱的环保监管造成了土地无序开发以及任意排放废气、污水等环境问题。②未对受污染的环境予以治理，也未真正地落实谁污染、谁治理的基本原则，仅仅把乡镇的生态建设作为突击任务来看待，往往是上级监管督查之前临阵磨枪。同时，各乡镇政府及其村委会在其中也未能充分发挥相应的主体责任，没有将生态建设视为乡镇规划的必达目标。③乡镇居民环保意识淡薄，乱扔垃圾、生活污水乱排现象严重，不能正视环境污染方面的问题，认为环境保护是乡镇政府的责任，与自己无关。

作为基层单元的乡镇的生态文明水平直接决定着整个社会生态文明的建设和发展。在生态文明建设中，要重点关注我国生态乡镇建设过程中存在的问题，可通过以下措施来推动乡镇生态文明建设。

（1）夯实基础——科学制订乡镇发展规划，完善生态基础设施建设。

规划是发展的龙头，加强科学规划是确保生态乡镇建设成效的重要基础。科学规划要做到 3 个方面：首先是尊重自然、顺应自然、保护自然。与城市规划不同，乡镇与自然环境是共生的，良好的生态环境是农业之本、农民的生存之本，破坏了自然环境就等于破坏了乡镇的生存环境。因此，乡镇规划应尽可能保留乡镇原有的资源、地貌、自然的形态，不能完全照搬照抄城市生态文明建设的经验，要在最大限度上保护乡镇居民赖以生存的周边环境，重视环境的生态承载力，将维持碧水、蓝天、净土作为乡镇规划的重点内容。其次是合乎当地实际情况。乡镇数量众多，各乡镇情况也有所不同，必须因地制宜科学制订发展规划，在贯彻执行现有国家、省级行政法规、规章的基础上，结合自身实际和特色，以区域生态系统特征和生态服务功能为基础，结合其生态环境状况、社会经济发展情况，科学谋划乡镇空间布局，加快制定与生态乡镇建设配套的地方产业政策，实施促进清洁生产、保护和合理利用资源等各项措施，抓紧清理和修订现有不完善或与生态文明建设不相适应的政策措施，建立健全环境优美城镇建设的政策体系，明确未来生态乡镇建设投入重点和方向，促进生态乡镇建设。最后是规划具有前瞻性。乡镇规划还应考虑未来发展的问题，要做到留有余地，为人口生存发展保留足够的空间。规划编制好后，应认真组织实施，并不断修正完善。为保证乡镇规划中生态文明建设机制的落实，应建立乡镇生态工作机制，成立以乡镇政府领导为组长、相关部门负责人为成员的乡镇生态文明建设工作领导小组，这将对推进生态乡镇建设起到十分重要的作用。

完备的基础设施是生态乡镇建设的重要基础。我国城乡差距较大，不仅体现在城乡居民收入水平上，还体现在公共设施和基础设施的差别上。长期以来，农村地区的经济实力较为薄弱，公共财政对农村投入不足。虽然近年来农村基础设施和公共服务体系建设投入有所加大，但与城市的快速发展相比，城乡差距还在不断扩大，造成乡镇环保设施滞后。部分乡镇甚至仍没有生活垃圾处理设施、生活污水处理设施。首先，对乡镇生活垃圾，应因地制宜地采用分散与集中相结合的处理方式，充分利用现有的环境卫生设施、可再生能源设施和环境污染处理设施，合理配置公共资源，建立县（市）—镇—村一体化的生活垃圾污染防治体系。对于距离市政垃圾处理地点较近的乡镇，可将其垃圾纳入城市垃圾系统处理，垃圾收集后送至附近城市垃圾处理地点；村镇比较密集的地区可在中心乡镇设置垃圾处理中心，周边村镇的垃圾先由生活垃圾处理员或者村镇的保洁员进行预处理，再运至垃圾处理中心进行集中处理；对于乡镇布局分散、经济欠发达、交通不便、人口密度较小且与城市距离较远的乡镇，提倡对分选后的有机垃圾进行就地及时资源化处理。其次，要落实污水管网建设工程。在居民相对集中、污染问题突出、污水管网待建面积较大的区域，优先开展污水管网建设，管网建设时不能简单套用城镇生活污水“建设管网—集中处理—达标排放”的治理模式和工艺路线，应结合当地地质条件、地理特点，探索建设成本低、开沟破路困难小、后期运营效率高的管网建设模式。

（2）生产发展，生活富裕——促进乡镇产业绿色化，兼顾经济发展与环境质量。

我国乡镇经济发展水平普遍较低，经济发展是乡镇工作的重点内容，但绝不可为“金山银山”而丢弃“绿水青山”，要正确处理好经济发展同生态环境保护的关系，牢固树立保护生态环境就是保护生产力、改善生态环境就是发展生产力的理念。良好生态本身就蕴含着无穷的经济价值，能够源源不断地创造财富，绝不可为了经济发展而加剧乡镇的生态环境问题。乡镇经济发展应兼顾社会经济发展与生态环境质量改善，重点提升三次产业的发展层次，积极促进生态工业、生态农业、生态旅游业等生态产业的发展。在我国乡镇经济的发展中，农业经济的发展尤为重要，而现代农业生产主要依赖农药、化肥等化工产品，虽然在很大程度上提高了农产品产量，减少了农民劳动强度，但若使用过量，则容易污染河流、土壤。因此，乡镇的农业发展要将农药等化学药剂的使用控制在合理范围内，尽可能减少对生态环境的负面影响，也不可为获取经济利益盲目毁林开荒以扩大种植面积。在此基础上，可探索循环农业、有机农业等农产品的绿色生产方式，实现经济-农业-生态的可持续发展。乡镇的工业也应朝着生态化的方向发展，工业化水平较低的乡镇在未来应重点培育能耗及物耗较低、污染较小的产业，努力建设产业布局合理、经济高效、环境友好的生态工业园区；现有工业企业较多的乡镇应加快淘汰落后产能，促进产业升级转型，在造成严重生态破坏之前完成工业的生态化建设。有条件的乡镇还可结合本地资源禀赋，发展与“绿水青山”共存共生的产业，如林下经济、生态养老、度假旅游等。

（3）生态良好——拓宽乡镇生态建设融资渠道，切实落实生态环保政策措施。

财政是国家治理的基础和重要支柱，也是生态环保工作的重要支撑，财政投入对生态文明建设具有资金保障、政策引导、强力支撑和积极推进的重要作用和意义。与城市相同，乡镇的垃圾处理设施、污水处理设施等在建设初期难以完全由市场提供，需要政府提供资金支持。但乡镇政府的资金能力有限，当前各乡镇的经济实力难以支撑生态乡镇建设工作的全面启动，资金投入的不足在很大程度上限制了生态乡镇的建设进展。为提供可靠的资金来源以保障生态乡镇建设，乡镇要适当加大财政对乡镇基础设施建设、生态环境保护、污染治理的资金力度，设立环境保护专项资金，专款专用，还应积极拓展环境保护资金来源的新渠道，实行政府扶持与市场化、社会化相结合的融资策略[20]。一是充分利用生态乡镇建设相关政策获取资金，如生态建设专项补助、退耕还林还草等，所获资金应纳入环境保护专项资金，不可为短期的经济利益而挪作他用；二是引入市场化运营机制，鼓励环保投资公司将资金投入乡镇环境保护事业，借助补贴、低息贷款等政策优惠手段吸引企业参与污水处理厂、垃圾处理厂等环保设施的建设运营，缓解乡镇政府的资金压力；三是改善投资环境，积极吸引社会闲散资金（捐助等）、民间资金等。

多渠道筹集环境保护资金，用于城镇环境保护和生态建设，加大环境规划实施的资金支持力度。首先，坚持抓好农村环境综合整治。组织开展以畜禽粪便处理、减少化肥农药污染、农村改厨改厕改院坝等为主的农村环境综合整治工程，完成上级政府下达的节能减排任务，确保辖区内水体（包括近岸海域）、大气、噪声、土壤环境质量达到功能区标准并持续改善，杜绝黑臭水体等严重污染现象，防止秸秆露天焚烧，有效处理环境投诉案件，使环境整洁有序。其次，要加大生态系统保护力度，扩大退耕还林还草范围，严格保护耕地，进一步明确优化开发、重点开发、限制开发、禁止开发的区域定位，严格开辟功能定位、发展导向、经济发展和资源环境相协调的科学区域开发新格局，遏制生态环境恶化趋势，满足人民日益增长的优美生态环境的迫切要求。

（4）乡风文明——加大生态文化宣传力度，激发乡镇民众参与积极性。

要深入开展生态法治宣传教育，加大生态文化宣传力度。采取多种有效形式，运用正反两方面的典型，开展全方位、全覆盖的全民生态法治教育和警示教育活动，让新时期的生态理论和理念入心入脑、化为广大农民群众的自觉行动，营造一个“人人参与生态文明建设、个个保护城乡生态环境”的良好氛围。要坚决遏制肆意破坏生态资源、制造环境污染、危及人民群众健康安全的种种不法行为，运用法律武器维护乡镇生态安全，巩固和发展乡镇生态文明建设成果，切实让广大农民分享改革与发展带来的福祉。

公众参与积极性的调动是一项长期的聚民心工程，也是生态乡镇建设成功的关键所在。首先要调动单位、部门的积极性，依据《中华人民共和国政府信息公开条例》，健全工作规章制度，实施民主管理，加强对历史文化名镇（村）、古街区、古建筑、古树名木等保护、开发和利用，并指导所辖村庄制定有关节水、节电、节地、节材、节能、生活污水处理、垃圾分类收集、化肥和农药科学施用、有机肥生产和使用等方面的村规民约；其次，坚持开展生态文化宣传活动，深入宣传开展全面推进全域生态文明建设专项行动的重要意义、行动内容，做到家喻户晓、人人皆知，让群众主动参与，使环境卫生整治活动成为全体群众的自觉行动。利用黑板报、横幅、标语等加强节约资源和保护环境知识的宣传，通俗易懂、深入浅出地宣传生态文明建设，在乡镇中小学、幼儿园增加环保教育，为各阶层人士举办环保讲座，针对企业开展环保宣传，增强企业环境保护的社会责任感。通过这一系列的宣传拓展工作，提高乡镇居民节约资源和保护环境的意识。

三、我国生态乡镇建设进展

2002 年，为深入推进生态文明建设，我国开始开展全国环境优美乡镇创建工作。2010年，为规范生态创建示范工作，环境保护部下发了《关于进一步深化生态建设示范区工作的意见》，明确提出用生态建设示范区的名称统领各级生态创建工作，即包括生态省（市、县）、生态工业园区、生态乡镇和生态村的统称。同年6月，环境保护部印发了《国家级生态乡镇申报及考核规定（试行）》，正式将全国环境优美乡镇创建工作更名为国家级生态乡镇创建，从环境质量、环境污染防治、生态保护与建设3个方面设置了15个指标；根据这一规定，各级政府开展了生态乡镇的创建活动（图5-1）。2014年，为大力推进农村生态文明建设，打造国家级生态乡镇的升级版，环境保护部研究制定了《国家生态文明建设示范村镇指标（试行）》，从生产发展、生态良好、生活富裕、乡风文明四大类为示范乡镇设定21个指标。自此，各地在继续推进国家级生态乡镇建设的同时，选择基础较好、有代表性的乡镇打造生态乡镇升级版，努力建成了一批国家生态文明建设示范乡镇（图5-2）。国家级生态乡镇建设指标主要侧重于生态环境质量的提高与生态保护方面，而生态文明乡镇是生态乡镇创建的深化升级，是经济发展到一定阶段的产物，需在经济业态和社会发展形态上全面体现生态要求。因此，国家生态文明建设示范乡镇指标综合考虑社会、经济、环境的协调发展，在发展理念、制度保障、宏观环境、生产生活等领域不断探索，关注乡镇工业的生态化进展、生态农业的发展、人民生活质量的提升、环境意识的普及，旨在以完善的财政、产业、生态保护政策，建立低能耗、低污染、高效益、高科技的产业结构和生产方式，提高乡镇经济社会绿色化程度，促进乡镇走上绿色的新型城镇化道路。

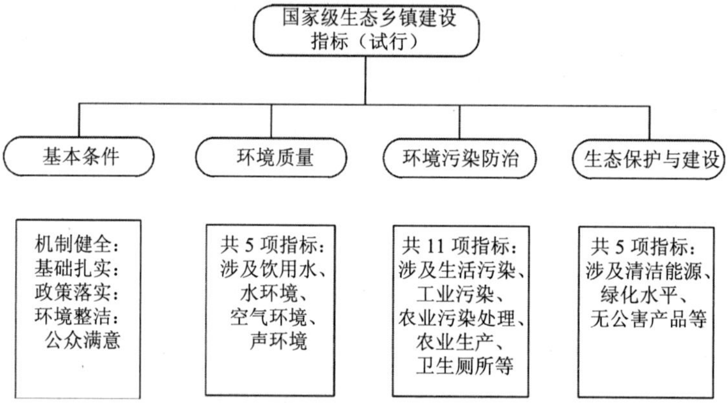

图 5-1　国家级生态乡镇建设指标构成

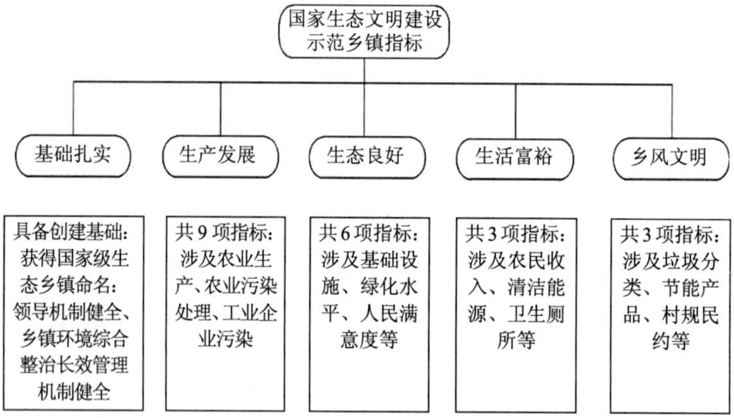

图 5-2　国家生态文明建设示范乡镇指标构成

自2010年6月印发《国家级生态乡镇申报及考核规定（试行）》起，根据各有关省级环境保护行政主管部门的申报审核意见，经环境保护部复核，2010—2011年、2011—2012年、2012—2013年分别有798个、629个、829个乡镇达到国家级生态乡镇考核指标要求，被授予“国家级生态乡镇”称号。各地在抓好国家级生态乡镇创建工作的基础上，为加大生态创建力度、建设社会主义新农村，推进各地为生态文明建设做出新的贡献，逐渐开展省级生态乡镇的创建、管理。2010年12月，湖北省印发《湖北省省级生态乡镇申报及管理规定（试行）》；截至2020年9月，湖北省成功创建505个省级生态乡镇。四川省于2013年开展省级生态文明乡镇创建，考虑到省内乡镇地形差异大，平原、丘陵、山区都有，且经济发达程度不同，“一刀切”的标准很难保证生态文明示范乡镇创建符合当地实际，省级生态文明乡镇只规定体现生态文明要求的原则和要素，各乡镇将因地制宜自创指标体系，使生态文明示范乡镇的创建真正结合实际。

国家级生态乡镇建设指标（试行）

一、基本条件

1. 机制健全。建立了乡镇环境保护工作机制，成立以乡镇政府领导为组长、相关部门负责人为成员的乡镇环境保护工作领导小组。乡镇设置了专门的环境保护机构或配备了专职环境保护工作人员，建立了相应的工作制度。

2. 基础扎实。达到本省（区、市）生态乡镇（环境优美乡镇）建设指标一年以上，且80%以上行政村达到市（地）级以上生态村建设标准。编制或修订了乡镇环境保护规划，并经县级人大或政府批准后组织实施两年以上。

3. 政策落实。完成上级政府下达的主要污染物减排任务。认真贯彻执行环境保护政策和法律法规，乡镇辖区内无滥垦、滥伐、滥采、滥挖现象，无捕杀、销售和食用珍稀野生动物现象，近3年内未发生较大（Ⅲ级）以上级别环境污染事件。基本农田得到有效保护。草原地区无超载过牧现象。

4. 环境整洁。乡镇建成区布局合理，公共设施完善，环境状况良好。村庄环境无“脏、乱、差”现象，秸秆焚烧和“白色污染”基本得到控制。

5. 公众满意。乡镇环境保护社会氛围浓厚，群众反映的各类环境问题得到有效解决。公众对环境状况的满意率≥95%。

二、建设指标

表1 国家级生态乡镇建设指标

类别	序号	指标名称	指标要求		
			东部	中部	西部
环境质量	1	集中式饮用水水源地水质达标率（%）	100		
		农村饮用水卫生合格率（%）	100		
	2	地表水环境质量	达到环境功能区或环境规划要求		
		空气环境质量			
		声环境质量			

<table>
<tr><th rowspan="2">类别</th><th rowspan="2">序号</th><th rowspan="2" colspan="2">指标名称</th><th colspan="3">指标要求</th></tr>
<tr><th>东部</th><th>中部</th><th>西部</th></tr>
<tr><td rowspan="11">环境污染防治</td><td rowspan="2">3</td><td colspan="2">建成区生活污水处理率（%）</td><td>80</td><td>75</td><td>70</td></tr>
<tr><td colspan="2">开展生活污水处理的行政村比例（%）</td><td>70</td><td>60</td><td>50</td></tr>
<tr><td rowspan="2">4</td><td colspan="2">建成区生活垃圾无害化处理率（%）</td><td colspan="3">≥95</td></tr>
<tr><td colspan="2">开展生活垃圾资源化利用的行政村比例（%）</td><td>90</td><td>80</td><td>70</td></tr>
<tr><td>5</td><td colspan="2">重点工业污染源达标排放率（%）</td><td colspan="3">100</td></tr>
<tr><td>6</td><td colspan="2">饮食业油烟达标排放率（%）**</td><td colspan="3">≥95</td></tr>
<tr><td>7</td><td colspan="2">规模化畜禽养殖场粪便综合利用率（%）</td><td>95</td><td>90</td><td>85</td></tr>
<tr><td>8</td><td colspan="2">农作物秸秆综合利用率（%）</td><td colspan="3">≥95</td></tr>
<tr><td>9</td><td colspan="2">农村卫生厕所普及率（%）</td><td colspan="3">≥95</td></tr>
<tr><td rowspan="2">10</td><td colspan="2">农用化肥施用强度［折纯，kg/（hm^2·a）］</td><td colspan="3"><250</td></tr>
<tr><td colspan="2">农药施用强度［折纯，kg/（hm^2·a）］</td><td colspan="3"><3.0</td></tr>
<tr><td rowspan="7">生态保护与建设</td><td>11</td><td colspan="2">使用清洁能源的居民户数比例（%）</td><td colspan="3">≥50</td></tr>
<tr><td>12</td><td colspan="2">人均公共绿地面积（m^2/人）</td><td colspan="3">≥12</td></tr>
<tr><td>13</td><td colspan="2">主要道路绿化普及率（%）</td><td colspan="3">≥95</td></tr>
<tr><td rowspan="3">14</td><td rowspan="3">森林覆盖率（%，高寒区或草原区考核林草覆盖率）*</td><td>山区、高寒区或草原区</td><td colspan="3">≥75</td></tr>
<tr><td>丘陵区</td><td colspan="3">≥45</td></tr>
<tr><td>平原区</td><td colspan="3">≥18</td></tr>
<tr><td>15</td><td colspan="2">主要农产品中有机、绿色及无公害产品种植（养殖）面积的比重（%）</td><td colspan="3">≥60</td></tr>
</table>

注：标“*”指标仅考核乡镇、农场，标“**”指标仅考核涉农街道。

国家生态文明建设示范乡镇指标

（一）基本条件

1. 基础扎实。已获得国家级生态乡镇命名。建立健全领导机制，制定国家生态文明建设示范乡镇规划或方案，并组织实施。乡镇环境综合整治长效管理机制健全，明确相关机构和人员专职承担环保职能，协助开展生态环境监管工作，落实工作经费和环保设施运行维护费用。

2. 生产发展。区域空间开发和产业布局符合主体功能区规划、环境功能区划和生态功能区划要求。辖区内的资源开发符合生态文明要求。产业结构合理，主导产业明晰。严守生态红线和耕地红线，基本农田得到有效保护，林地无滥砍、滥伐现象，草原无乱垦、乱牧和超载过牧现象。有机农业、循环农业和生态农业发展成效显著。工业企业向园区集聚，建设项目严格执行环境管理有关规定，污染物稳定达标排放，并达到总量控制要求。工业固体废物和医疗废物得到妥当处置。

3. 生态良好。完成上级政府下达的节能减排任务。辖区内水体（包括近岸海域）、大气、噪声、土壤环境质量达到功能区标准并持续改善。未划定环境质量功能区的，满足国家相关标准的要求，无黑臭水体等严重污染现象。近三年内无较大以上环境污染事件，无露天焚烧农作物秸秆现象，环境投诉案件得到有效处理。镇容镇貌整洁有序。属国家重点生态功能区的，所在县域在国家重点生态功能区县域生态环境质量考核中生态环境质量不变差。

4. 生活富裕。农民人均纯收入逐年增加。喝干净水、走平坦路，用水、用电、用气、通信等生活服务设施齐全，住宅美观舒适、节能环保。基本社会公共服务全覆盖。

5. 乡风文明。节约资源和保护环境的理念深入人心。邻里和睦，勤俭节约，反对迷信，社会治安良好，无重大刑事案件和群体性事件。历史文化名镇（村）、古街区、古建筑、古树名木得到有效保护。乡镇政务公开、管理民主。

（二）建设指标

表 2 国家生态文明建设示范乡镇建设指标表

类别	序号	指　标	单 位	指标值	指标属性
生产发展	1	主要农产品中有机、绿色食品种植面积的比重	%	≥60	约束性指标
	2	农业灌溉水有效利用系数	—	≥0.6	约束性指标
	3	农用化肥施用强度	折纯，kg/hm^2	<220	约束性指标
	4	农药施用强度	折纯，kg/hm^2	<2.5	约束性指标
	5	农作物秸秆综合利用率	%	≥98	约束性指标
	6	农膜回收率	%	≥90	约束性指标
	7	畜禽养殖场（小区）粪便综合利用率	%	100	约束性指标
	8	应当实施清洁生产审核的企业通过审核比例	%	100	约束性指标
	9	工业企业污染物排放达标率	%	100	约束性指标

类别	序号	指　　标	单　位	指标值	指标属性
生态良好	10	集中式饮用水水源地水质达标率	%	100	约束性指标
	11	生活污水处理率	%	≥80	约束性指标
	12	生活垃圾无害化处理率	%	≥95	约束性指标
	13	林草覆盖率 山区 丘陵区 平原区	%	 ≥80 ≥50 ≥20	约束性指标
	14	建成区人均公共绿地面积	m^2/人	≥15	约束性指标
	15	居民对环境状况满意率	%	≥95	参考性指标
生活富裕	16	农民人均纯收入	元/a	高于所在地市平均值	约束性指标
	17	使用清洁能源的户数比例	%	≥60	约束性指标
	18	农村卫生厕所普及率	%	100	约束性指标
乡风文明	19	开展生活垃圾分类收集的居民户数比例	%	≥70	约束性指标
	20	政府采购节能环保产品和环境标志产品所占比例	%	100	参考性指标
	21	制定实施有关节约资源和保护环境村规民约的行政村比例	%	100	参考性指标

第四节　生态农村

改革开放以来，我国实现了从传统农业向现代科技农业的转变，农民的生产生活方式也发生了巨大的变化，农业生产机械化的广泛应用、农药等化工产品的普及极大地提高了农民的生产效率，但同时也导致了农村经济发展与生态环境之间的对立关系。在一段时期内，为了追求增产增收，我国在农业生产过程中采用了大量粗放的、不可持续发展的农业生产模式，这直接导致农村生态环境的恶化，特别是水资源和耕地的污染日益严重。近年来，随着国家生态文明建设相关政策的落实，生态环境得到了有效改善，但由于农村地区监管缺乏、农民环保意识不足等原因，村民的生产生活依旧较多依赖于对自然资源的攫取；同时，工业企业逐渐向农村转移，进一步加重了农村的生态环境负担。

当前，经济、区域、城市等均呈现生态化发展趋势，以经济利益为中心的发展模式已经无法满足当今社会的需要，在发展中应注重社会-经济-自然复合生态系统整体效益的发展。作为第一产业，农业以土地资源为生产对象，支撑着国民经济的建设和发展，农村的生态环境质量直接影响国家的粮食安全与经济稳定。农村生态建设是我国生态文明建设的重要内容，也是我国广大农村地区实现可持续发展的必然过程。解决农村环境问题是污染防治攻坚战的主要任务之一，也是实施乡村振兴战略、保护绿水青山、建设美丽乡村的关键。

一、生态农村概念内涵

1．生态农村概念

生态农村是与生态城市相对应的概念，其实质是农村生态化全面发展。在国外，与生态农村相似的概念为生态村，其产生与发展也被称为生态村运动（Eco-village Movement）。1990年，盖亚基金会在丹麦成立，并发表生态村与可持续社区（Eco-villages and Sustainable Communities）研究报告，将生态村定义为“以人类为尺度、人类的活动对自然环境无害的居住地，支持健康地开发利用资源，并能够持续地发展到未知的未来”。1994年，全球生态村网络（Global Eco-village Network，GEN）成立，成为生态村相关研究交流的重要平台；GEN将生态村描述为“社会结构充满活力，多样化程度高，居民团结一致采取行动追求低影响、高质量的生活方式”的城市或乡村社区。

1986年，范涡河等提出了基于生态农业建设生态村的设想，指出生态村是指在一定的空间范围内将农林牧副渔、农产品加工、商品经营、村镇建设、运输等作为一个完整的生态系统，实现因子间相互关系的良性循环，减少障碍因子的作用[21]。在我国生态农业建设的基础上，对生态村建设内容进行了扩展，但也依旧主要围绕与农业相关的内容，阐述不够深入、全面。此后，成升魁等[22]围绕生态农村进行了相关研究。朱跃龙等给出了生态农村较为完善的定义——生态农村是指在生态化发展的背景下，针对农村发展过程中出现的种种不协调问题，应用社会-经济-自然复合生态系统理论、生态经济学、生态工程原理等理论与方法，按照“生态优先”的发展战略思想，从产业发展、人居环境、生态环境、社会文明等方面指导农村的经济和社会发展，因地制宜地进行全面生态化建设，把农村地区建设成为村庄布局合理，人口规模适中，人居环境宜人，各产业协调发展，人与自然及人与人之间和谐共生，社会、经济、生态之间协调、可持续发展，既具传统农村特色又体现现代文明的新农村[23]。国外的生态村是发达国家后工业化时代精英阶层基于对经济社会及环境问题的反思，对可持续社区模式的一种理想探索，所指空间范围更大，涉及农村地区外的区域，如社区等，而生态农村建设则是我国实现乡村经济增长、推动乡村建设的新模式[24]，强调农村地区生态-经济-社会复合生态系统的可持续发展。

2. 生态农村内涵

生态农村是社会-经济-自然复合生态系统，朱跃龙等将生态农村的系统结构分为庭院生态系统、村落生态系统、农业生态系统、经济生态系统、社会生态系统。从庭院生态系统到村落生态系统、再到农业生态系统，三者从空间上由内到外，由小到大，逐渐扩展至整个村庄，经济子系统、社会子系统、生态子系统融于其中，各子系统相互作用，构成了生态农村的复合生态系统[23]。作为一个开放的系统，生态农村具有生产、生活、生态的内部功能，以及旅游、教育、示范的外部功能。基于生态农村的系统构成及其功能，可将其建设内容概括为以下3个方面。

（1）以生态产业为核心，利用生态工程技术，实现共同富裕。

发展生态农业、生态旅游业、生态工业园区等生态产业。首先，要实现农业的可持续发展，严守生态红线和耕地红线，摒弃化肥、农药滥用等粗放式农业生产方式，杜绝林地滥砍滥伐、草原超载过牧等现象，使得农田、林地得到基本保护。在此基础上，大力发展生态农业、循环农业、有机农业，加强环保新品种、新技术、新模式的推广应用。其次，开发生态文化旅游，将传统民俗、生态农业、自然风光结合起来，探索当地特色生态旅游项目，为农民增收创收。最后，有工业基础的农村要对现有工业企业进行生态化改造，未来有发展工业企业需求的农村要依据生态学原理组建生态工业园区。

（2）村容整洁，人居环境得以改善。

生活功能是农村的一个重要功能，即为居民提供生活空间。村落是农村居民安居乐业的场所，常住人口相对稳定，风俗文化也相对稳定，提供良好的居住环境是生活舒适的前提条件。近年来，我国农村的经济发展取得了一定成就，但部分农村的人居环境依然较为恶劣，垃圾成堆、污水就地排放、家禽散养、随建粪坑等现象并未能有效改善。生态农村应保证村容整洁，避免生活垃圾随地乱扔、生活污水直接排放等有害环境的行为，依托所在乡镇，完善污水排放系统、生活垃圾处理方式。

（3）农民生产生活方式转变，生态文明意识较高。

广大农民的生态意识、生活生产方式决定了农村生态建设的成败，生态农村的建设是为了农民，同时也必须依靠农民。借助电视、网络、村民大会等途径加强生态理念宣传，用农民听得懂、记得住的方式传播生态科学知识，要让农民意识到生态环境保护与其自身经济利益密切联系，确保节约资源和保护环境的理念深入人心，让生态文明成为农民的自觉行动。

二、我国生态农村建设实践

我国生态农村建设是伴随着生态农业的发展而产生的，经历了从生态农业村到生态农村的发展历程。20 世纪 80 年代，为遏制农业生产条件和生态环境恶化的趋势，我国着手建设生态农业，开启了农村生态化发展进程。各地纷纷建设生态农业试点，着重发展生态农业，建设生态农业村。生态农业是生态优化的农业体系，是运用生态工程的整体、协调、循环、再生原理建立起来的农业，其以农业经济效益、生态效益、社会效益的统一协调为目标[25]。顾名思义，生态农业村就是开展生态农业建设的自然村或行政村，其在村域范围内进行农业结构的调整，充分利用自然资源，集成农业生态工程技术，组成农林牧副渔复合生态系统，加速物质循环和能量转换，建立一个生态效益、经济效益和社会效益同步发展的农业生态系统[26]。但是，如今的农村不只是一个农业活动领域，而是一个由生态子系统、经济子系统、社会子系统所组成的巨型复合系统。在农村的可持续发展过程中，仅仅关注农业生态化的发展是不够的。因此，随着生态农业建设的深入，农村生态建设内容从农业经济系统逐渐扩展到基础设施、产业结构、居住环境、社会文化等各方面。虽然生态农村与生态农村仅有一字之差，但内涵却极不相同。生态农业是生态农村的基础，生态农业的建设为我国生态农村建设打下了良好的基础，生态农村是对生态农业的发展，生态农村包括整个农村地区，不仅包括农业生产活动，还包括整个农村社会-经济-生态复合系统的其他方面，从生态农业村到生态农村的转变可以看作从农业到农村全面建设生态文明的发展[27]。

生态农村建设受到了党中央、国务院的高度重视。2013 年 7 月，习近平总书记在湖北考察时说，“即使将来城镇化水平达到 70%以上，我国还有四五亿人在农村。农村绝不能成为荒芜的农村、留守的农村、记忆中的故园。城镇化要发展，农业现代化和新农村建设也要发展，同步发展才能相得益彰，要推进城乡一体化发展”。自 2002 年以来，环境保护部、住房和城乡建设部等在农村生态建设方面开展了“千村示范、万村整治”工程、美丽乡村创建、农村人居环境整治三年行动、国家生态文明建设示范村建设等诸多工作，助推农村生态文明建设。2004年，北京市启动“生态文明村”创建工程，较全面地提出了生态农村的建设内容，可以看作生态农村发展的开端[28]；为了保护和改善农村生态环境，促进经济、社会、环境协调发展，使资源得到合理开发和利用，产业结构优化合理，并提供良好的人居环境，从村庄建设、合理利用和保护资源、农产品安全3个方面，选取了15项指标作为考核内容。2007年，国务院办公厅转发国家环境保护总局等部门《关于加强农村环境保护工作意见》的通知，该意见提出要充分认识加强农村环境保护的紧迫性和重要性，着力解决突出的农村环境问题，要求将农村环保工作摆到更加突出和重要的位置。2013年，农业部办公厅发布的《关于开展“美丽乡村”创建活动的意见》明确提出建设一批天蓝、地绿、水净，安居、乐业、增收的“美丽乡村”，树立不同类型、不同特点、不同发展水平的标杆模式，推动形成农业产业结构、农民生产生活方式与农业资源环境相互协调的发展模式。2017年，在中央农村工作会议上，党中央提出了实施乡村振兴战略、做好新时代“三农”工作的八条行动指南，强调坚持绿色生态导向，推动农业农村可持续发展；坚持遵循乡村发展规律，扎实推进美丽宜居乡村建设。党的十九大报告强调，坚持农业农村优先发展，按照产业兴旺、生态宜居、乡风文明、治理有效、生活富裕的总要求，建立健全体制机制及政策体系以推进城乡融合，加快农业农村的现代化进程。

党的十八大以来，党中央坚持把解决好农业、农村、农民问题作为全党工作的重中之重。习近平总书记指出：中国要强，农业必须强；中国要美，农村必须美；中国要富，农民必须富。毋庸置疑，农村生态建设还是当前乡村振兴的短板，生态农村建设依旧是我国生态文明建设最艰巨的任务。一直以来，我国生态保护的重点都在城市，对农村生态环境的重视不足，再加上长期以来对于产量的单一追求，农村的经济发展伴随着大量的污染和生态环境的损害，农村生态环境形势越来越严峻。为保证我国粮食安全，农村地区可持续发展的实现迫在眉睫，生态农村建设是我国农村生态文明建设的必然选择，这不仅仅关系到农村地区的发展，同时也关系到全国人民的食品安全和社会经济的稳定发展。

参考文献

[1] Hoover E M. 区域经济学导论[M]. 王翼龙，译. 北京：商务出版社，1990.

[2] 程必定. 区域经济学——关于理论和政策问题的探讨[M]. 合肥：安徽人民出版社，1989.

[3] 梁山. 对区域生态经济学学科体系的思考[J]. 经济问题，1998（S1）：3-5.

[4] 廖尚华，胡宝清，严志强. 区域生态经济学的理论分析与应用研究[J]. 广西师范学院学报（自然科学版），2007（1）：64-70.

[5] 胡宝清. 区域生态经济学理论、方法与实践[M]. 北京：中国环境科

学出版社，2005.
[6] 王如松，欧阳志云．社会-经济-自然复合生态系统与可持续发展[J]．中国科学院院刊，2012，27（3）：337-345.
[7] Roseland M . Dimensions of the eco-city[J]. Cities，1997，14（4）：197-202.
[8] 王如松．系统化、自然化、经济化、人性化——城市人居环境规划方法的生态转型[J]．城市环境与城市生态，2001（3）：1-5.
[9] 颜京松，王如松．生态市及城市生态建设内涵、目的和目标[J]．现代城市研究，2004，19（3）：33-38.
[10] 黄光宇，陈勇．论城市生态化与生态城市[J]．城市环境与城市生态，1999（6）：28-31.
[11] 杨志峰，何孟常，毛显强，等．城市生态可持续发展规划[M]．北京：科学出版社，2004.
[12] 赵清，张珞平，陈宗团，等．生态城市理论研究述评[J]．生态经济，2007（5）：155-159.
[13] 何碧波，黄凌翔．重建与改造——国外生态城市建设模式及对我国的启示[J]．生态经济，2011（12）：183-187.
[14] 理查德·瑞吉斯特．生态城市：建设与自然平衡的人居环境[M]．王如松，胡聃，等，译．北京：社会科学文献出版社，2002.
[15] 达良俊，田志慧，陈晓双．生态城市发展与建设模式[J]．现代城市研究，2009，24（7）：11-17.
[16] 马交国，杨永春，刘峰．国外生态城市建设经验及其对中国的启示[J]．世界地理研究，2005（1）：61-66.
[17] 侯爱敏，袁中金．国外生态城市建设成功经验[J]．城市发展研究，2006（3）：1-5.
[18] 黄肇义，杨东援．国外生态城市建设实例[J]．国际城市规划，2001（3）：1，35-38.
[19] 万俊人，潘家华，吕忠梅，等．生态文明与“美丽中国”笔谈[J]．中国社会科学，2013（5）：4，204-205.

[20] 段小勇．生态镇建设研究[D]．南京：南京农业大学，2015.
[21] 范涡河，史进，王法尧，等．安徽淮北平原建设“生态村”途径的探讨[J]．农业现代化研究，1986（3）：30-32.
[22] 成升魁，闵庆文，谢高地，等．生态农村——中国生态农业发展的新思维[J]．资源科学，2003，25（1）：94-95.
[23] 朱跃龙，吴文良，霍苗．生态农村——未来农村发展的理想模式[J]．生态经济，2005（1）：64-66.
[24] 丁国胜．试探我国乡村建设的生态路径——基于生态农村及生态村的建设经验分析[R]．转型与重构——中国城市规划年会，2011.
[25] 马世骏，李松华．中国的农业生态工程[M]．北京：科学出版社，1987.
[26] 李文华，赖世登．中国农林复合经营[M]．北京：科学出版社，1994.
[27] 孙新章，成升魁，闵庆文．生态农村工程：解决中国“三农”问题的新思维[J]．农业现代化研究，2004（2）：86-89.
[28] 朱跃龙．京郊平原区生态农村发展模式研究[D]．北京：中国农业大学，2005.

第六章　生态消费

第一节　消费是生态经济问题

新常态下，我国经济已由高速增长阶段转向高质量发展阶段，正处在转变发展方式、优化经济结构、转换增长动力的攻关期。伴随经济社会转型升级与人民收入水平持续提高，消费对我国经济的拉动作用越发凸显。我国庞大的内需市场和广泛的消费群体是宏观经济健康运行和发展的重要保障。消费结构的合理与消费能力的有效开发是我国经济社会平稳发展的重要组成部分，也是我国未来产业结构调整升级、经济平稳健康运行的关键步骤。在我国经济进入中高速增长的大趋势下，转变经济发展方式，走集约、高效、环保的可持续发展道路，“倡导简约适度、绿色低碳的生活方式，反对奢侈浪费和不合理消费”是我国经济发展战略的必然选择。

我国社会的基本矛盾已经转化为人民日益增长的美好生活需要和不平衡不充分的发展之间的矛盾。这一主要矛盾在经济领域突出表现为需求端与供给端结构性的不匹配。在需求端，广大消费者从单纯追求消费的“量”逐步转变为追求消费的“质”；而在供给端，出现了绿色供给不充分、产业不平衡等问题，导致我国经济社会在需求端与供给端都面临着较大压力。

一、改变不可持续的大众高消费模式

我国拥有庞大的消费市场。国民消费能力的持续增强为需求端注入了强劲的经济动力。国家统计局统计显示，2019 年消费对我国经济的贡献值超过 60%。在全面建成小康社会与全面脱贫的发展目标下，广大消费者群体的收入不断提高，所拥有的购买力不断增强，消费意愿与消费能力也随着收入的增加而不断释放，消费能力呈现出显著增长，在宏观上呈现出大众高消费的趋势，近年来，全国社会消费的零售总额不断增长，从 2015 年的 28.7 万亿元增长至 2021 年的 44.1 万亿元，全国居民人均消费支出也不断增加，2019 年实际增长 5.5%。其中线上交易占比持续扩大。2020 年 11 月 11 日，天猫在一天内的最终成交金额为 4 982 亿元。相比之下，2019 年“双 11”成交额为 2 684 亿元，2018 年“双 11”成交额为 2 135 亿元，2017 年“双 11”成交额为 1 682 亿元，交易额增速迅猛。在大众高消费模式运行下，经济在短期内获得了明显的增长效益。然而，大众的高消费行为也带来了诸如炫耀性消费及产品使用价值严重浪费等问题，致使自然资源在短期内被过度开发和滥用，环境污染问题严峻，短期经济行为泛滥。

大众的高消费模式对生态环境产生了巨大的压力，对资源的需求量已经达到生态承载力的极限，在长期具有不可持续性。国务院在《关于印发“十三五”生态环境保护规划的通知》中指出，我国污染物排放量大面广，环境污染重。我国化学需氧量、二氧化硫等主要污染物排放量仍然处于 2 000 万 t 左右的高位，超过或接近环境承载力上限。78.4%的城市空气质量未达标，公众反映强烈的重度及以上污染天数比例占 3.2%，部分地区冬季空气重污染频发高发。饮用水水源安全保障水平亟须提升，排污布局与水环境承载力不匹配，城市建成区黑臭水体大量存在，湖库富营养化问题依然突出，部分流域水体污染依然较重。全国土壤点位超标率为 16.1%，耕地土壤点位超标率为 19.4%，工矿废弃地土壤污染问题突出。城乡环境公共服务差距大，治理和改善任务艰巨。环境问题的日益严重，在很大程度上与消费者群体的高消费行为和非理性消费行为也密不可分，使大众高消费阶段在环境承载力的客观条件下具有不可持续性。

2020年9月22日，在第75届联合国大会上，我国提出将努力在2030年实现碳达峰，2060年实现碳中和。这远超出《巴黎协定》中关于2℃温控目标下全球2070年左右实现碳中和的计划。此举或使全球实现碳中和的时间提前5～10年，将对全球气候治理起到关键性的推动作用。在碳中和的发展路径下，我国将产生一系列深刻变化：①碳达峰、碳中和将改变我国现有的能源产业格局。目前，在我国现有的能源产业格局中，产生碳排放的化石能源——煤炭、石油、天然气等约占能源消费总量的80%，而不产生碳排放的水电、风电、核能和太阳能发电等仅约占20%。要实现2060年碳中和的目标，就要大力发展可再生能源，降低化石能源的比重。因此，能源格局的重构必然是大势所趋。如果到了2060年，中国实现碳中和，核能的装机容量将是现在的5倍多，风能的装机容量将是现在的12倍多，而太阳能发电的装机容量将会是现在的70多倍。巨大的产业发展空间将被打开，而在产业链的细分领域，将产生众多的新兴产业，创造大量的就业机会。②碳达峰、碳中和将改变石油地缘政治格局。我国实现碳中和，意味着我国摆脱对外部能源进口的依赖。在碳中和的背景下，“石油地缘政治时代”被完全打破，传统石油出口国将面临全面利益丧失。国际竞争的焦点也将逐渐转移到低碳技术价值链的控制上，新能源和低碳技术的价值链将会成为重中之重。③碳达峰、碳中和还将给整个工业体系带来革命性挑战。碳中和的目标要求彻底摒弃传统工业的粗放式发展道路，整个工业体系都面临着革命性的挑战。这种挑战不仅在于工业所需能源开发与使用方式的变化，还在于碳中和带来的工业生产工艺、技术革新，以及产业布局的变化。工业低碳转型是碳达峰、碳中和的关键。2020 年年末召开的全国工业和信息化工作会议指出，要围绕碳达峰、碳中和目标节点，实施工业低碳行动和绿色制造工程。④碳达峰、碳中和将扩大碳交易市场规模。从 2011 年起到 2020 年 8 月，我国有 7 个省市进行碳交易试点；2021 年 2 月，全国碳交易市场正式开市。生态环境部印发的《碳排放权交易管理办法（试行）》启动施行。按照要求，企业年度温室气体排放量达到 2.6 万 t 二氧化碳当量，折合能源消费量约 1 万 t 标准煤，纳入温室气体重点排放单位，应当控制温室气体排放、报告碳排放数据、清缴碳排放配额、公开交易等信息并接受监管。而在未来一段时间内，试点市场和全国市场将会并行，各行各业最终都会被纳入碳交易市场中。⑤碳达峰、碳中和还将改变我国中西部的经济地位。中国实现碳中和，太阳能、风能聚集的中西部地区将成为最主要的能源输出地之一。中西部地区在我国经济版图上的角色将被重新定义。

在碳中和的大背景下，生态消费相关政策正加速落地，并已经对我们的生活产生了广泛而深刻的影响。例如，2008 年 6 月 1 日，国务院办公厅下发“限塑令”，限制生产、销售、使用塑料购物袋。根据该规定，在全国范围内，对厚度小于

0.025 mm 的超薄塑料袋，禁止生产、销售、使用。在所有超市、商场、集贸市场等商品零售场所，一律不得免费提供塑料购物袋。但由于多种原因，“限塑令”未能有效推行。2020 年，《关于进一步加强塑料污染治理的意见》发布，不可降解塑料袋、一次性塑料餐具、快递塑料包装等被纳入禁止、限制使用的塑料制品范围。新版“限塑令”三步走，按照“禁限一批、替代循环一批、规范一批”的原则，分 2020 年、2022 年、2025 年 3 个时间段，明确加强塑料污染治理分阶段的任务目标。新版“限塑令”发布后，可以明显感觉到身边的塑料吸管正迅速消失。同时在政策推动下，以可降解塑料为主营业务的金发科技，2020 年净利润大涨 268%，股价从 2019 年年底的 6.91 元涨至 2020 年年底的 17.14 元，可降解塑料业务呈井喷式发展。同样发展迅猛的还有新能源电动车产业。2017 年 9 月 9 日，在 2017 中国汽车产业发展（泰达）国际论坛上，工业和信息化部副部长辛国斌表示：“全球许多国家纷纷调整汽车的发展战略，在新能源、智能网联产业加快产业布局，抢占新一轮制高点。”2017 年 9 月 28 日，工业和信息化部正式审议通过了《乘用车企业平均燃料消耗量与新能源汽车积分并行管理办法》，该办法提出将针对在中国境内销售乘用车的企业（含进口乘用车企业）的平均燃料消耗量（CAFC）及新能源乘用车生产（NEV 积分）情况进行积分考核。2017 年 11 月 8 日，中国人民银行和中国银行业监督管理委员会联合颁布了新修订的《汽车贷款管理办法》，规定从 2018 年 1 月 1 日起，传统燃油车的汽车最高贷款比例不变，依旧是 80%；新能源车的最高贷款比例为 85%；二手车的最高贷款比例也从 50%提高到了 70%。总体而言，当前国家对新能源汽车消费端的支持可概括为购置补贴、税费减免、牌照路权 3 个方面。伴随相关积极政策，主营电动车业务的公司开始迅速扩张。2020 年，特斯拉公司股价飞涨 689%，其市值超越传统汽车八巨头的市值总和，其创始人埃隆·马斯克身价上涨 4 倍，取代杰夫·贝佐斯成为世界首富。同样，主营新能源电动车的比亚迪股份有限公司股价上涨超 4 倍。而主营电池业务的宁德时代新能源科技股份有限公司的市值首次超越了中国石油天然气集团公司。短短几年，生态消费引领下的新能源行业发展迅猛，大有取代传统能源行业的架势。种种迹象表明，未来已来，我们所处的时代正在不以个人意志为转移地、非常迅速地发生着深刻变革。在这样一个飞速变革的时代中，我们应当了解未来社会的前进方向。

所以，消费是生态经济问题，当前不可持续的高消费模式必然要转换为生态消费模式。2017 年 10 月，党的十九大报告指出：“要加快生态文明体制改革，建设美丽中国，推进绿色发展，加快建立生态消费和绿色生产的制度和政策导向，提供更多优质生态产品以满足人民日益增长的对优美生态环境的需要，建立低碳循环的发展经济体系，推进消费革命，倡导简约适度、绿色低碳的消费生活方式，反对奢侈浪费和不合理消费，开展创建节约型机关、绿色家庭、绿色学校、绿色社区和绿色出行等行动。”生态消费的有效实现已经成为推动绿色发展的首要前提，是我国未来经济建设的重要着力点。

二、什么是生态消费

工业革命使得人们改造自然的能力增强，西方发达国家开始大规模开采自然资源，走上了“高消耗、高污染、高消费”的非持续发展模式。消费者也不再仅仅满足于对生活资料的基本需求，多元化、炫耀性、奢侈性的消费模式愈演愈烈。自 20 世纪三四十年代开始，西方发达国家陆续发生了多起严重的环境污染事件，严重威胁居民的人身健康与社会的持续发展，环境保护运动开始蓬勃发展。

1963 年，国际消费者联盟从消费与环境间的关系出发，首次提出“生态消费”的概念，指出消费者应有环境保护的义务。1981 年，美国农业科学家 Lester R. Brown 出版的 *Building a Sustainable Society* 一书中，描绘了人口稳定、保护生态系统和开发再生能源的可持续发展蓝图，明确提出了“可持续”概念。1988 年，英国学者 John Elkington 和 Julia Hailes 在其著作 *The Green Consumer Guide* 中首次系统阐述了“生态消费”的概念，并以避免消费特定商品的方式界定了生态消费，具体包括 7 条准则，如避免消费在生产、使用或处理上会对环境造成损害的产品等。1994 年，联合国环境规划署发表《可持续消费的政策因素》报告，首次提出“可持续消费”，对可持续消费的观念和内涵给予了明确界定，指出生态消费的核心是一部分人的消费不能损害当代另一部分人和后代人的利益，必须保障消费的代内公平与代际公平。此后，“生态消费主义”在欧美国家迅速兴起并引领世界消费的潮流。2001 年，中国消费者协会在全国范围内开展“绿色消费年”主题活动，并从 3 个方面解读“绿色消费”：一是倡导消费者在消费时选择未被污染或有助于公众健康的绿色产品；二是在消费过程中注重对消费品以及所产生的垃圾的回收，不对环境造成污染；三是引导消费者转变消费观念，崇尚健康自然的消费追求，注重环境的保护、资源的节约、能源的高效利用，实现消费的可持续性。2016 年，国家发展和改革委员会等十部门出台《关于促进绿色消费的指导意见》，将“绿色消费”界定为以节约资源和保护环境为特征的消费行为。吴波[1]对生态消费的 3 个方面进行了详细阐述，认为绿色购买行为是消费者对具有环保特征产品的购买，绿色使用行为是不涉及产品购买和处置的消费者环保行为，绿色处置行为是对物品的回收再利用行为。从现有文献看，生态消费所包含的内容非常广泛，不仅包括绿色产品，还包括物质的回收利用、能源的有效使用、对生存环境和自然物种的保护等，可以说涵盖了消费行为与生产行为的方方面面。需要说明的是，与生态消费（ecological consumption）类似的概念有绿色消费（green consumption）、环境友好消费（environmental friendly consumption）、可持续消费（sustainable consumption）、伦理消费（ethical consumption）等，学术界没有对各概念进行严格区分。

事实上，基于全面性、客观性、系统性、科学性的原则，不妨从微观与宏观两个层面理解生态消费的内涵：在微观层面，根据生态消费在经济生活中的重要作用，生态消费的定义不仅仅局限于消费者的消费行为和对绿色产品的消费偏好，还扩展到了生产者的生产行为和政府对微观消费的宣传引导。在绿色产品的供给阶段，包括了对公共资源的利用和环境资源的消耗是否符合绿色可持续发展的标准；包括了对绿色产品的最优化生产以及环境因素在生产函数中的内生化；包括了对产品物流运输的绿色性和高效性；包括了对产品的绿色回收和污染物的绿色处理、排放。因此，在微观上，生态消费的概念不能仅仅局限于消费者群体对绿色产品的消费行为，还必须扩大到生产者对自然资源的消耗、绿色产品生产、产品物流以及产品回收等各方面。在宏观层面，根据生态消费在经济建设和生态文明建设中的重要作用，生态消费的定义不仅仅局限于需求端，还包括了供给端的作用以及政府的顶层制度设计。生态消费涵盖了消费者的衣食住行等方方面面，而这些方面的有效供给是保障生态消费长期实施的关键。全面有效地融合经济建设与生态文明建设，使经济建设和生态文明建设双管齐下，必须在宏观上系统性地培育生态消费，突破生态消费在需求端的局限性，将生态消费的宏观概念扩大至供给端与政府的政策制定。

同时，生态消费的消费对象是绿色产品。伴随“生态消费主义”的兴起，绿色产品随之产生。最初的绿色产品大致包括两个方面：一是带有环境标志的产品包装，表示该包装物便于回收、易分解；二是带有环境标志的食品，表示该食品是安全的、营养的、无公害的。随后，环境标志逐步被应用于各种产品种类，绿色产品开始大量出现。从现有文献看，众多学者对绿色产品的界定存在差异。Lin 等[2]从产品特征出发，认为绿色产品应该具有生态友好性（低碳的生产过程、使用可回收材料、产生更少废弃物）、不伤害身体健康（使用天然材料、较少使用化学物质）、不进行动物实验的特征。与常规产品相比，绿色产品通常使用可生物降解、无毒的原材料，使用可回收包装，其价格会比普通产品高出 20%～25%。绿色产品会使用各种产品线索来传达其所具有的绿色属性，如产品包装颜色（绿色、粉色）、品牌名称、生态标签等[3]。盛光华等认为，绿色产品的界定应考虑产品的全生命周期过程，即产品的生产、使用、处置及回收利用过程，在产品生命周期全过程中达到法定环保标准，实现资源的节约与污染排放的减少，故将绿色产品定义为“在生产制造、购买使用和废弃处置全过程中都符合环保要求的产品”。总体而言，众多学者多是从绿色产品所应具有的环保特征来对其进行界定，目前绿色产品没有一个统一的定义。

生态消费不同于普通消费，需要消费者考虑消费造成的潜在环境影响，并最大限度地减少消费对环境的危害。事实上，引导消费者进行生态消费是存在困难的。由于绿色产品需要产品研发设计、绿色技术创新的再投入，采用可再生、可降解的原材料，在生产过程中做到资源的低消耗、高循环、高利用和污染的低排放，必然会增加额外生产成本，导致绿色产品的价格高于普通产品，绿色购买需要消费者为绿色产品支付环境溢价。生态消费除了需要消费者在经济方面做出一定牺牲外，还需要消费者转变原有的行为习惯，如及时关闭电源、合理设置空调温度、回收物品等，而由于原有习惯是自觉的、不加思考的，转变行为习惯需要消费者进行思想上的再认识与行为的自我控制，惯性的存在会阻碍生态消费习惯的形成。从环境效益来看，生态消费产生的环境效益也并非消费者个人所有，而是被全社会所共享，这就需要消费者进行自身利益与社会利益的权衡。个体生态消费产生的环境效益不足以有效改善环境，还需要全体社会成员的集体参与，这就要求消费者对生态消费具有较高的感知效力。

综上，生态消费的内涵非常丰富，以改善环境为目的，且具有成本高、转变难等特点。所以，生态消费不仅仅是消费行为的转变，更是消费思想上的转变。

三、生态消费研究的兴起与发展

学术界对生态消费的研究主要集中在生态消费的价值、生态消费的影响因素以及促进生态消费的举措等方面。具体而言，可以将生态消费的研究进程分为起步阶段（20 世纪中后期）、快速发展阶段（20 世纪末）以及全面发展阶段（21 世纪）。

第一，起步阶段（20 世纪中后期）。生态消费的概念最早起源于 20 世纪 40 年代的欧洲。1963 年，国际消费者联盟从消费与环境间的关系出发，首次提出“生态消费”的概念，指出消费者应有环境保护义务。1977 年，德国政府率先提出了蓝天使环保计划，并于 1979 年开始实施“蓝天使标志”，使德国成为世界上首个全国性推行环保标志的国家。该计划的目的是唤醒民众的环保意识，通过环保标志的市场导向来引导消费者购买对环境污染小的产品，同时鼓励厂商开发生产环境友好型产品，从而促进环境质量的提升。这一计划是最早的国家性绿色计划，德国成为第一个颁布绿色发展战略的国家，但是可惜的是，当时并没有得到各国的积极响应。1977 年，联合国国际科学学会和伦敦国家社会研究会重新将“消费”的定义拓展为：消费是对自然界物质与能量的改变，是尽可能让物质与能量达到可利用的程度，在达到这种状态时对生态系统产生的负面效应最小，不会威胁人类健康与福利的一种人类相关行为。这一概念的提出具有了生态消费的雏形。同时，美国逐步开始了生态工业园区的试点与开发，通过生物能源开发、废弃物处理、清洁生产、循环利用等多领域的技术进步，保障生态园区的长久发展。到 20 世纪 80 年代，随着经济社会的不断发展和全球工业化进程的不断推进，资源环境问题日益严重，世界各国也逐步认识到了人与自然和谐发展的重要性。施里达斯·拉夫尔（Shridath Ramphal）在《我们的家园——地球》（*Our Country, The Planet: Forging a Partnership for Survival*）中明确表示，消费问题是环境问题的核心，人类正在产生对环境的压力，并威胁着地球支持生命的能力。芭芭拉·沃德（Barbara Ward）和雷纳·杜博斯（Rene Dubos）在《只有一个地球》（*Only One Earth: The Care and Maintenance of a Small Planet*）中提出，生态系统的失衡主要是由消费引起的，消费者无节制地更换消费品并消耗能量，将会导致生态系统的灾难。1981 年，伍兹（Woods，W. A）在《消费者行为》（*Consumer Behavior*）一书中将生态学理论引入消费者行为分析中，建立了生态学与消费学之间的桥梁，开创了生态消费学的新理论模式。

第二，快速发展阶段（20 世纪末）。在此期间，环境经济交叉领域中的一系列重要概念被提出。Daly[4]提出，环境污染与消费者的行为有着密切的关系，绝大部分的环境破坏都直接与消费者的消费习惯和消费行为有着直接的关系，20 世纪末环境宏观经济学创立，旨在研究环境与经济宏观变量之间的复杂关系。Grossman 等[5]在 1991 年首次提出了环境库兹涅兹曲线，认为环境污染与人均收入呈倒“U”形曲线关系；在经济发展初期，生态环境会伴随经济发展不断恶化，当经济发展跨过特定阈值后，生态环境会伴随经济发展不断改善，这一阈值被称为“环境库兹涅茨曲线拐点”。

第三，全面发展阶段（21 世纪）。Gordon R Foxall 等[6]指出，消费者的生态消费行为决定了整个生态经济的绿色性与可持续性，消费者的生态消费观念与生态消费责任将充分决定全球气候变暖的趋势。而我国国内的生态消费研究虽然起步较晚，但发展迅速。李永波[7]研究了生态消费如何影响企业的生产行为，指出消费者的生态消费行为对企业具有重要的反推作用，促进了企业的绿色产品生产。

第二节 引导公民生态消费，形成绿色发展与生活方式

一、生态消费者有哪些特征

如何界定一名生态消费者，进而在相关研究中有效区分生态消费者与非生态消费者，是学术界普遍关心的一个问题。例如，Costa 等[8]认为，生态消费者是指能够践行生态消费的消费者。为了有效区分生态消费者与非生态消费者，快速识别生态消费的细分市场，早期多从人口统计变量出发进行研究。

不同特征的人群除了在亲环境行为上表现出差异，也会在支付环境溢价的意愿上表现出差异。Royne 等[9]通过对 337 位居民关于支付绿色产品环境溢价的意愿的研究发现，91.2%的居民愿意为购买绿色产品多付出一些钱，年轻人、本地居民、对废

弃物持严格管控态度的居民愿意支付的溢价更高；Kostakis 等[10]在游客支付溢价入住可再生能源酒店的调查中发现，中年人、男性、环境知识较多的游客更愿意支出环境溢价，而游客的婚姻状况与教育水平在影响支付意愿方面不存在显著差异。可以发现，影响消费者支付环境溢价的因素多种多样，各研究关注的生态消费行为类型的不同或存在的文化差异与情景差异可能会导致不同的研究结论。

基于现有文献，区分生态消费者与非生态消费者的人口统计变量大致可以归为 4 类。

第一是人口和社会经济因素特征。人口和社会经济因素通常包括年龄、职业、社会地位、经济状况、生活方式等。对生态消费者特征的分析最早就是从人口和社会经济因素开始的。不同的研究结果对人口和社会经济因素与生态消费倾向到底是否存在相关性产生了分歧，对该因素内不同变量与生态消费倾向之间到底存在正相关性还是负相关性也得出了相反的结论。因此，学术界普遍认为，在识别生态消费者时，人口和社会经济因素虽然有一定的作用，但却非常有限，不能与个性心理因素等相提并论。

第二是文化因素特征。研究表明，生态消费者倾向于具有较高的社会责任感，表现为个人在即便没有报酬的情况下，也愿意帮助他人，产生这种现象的原因在于有社会责任感的人往往受到自己接受的社会价值观的影响。具有较高社会责任感的消费者相比较而言往往会积极参与各种社区或社会活动。因此，那些积极参与社区活动以及具有社会责任感的人往往会倾向于成为一名生态消费者，并认为这样的行为应该成为被社会接受的规范。

第三是个性心理因素特征。与人口和社会经济因素相比，通过个性心理因素能更好地辨别生态消费者。其中最主要的因素是心理控制源（locus of control）与异化（alienation），由此可以把消费者划分为外在控制型和内在控制型。外在控制型消费者往往相信命运或运气，而内在控制型消费者相信自己可以掌握更大的控制权。内在控制型消费者和消费者的生态消费倾向之间存在正相关性。内在控制型消费者认为可以通过自身的努力改善环境质量，从而可能会积极追求绿色的生活方式与环境，因而也更有可能购买绿色产品。与之相反，外在控制型消费者在对待环境问题时，往往会觉得需要外界的帮助，或觉得自己的行为对改善环境没有什么帮助，这种无助的感觉会妨碍他们进行生态消费。

异化则是指消费者对自己与所在社区、社会或文化的不相融程度的感受。一般认为，异化程度较低的消费者更有可能关心社区或社会。因此，他们可能会表示出对环境污染的不满，倾向于购买绿色产品。而异化程度较高的消费者可能对社区或社会的关心程度较低，不愿为购买绿色产品而付出额外的努力。

第四是态度特征。消费者在“认为自己能在多大程度上有效减少污染”这个问题上的态度，同样可以作为识别生态消费者的一个标准。识别生态消费者的另一个重要标准是消费者在“对其他人是否也会有同样行为”这个问题上的态度。生态消费者相信自己的行动能有效减少污染，并相信其他人也会做出同样的行为。即消费者越相信自身的力量，对别人做出相似行为的认定程度越高，或越相信自己的生态消费行为可以带动别人的生态消费行为，就会购买、使用越多的绿色产品。

同时，部分学者对依靠人口统计变量来区分生态消费者与非生态消费者的做法表示质疑。因为依据人口统计变量来区分生态消费者与非生态消费者，虽然能快速识别特定人群，但二者间并没有很强的理论基础，且对生态消费者的具体分类也过于单一。Gilg 等[11]认为基于人口统计变量来区分生态消费者的研究解决了“谁”会生态消费的问题，但没有解决“什么时间消费”“为什么消费”“消费什么”的问题，生态消费不仅是消费行为的表现，更是日常行为习惯与生活方式的表现；并通过对 9 项生态消费行为频率的测量，将生态消费者分为坚定生态消费者（committed environmentalists）、主流生态消费者（mainstream environmentalists）、偶尔生态消费者（occasional environmentalists）、非生态消费者（non-environmentalists）4 类。

借鉴 Gilg 等的思路，可以利用消费者自我认定的“绿色度”来区分生态消费者。根据人们消费选择中所体现的对环境关注的程度呈由低到高的一个连续不断的状态，可以将全部消费者大致分为无色消费者、浅绿色消费者、中绿色消费者、深绿色消费者。其中，无色消费者类似于 Gilg 等提出的非生态消费者，他们不愿为绿色产品付出更多溢价，几乎不产生生态消费行为。浅绿色消费者只有模糊的绿色意识，他们意识到应对环境进行保护，但没有在消费过程中把这种意识具体化，他们的生态消费行为大多是无意识的和随机的，他们是潜在的、不稳定的生态消费者，对绿色产品的溢价难以接受。群体特征表现为受教育程度和收入水平较低，对环境的态度不积极，比较容易受他人的影响。中绿色消费者具有较强的环保意识，但对绿色消费还缺乏全面的认识，比如只认识到产品无害性或包装的可循环使用性，而没有认识到生产过程的无污性。他们是选择性消费者，主要选择与自身利益联系比较紧密的绿色产品，如绿色食品、绿色建材，对 5%～15%的绿色产品溢价可以接受。群体特征表现为受教育程度和收入水平一般，对环境的态度比浅绿色消费者积极，受社会相关群体的影响更大。深绿色消费者的环保意识则已经深深扎根，对绿色消费有全面的、深刻的认识，表现为自觉、积极、主动地参与生态消费，对绿色产品的溢价接受程度大于 15%，会提出新的绿色消费需求。群体特征表现为受教育程度和收入水平较高，对环境的态度很积极。

二、影响生态消费行为的因素有哪些

生态消费行为的影响因素大致有环境心理因素、社会心理因素、个人心理因素、产品属性因素、传播因素、企业因素、外部群体因素等。其中，环境心理因素、社会心理因素、个人心理因素可以归为消费者的内在因素，产品属性因素、传播因素、企业因素、外部群体因素可以归为消费者的外在因素。

（1）环境心理因素

环境心理因素主要包括消费者的环境态度（environmental attitude）、环境责任感（environmental responsibility）、感知效力（perceived consumer effectiveness）。

环境态度是个体对环境所持有的稳定心理倾向，这种倾向包括认知、情感和行为 3 个部分。早期的研究是将“环境态度”等同于“环境关心”。其中，最具代表性的是 Kent 等[12]提出的新生态范式（new ecological paradigm），认为人类经济活动与自然环境之间存在着错综复杂的交互关系，强调要重新反思人类自身在自然界中所扮演的角色，要建立起人类与自然和谐相处的关系模式。在此后的相关研究中，众多学者认为“环境关心”仅反映了个体对环境的忧虑程度，是“环境态度”的一个组成部分，应该对其进行严格区分，并把“环境态度”定义为个体对与自然环境相关的问题长期持有的认识评价、情感表达与行为倾向的集合。由此可知，环境态度可以发挥认知功能，通过对环境事物的认知，形成对自然环境的稳定、清晰、明确的评价，提升个体对自然环境的深刻了解和认识；环境态度亦可以发挥价值表现功能，可作为个体与他人互动时的工具或符号，表达个体对自然环境所持有的价值观和情感；环境态度还可以发挥自我防御功能，当个体面对因环境问题引发个人利得或利失的争议问题时，通过向他人表达自己的环境立场，来缓解个体内部冲突而导致的恐慌。相关研究也验证了环境态度对生态消费意愿的正向影响作用。宗计川等[13]运用基于实验室设计的条件估值方法，发现具有较强环境态度的消费者愿意支付更高的绿色产品环境溢价。

环境责任感是个体基于对环境所带来福利的充分认识而积极采取措施以解决环境问题的责任意识，是集环境问题认知、环境行为态度、环境情感于一身的道德品质，是个体主动承担社会规范并将其内化为个人规范的责任倾向，表现为个体对亲环境行为的积极态度取向，具有激发、鼓舞个体亲环境行为的积极作用。

感知效力是指消费者对自身行为有助于解决环境问题的自信程度。当消费者认为自己的行为对解决环境问题所发挥的作用微小或缺乏信心时，感知效力会处于低水平，消费者会不倾向于做出行为决策。感知效力经常被作为区分生态消费者和非生态消费者的重要心理变量。

在模型方面，目前学术界多采用行为理论来构建理论模型，研究影响生态消费的环境心理因素。其中，计划行为理论（Theory of Planned Behavior，TPB）的影响最为广泛。计划行为理论认为绿色购买行为是由行为意向决定的，而行为意向又受态度、主观规范和感知行为控制的综合影响。部分学者在计划行为理论基础上，加入了环境关心、环境知识、消费者创新性、环保自我认同等变量来提高模型的解释力。例如，Yadav等[14]在计划行为理论的基础上加入了环境知识和环境关心，发现消费者的环境知识和环境关心会通过影响消费者的态度，进一步影响绿色产品购买意愿。基于计划行为理论的研究成果，虽然能很好地预测生态消费意愿与行为，但同时也受到了不少学者的质疑，比如该理论只强调了态度的工具成分（有用—有害），而忽视了态度的情感成分（喜欢—厌恶），以及主观规范只强调了规范中的命令规范（他人认为个体应该怎样做），未涉及描述性规范（大多数个体表现出的行为）和个人规范（个人认为自己应该怎样做）等。

同时，部分学者则借助其他理论模型，如价值观-信念-规范理论（Value-Belief-Norm，VBN）、规范激活理论（Norm Activation Theory，NAM）、行为推理理论（Behavior Reasoning Theory，BRT）等，从多角度考察了消费者的环境价值观（environmental value）、感知效力（perceived consumer effectiveness，PCE）、环境情感（environmental affection）、调节定向（regulatory focus）、环境心理控制源（environmental locus of control）等各变量与生态消费行为的关系。如 Han 等[15]基于规范激活理论，将行为态度与社会规范作为生态消费行为意愿的前置变量，把绿色情感作为责任归属与个人规范的中介变量，结果表明改进后的模型对生态消费行为的解释力更高。

（2）社会心理因素

社会心理因素主要包括地位动机、权力感知及身份动机。

一是地位动机。由于绿色产品需要消费者支付环境溢价，但所产生的环境效益由全社会所共享，因而购买绿色产品是利他行为，其购买者也会被赋予“利他”“无私”等社会地位特征。Wal 等[16]通过统计消费者在象征社会地位高低的两家不同商店中选择环保包装袋与非环保包装袋的人数，发现在高社会地位商店购物的消费者更愿意选择环保包装袋。

二是权力感知。权力感知是消费者个体对权力的感知，权力感知一方面与个体所处的社会阶层、经济状况等相关，另一方面也可以通过经历回忆、情境操作等方式被短暂激活。权力状态会使个体关注不同的自身内部需要，“高权力者”更看重满足自己的需要，会更偏好自利诉求的产品，“低权力者”更看重他人的需要，会更偏好利他诉求的产品。在启动个体的自我担当后，权力状态对利他诉求产品的差异消失。

三是身份动机。生态消费会因消费者性别的不同而存在差异。一般来说，女性有更强的自我超越价值观，更关注社会正义，男性则有更强的自我增强价值观，更关注社会成功，男性与女性在关注点方面的差异会导致生态消费间的差异。对于如何化解性别对生态消费影响的差异，Pinto 等[17]认为个体的身份动机对这种差异有调节作用，基于对被试个人身份与社会身份的“显著性”判定，研究发现当被试的个人身份突出时，女性比男性有更强的生态消费倾向；当被试的社会身份突出时，男性与女性间不存在差异。性别影响生态消费差异的另一种解释是“绿色即女性化”的刻板印象的存在。Brough 等[18]的研究表明，相比于拿着非重复利用塑料袋的消费者，拿着可重复利用购物袋的消费者会被认为更加女性化；男性的男子气概受到威胁时，男性消费者会避免选择绿色产品；当广告语中有“保护环境”而非“环境友好”时，男性则会倾向于选择绿色产品。

（3）个人心理因素

个人心理因素主要包括自我认知、道德认同与自我担当。

一是自我认知。人们经常不把自己视为具有环境意识的消费者，其中一个原因是人们不倾向于从记忆中提取环保信息以诊断自我形象。与自我认知相一致的概念还有环保自我认同（environmental self-identity）。环保自我认同是个体将自己视为环保人士的认同程度，通过对过往环保行为的积极提示，同样可以激发消费者的环保自我认同，使消费者将自己视为环保群体中的一员。激发出环保自我认同的消费者会倾向于认为解决环境问题是自身的义务，从而表现出与环保群体相一致的价值观念与消费习惯，更积极地进行绿色购买。

二是道德认同与自我担当。多数消费者认为自己应该进行可持续的、环境友好的消费行为，并且这也是消费者内化的道德消费自我标准。一旦激活消费者的这种自我标准，消费者就会倾向于进行生态消费。对于自我担当对生态消费的促进作用，有学者进一步挖掘了自我担当的更深层次的心理因素。道德认同是个体所持有的关于其道德特质的认知图式。吴波[1]认为道德认同与道德自我标准都是自我概念中的道德部分，启动个体的道德认同会使个体的道德标准突出、增强消费者的自我担当，并通过实验验证了自我担当在道德认同促进生态消费过程中的中介作用。

（4）产品属性因素

差异化的产品可满足消费者多样化的需求。绿色产品虽然具有环境友好的特征，但绿色产品的种类与特征依然影响消费者的购买偏好与行为取向。Lin 等[19]发现，消费者通常认为绿色产品的质量比普通产品的质量要差，持这种想法的消费者会增加绿色产品的使用数量以弥补质量上的缺失，这种现象对于拥有较强环境意识的消费者来说更明显，当出现绿色产品的质量保证信息后，消费者不再额外增加绿色产品的使用数量。

绿色产品所具有的绿色程度会因所体现属性的不同而不同。Gershoff 等[20]基于属性中心性理论开展研究，发现面对具有同等绿色程度的产品时，相对于非核心属性体现绿色的产品，消费者对核心属性体现绿色的产品的绿色评价更高。绿色产品所产生的环境效益难以量化或不能及时反馈时，会产生决策的显著性偏差，导致个体的环保意识不能有效转化为实际行动。

产品属性同样会影响消费者对产品的处置行为。Trudel 等[21]通过现场试验发现，消费者会根据产品的变形程度来决定回收利用还是直接丢弃该产品，如产品与最初的形状或大小发生较大变化时，消费者会认为该产品有较少用处，倾向于丢弃该产品而不是回收再利用。此外，对消费者来说，产品购买动机不仅仅在于产品所具有的功能效用，也在于产品所具有的象征性价值。以往较多研究证实了消费者的身份会影响购买决策，而产品与消费者身份的联系程度同样会影响消费者如何处理该产品。例如，Trudel 等[21]发现，当日常用品（如纸、杯子和易拉罐）和消费者身份相联系时，人们认为丢弃该产品会产生认同危机（identity threat），会倾向于选择循环利用该产品，并且该倾向会随产品与身份联系的强度增强而增强。

（5）传播因素

一是广告诉求。广告诉求是指在广告中运用某些心理动力因素，突出所要强调的内容，以引起消费者对广告的关注，激发消费者的产品购买欲望。绿色产品广告中常用的诉求类型有抽象诉求与具体诉求、理性诉求与感性诉求、利己诉求与利他诉求、愧疚诉求、利得与利失框架等。Chang[22]认为，绿色产品的愧疚诉求可以有效激发消费者的购买意愿，但会受到议题接近度（issue proximity）和消费者环境意识的调节作用。对于低环境意识的消费者来说，在采用高议题接近度（健康）的描述方式时，负罪诉求更促进高消费者的购买意愿；在采用低议题接近度（环境）的描述方式时，负罪诉求与非负罪诉求无差别。对高环境意识的消费者来说，在采用低议题接近度（环境）的描述方式时，负罪诉求更促进高消费者的购买意愿；在采用高议题接近度（健康）的描述方式时，非负罪诉求更促进高消费者的购买意愿。这也说明了无论消费者的环境意识高低，消费者在做出购买决策时，都会注重绿色产品所具有的利己健康信息。Yang 等[23]发现，绿色产品广告强调利他利益时，抽象的广告诉求更容易增强消费者的购买意愿；绿色产品广告强调利己利益时，具体的广告诉求更容易增强消费者的购买意愿，两者间存在匹配效应。消费者的公共自我意识调节两者间的匹配效应，当消费者的公共自我意识较高时，利他利益广告宜采用抽象的广告诉求方式，利己利益广告在抽象与具体的广告诉求方式间产生的购买意愿无差别。消费者的自我建构也会调节两者间的匹配效应，处于集体自我时，利他利益广告下的抽象诉求方式比具体诉求方式更能激发购买意愿，利己利益广告下的抽象诉求方式与具体诉求方式下的购买意愿无差别；处于个体自我时，利己利益广告下的抽象诉求方式与具体诉求方式下的购买意愿无差别，利他利益广告下的具体诉求方式比抽象诉求方式更能激发购买意愿。Chang 等[24]研究了解释水平对信息框架（利得和利失）影响绿色购买意愿的调节作用，发现利得框架（购买产品带来的环境利益）与高解释水平（将来的某年）相匹配、利失框架（不购买产品所将损失的环境利益）与低解释水平（当年）相匹配时，更能促进消费者的购买意愿，并且这种匹配作用对高环境关心的消费者更明显。

二是环境引导语。环境引导语对消费者践行环保行为的影响会因语气的强弱程度与环境问题的重要程度而发生变化。当消费者认为解决特定环境问题非常重要时，强势的环境引导语会增强消费者的服从倾向；当消费者认为解决特定环境问题不重要时，建议性的弱势环境引导语会增强消费者的服从倾向。

三是生态标签。绿色产品的环境效益描述模糊或没有标志认证时，消费者会认为该绿色产品存在“漂绿”嫌疑。Stokes 等[25]认为，有生态标签的产品能促进消费者的购买意愿以及对公司环境关心程度的正向评价，当危害环境的产品（杀虫剂）有生态标签时，消费者更会正向评价公司的环境关心程度。贾佳等[26]基于加工流畅性理论，通过眼动实验发现，产品的碳标签视觉复杂程度影响消费者的注意程度，整体简单的碳标签（颜色、形状、文本均单一）比复杂的碳标签更容易引起消费者的偏爱。

四是环境线索。能够影响消费者决策的要素都可以称为环境线索。Seo 等[27]认为，相比使用其他颜色的包装，宣称环保的品牌使用绿色包装会使消费者认为该品牌更加环保，而没有宣称环保的品牌使用绿色包装时，会让消费者认为该品牌存在“漂绿”嫌疑。Pancer 等[28]的研究发现，绿色产品单独使用环境线索（绿色包装、生态标签）时，会影响消费者对产品质量的判断，使消费者降低购买意愿；在使用环境线索来突出产品的环保属性时，还应补充产品的质量信息。

（6）企业因素

企业生产绿色产品的动机同样会影响消费者的购买。Olsen等[29]认为企业推出绿色产品可以增强消费者对品牌的好感，绿色产品的绿色信息数量负向影响两者间的关系。消费者通常会抵制需要个体付出额外努力的环保行为。然而，在呈现企业环保努力的情境下，这种情况可以得到逆转。Wang 等[30]研究了旅馆客人的节约行为，发现相对于未呈现企业环保努力（如免费提供塑料牙刷）的情境，呈现企业环保努力（如免费提供较昂贵且环保的竹制牙刷）情境下的消费者会表现出更多的资源节约意向与行为。

（7）外部群体因素

消费者在社会中并不是独立的个体，无时不在进行成员间的交流沟通，其行为的产生也会受相关群体的影响。Nolan 等[31]在对 810 位居民节能行为的理由调查中发现，“保护环境”是居民认为自己节能行为的最重要理由；而在对居民节能行为与节能理由的相关分析中发现，“其他人的节能行为”与居民的节能行为相关性最高；在随后的现场试验中同样验证了“他人的节能行为”对居民节能行为的影响最大。

第三节 数字时代下的生态消费

在数字时代，共享经济与网络经济蓬勃发展，其与生态消费之间的内在关联性从微观层面决定了我国数字时代生态文明建设的稳步推进，决定了未来经济发展新动能的有效开发。在数字时代，5G、人工智能、大数据、云计算等关键技术可以结合生态消费的先进理念，在保障生态环境安全的前提下挖掘新兴的经济增长点；同时，凭借共享经济与网络经济的高速发展，生态消费可以覆盖经济社会的各个领域，生态消费理念将得到更加迅速与广泛的传播。共享经济与以电子商务、社交媒体为代表的网络经济，可以同生态消费深度融合，这将促进我国数字时代经济建设与生态文明建设的有机结合，促进数字时代新兴业态的高质量发展。

一、生态消费与共享经济

共享的概念和模式早在原始社会便开始实行，即通过共同合作完成相应的生产劳动。而共享经济的理论最早由马科斯·费尔逊（Marcus Felson）与琼·斯潘塞（Joel Spaeth）于1978 年首次共同提出。他们通过建立一种“协同消费”，描述了一种新的消费生活方式，通过第三方平台实现点对点的直接交易。1984 年，威茨曼（Martin Lawrence Weitzman）在《共享经济》(*The Share Economy*)一书中,从工人劳动工资的合理分配角度阐明了合作共享的性质。但威茨曼提出的“共享经济”并非当今共享经济的普遍概念,其主要从工资分配角度,以经济学的收入视角强调合作共享的重要性。1984 年,保罗·瑞恩提出了“LOHAS”的概念,其设想通过大众的消费分享达到爱健康、爱地球的可持续消费模式,并期望通过技术的进步整合大众闲散资源,以较低的价格提供给使用者,从而达到“物尽其用”的最终目的。这些设想与当今的共享经济概念不谋而合,只是受限于当时互联网和信息技术,这些设想无法成为现实。2010 年,雷切尔·博茨曼(Rachel Botsman)和路·罗杰斯(Roo Rogers)在其著作《共享经济时代:互联网思维下的协同消费商业模式》(*What's Mine is Yours: The Rise of Collaborative Consumption*)中,将共享经济上升为理论高度,通过系统性地分析共享经济的发展阶段,总结了互联网经济下消费模式的迅速转变,实现了真正意义上的“协同消费”。这种“协同消费”模式能够共享所有的东西,包括物品、时间、人力资本、流量,甚至是代码,一切资源禀赋都能够被纳入共享经济的范畴。这种共享逐步由线上交易渗透到线下交易,进而提出“共享”优于“私人占有”的新型观点。

国内关于共享经济概念的研究普遍集中在近几年,研究视角多集中于供给侧。马化腾等在 2016 年的《分享经济:供给侧改革的新经济方案》中指出,分享经济应该成为未来我国经济发展的新动力，为我国的供给侧改革提供全新的视角和新的方案。刘奕等[32]则从共享经济的理论和现实两个方面阐明了我国共享理论的发展现状。

关于共享经济发展的影响因素，目前国内外的相关研究还处于起步阶段，相应的规律性有待探索。Charles 在其著作 *We: Mass Innovation Not Mass Production* 中指出，要实现可持续的消费，必须进行大规模的创新，而不是大规模的生产，通过思想创新、经济制度创新、经济运行模式创新改变产能过剩的局面。雷切尔·博茨曼等[33]则指出信息技术的发展、消费观念的转变和品牌效应是影响共享经济长期发展的关键性因素。在我国，此方面的研究则更加注重案例分析与对比分析。陈凯等[34]应用文献分析法，在阐述生态消费态度——行为差距一般性解释的基础上，剖析了参照群体对生态消费态度——行为差距的影响作用，并进一步借鉴社会两难选择理论、个体感知效力、消费选择行为模式，探讨其作用机制，提出了政府干预共享经济发展的重要性，并描述了相应的规制路线。

截至目前，共享经济对生态消费的促进作用与实现路径的相关研究仍然偏少。1984 年，威茨曼在其著作《共享经济》中着重论述了工人工资的合理分配，通过共享利润，合理分配工资收益，从而在整体上提高劳动者的消费水平。雷切尔·博茨曼等在其著作《共享经济时代：互联网思维下的协同消费商业模式》中，首次提出了共享经济对社会公共资源管理效率提高的作用，指出“线上”公共资源的雏形，提出相关的知识分享途径，以提高公共资源管理效率，实现绿色发展。罗宾・蔡斯（Robin Chase）在其著作《共享经济：重构未来商业新模式》（*Reers Inc: How People and Platforms are Inventing the Collaborative Economy and Reinventing Capitalism*）中，基于案例分析，详细分析了 Zipcar、Uber、Airbnb 等共享企业对消费者行为的改变，并呼吁通过共享经济解决产能过剩、气候变化、贫富不均等问题，创造一个人人消费富足和合理的世界。杰里米・里夫金（Jeremy Rifkin）在《第三次工业革命：新经济模式如何改变世界》中，从共享经济的宏观概念入手，建立包含信息、能源与物流在内的“物联网”，通过物联网的发展与共享，形成“零边际成本社会”，从而满足广大消费者的消费需求。在这一条件下，传统的生产主体与消费主体将会融合，形成协同消费下的“产消者”。这些对共享经济的剖析，虽然没有直接点明其与生态消费的关系，但二者的研究范式已经开始形成交叉的趋势。

总体而言，目前关于共享经济的研究缺乏系统性，自 1978 年“共享经济”的概念首次被提出以来，关于共享经济的详细理论定义在理论界依然存在争论。当前普遍接受的共享经济概念是建立在信息化技术下，依托移动互联网，实行线上交易的经济运行模式。然而，这种定义却限制了共享经济的研究外延，使得共享经济的发展道路趋于狭隘。共享经济的研究理论和研究范式仍然需要较为明确合理的概念界定。对共享经济的理论研究大多还停留在共享经济的定义范式扩大、局部的微观共享企业研究和促进共享经济发展的政策建议等方面，关于共享经济模式对微观经济社会产生的影响研究不足。信息技术和移动互联网技术的高速发展催生的共享经济已经逐步渗透到当前经济交易的方方面面，信息获取、自然资源管理、生产模式、物流渠道、消费模式等方面都在逐步被共享经济发展所改变。在这一前提下，相应的微观经济和消费者行为研究尚不完善，需要进行微观理论的补充和完善。

与此同时，目前关于共享经济与生态消费关系的研究尚处于起步阶段。对于生态消费的长期实现问题，相关的研究依然停留在宏观层面的政策建议以及主观心智的构建与宣传中，缺乏具体的实现路径探索和激励机制的建立，更没有运用共享经济促进生态消费长期实现的研究先例。共享经济所依托的信息技术革新和其所带来的经济运行变革，使其具有了促进生态消费长期发展的相关特征。因此，共享经济的发展模式和研究成果对解决生态消费长期运行动力不足等问题具有理论性的创新和视角上的创新。然而，当前在关于共享经济如何对生态消费产生影响、如何解决生态消费长期实现的问题上依然有待探索和开发，国内外相应的理论研究体系还处于前期的探索阶段，微观理论上的关联性研究存在广阔的探索空间。

二、生态消费与社交媒体

在信息时代，以社交媒体为代表，网络经济已经成为新兴的经济增长点。以县长直播带货为例，新冠肺炎疫情发生以后，以县长群体为代表的许多政府官员纷纷为当地的绿色产品、农副产品“代言”，成为老百姓眼中的“带货员”。例如，西藏自治区申扎县常务副县长王军强在网上推销该县的牦牛肉，不到2小时，网络点击量超过5万人次，销售额近20万元。中共湖南省城步苗族自治县委常委、副县长刘书军作为来自商务部的挂职干部，面对城步苗族自治县快递物流成本高、市场渠道不畅、当地企业能力有限，农产品销售面临较大“瓶颈”等发展难题，选择以电商直播的新兴模式帮助当地企业和农民打通一条销售农产品的稳定渠道。如今，刘书军开设的“城步芝麻官”已成为城步苗族自治县最大的电商流量入口，其直播账号已积累2.7万名粉丝，累计销售各类农产品超过300万元，受益贫困人口超过1 400人。县长直播的背后是因时而学的动力。全国各地很多领导干部成为“网红”，在搭建了外界了解本地发展状况新窗口的同时，也创造了推动脱贫攻坚和乡村振兴工作的新方式。当然，目前社会上对县长直播带货仍然存在质疑，有人认为县长做直播是不务正业，官员的正经事是做好政务工作，而不是“带货”，直播虽然可以吸引眼球，但难免有作秀的嫌疑。更有人直言，领导干部应致力于激活市场、带动消费，探寻、创新发展路径，而不是代为经营、做广告，更要力避“直播带货”成为官员谋取私利、捞取政治资本的“投机”。但是，对于“县长直播带货”这一网络经济下的新生事物，应该以更加包容审慎的态度看待这种务实管用的创新举措，切实为敢于担当、改革创新的干部撑腰鼓劲。

当前，很多企业、个人卖家甚至是“县长带货员”等政府官员都已经在社交媒体上开始了绿色营销工作，积极进行绿色广告宣传，积极进行绿色标签认证。为了推广绿色产品，企业增加了对绿色营销的投入，并强调了社交媒体在推广绿色产品中的重要性。社交媒体在塑造消费者的绿色产品购买态度和购买意愿方面起着非常重要的影响。根据“We Are Social”和“Hootsuite”2017 年的统计数据，国内外社交媒体用户总数超过 30 亿人，中国社交媒体月活跃用户超过 9 亿人。此外，超过 80%的消费者能够在社交媒体上识别绿色宣传，并且近一半的消费者认为绿色营销是可信的[35]。社交媒体营销越来越成为企业推广绿色产品的重点。企业与政府应该抓住网络经济的发展机会，扩大绿色产品的市场份额，引导生态消费行为，在社交媒体上积极推广绿色、健康的生活方式。

网络时代催生出的社交媒体与传统媒体存在巨大差异。第一，内容制作权不同。社交媒体使用用户来创造内容并且传播内容。社交媒体使用者可以借助电脑、手机、互联网，在短时间内产生内容并轻松地将内容发布到社交圈中，供其他使用者阅读、互动和传播。所以，传统媒体控制着传播内容，而社交媒体是使用者产生的一种媒体，是使用者在创造并传播内容。第二，传播方式不同。传统媒体的传播方式是一方对多方的方式，而社交媒体的传播方式是多方对多方的方式，所以社交媒体能吸引更多的用户有效地参与和互动。社交媒体随着互联网时代的问世，呈现出蓬勃向上的发展势头和巨大的能量，其承载的信息已成为人们浏览互联网信息的主要关注内容。社交媒体上的一些热搜新闻被人们关注并引发热烈讨论，使得很多传统媒体也积极跟进。第三，运营成本不同。与传统媒体相比，社交媒体有效地消除了传统地域障碍带来的传播不便的问题，用户的社会关系更加紧密、互动性更强、营销成本更低。

目前，学术界对于社交媒体营销的研究主要从公司与组织和消费者两个角度展开：在公司与组织角度，从社交媒体的使用程度和使用便利性来看，在企业中，微博等社交网络的社交媒体营销是公司市场营销的最常用手段。而某些组织（如卫生、旅游目的地管理组织）和企业间电子商务中，社交媒体的使用仍然受到限制。同时，与传统媒体相比，社交媒体中情绪和舆论对公司股票的影响更大，社交媒体营销可用于增加销量、投资回报率、口碑和传播品牌信息。从消费者角度，社交媒体上的消息有助于增加目标产品的消费，舆论领袖在社交媒体上会搜索与分享更多的信息，信息的参与和共享因社交媒体用户的人口统计学和行为特征而异。社交媒体有助于企业改变消费者对品牌的态度，增加口碑和客户权益，但人们对同一营销内容的反应存在差异。

绿色广告是企业在社交媒体中引导消费者进行生态消费的重要营销手段。绿色广告包括关注生态保护、资源节约、环境可持续性的广告，旨在满足环保人士的需求和要求。绿色广告狭义上指企业通过展示对环境负责的形象来宣传产品和相关服务，广义上是指主题涉及生态环境和人类健康的广告。绿色广告明确或隐晦地促进了绿色生活方式，并展现了企业对环境的责任感。伴随网络经济的快速发展，许多企业选择在社交媒体上发布绿色广告。凭借人与人之间的互动和联网，社交媒体是绿色广告传播的有效平台。目前，关于绿色广告的研究主要集中在内容研究和投放效果研究两个方面：在内容研究方面，如果将受众区分为以企业为向导和以消费者为向导，绿色广告更多地集中于消费者身上，以企业为向导的绿色广告正在逐年减少。在投放效果研究方面，目前绿色广告主要使用 3 种策略：基于事实的功能性诉求；基于形象的情感诉求；或最常见的是两者的结合。与传统竞争产品相比，功能定位策略突出了绿色产品的相关功利性属性。研究证实，指出产品的环保特性会影响消费者对品牌的态度，而不同的绿色广告诉求会影响绿色广告的效果。比如，广告表述方式（如信息框架等）会显著影响绿色广告效果，愧疚的绿色诉求在引导消费者感知价值和绿色购买意愿上更为有效。Yang 等[23]发现，当绿色广告更多强调利他利益的时候，相比于具体的广告诉求，抽象的广告诉求会较强地提高消费者的绿色购买意愿；反之，当绿色广告强调利己利益的时候，具体的广告诉求会较强地提高消费者的绿色购买意愿。同时，绿色广告的效果也受到产品的外在属性和消费者的某些心理因素（如环保涉入度、自我建构、调节定向等）等的影响。

绿色广告接受度是指消费者对社交媒体中绿色广告的接受程度。当消费者在社交媒体上接触到绿色广告时，他们的感受和判断将影响其对绿色广告本身的态度及他们对绿色品牌或绿色产品的信念。目前，关于绿色广告接受度的研究仍然较少。部分学者将绿色广告接受度假定为一个单独的变量因素，并且根据绿色广告接受度的测算值，将消费者分为多个类型。鉴于营销商趋向于将“绿色”作为产品标签并进行营销，可以使用绿色广告接受度识别那些比其他人更能接受这些营销商工作的消费者。

总体而言，社交媒体上的绿色广告及其带动的生态消费虽然发展迅速，但仍然处于发展初期。尽管企业期望借助社交媒体中的绿色广告以增强消费者的绿色购买意愿，但事实上社交媒体上的绿色广告接受度较低，生态消费者普遍对绿色广告持怀疑态度，夸张与误导性的绿色广告盛行导致了消费者对绿色广告的不满。

三、生态消费与电子商务

近年来，随着互联网技术的迅速发展，社会各领域也发生了重要转变。互联网凭借其便利性、优惠性和不受时空限制等特点，逐渐成为人们消费的主要途径。互联网信息技术下的电子商务取得了重要的突破，成为我国经济发展中的重要部分。同时，绿色的消费理念凭借互联网与电子商务，得以迅速与广泛地传播，成为全球消费的新趋势。然而，互联网消费的繁荣在推动生态消费理念的同时，也出现了产品过度包装、资源浪费、环境污染等一系列问题。电商平台与政府应当规范电子商务中的生态消费行为，以生态文明建设为抓手，解决电子商务发展中的问题，促进经济建设与绿色发展。

目前，电子商务在推广生态消费的过程中主要存在两个问题：第一，假冒伪劣产品频频出现，品牌形象受损。生态消费是一种科学的、合理的、有效的消费观念。在这一观念的指导下，消费者更加注重品质消费以及消费层次的提升。不仅如此，消费者对物质层面和精神层面都有一定的消费需求。然而，在互联网生态消费的视角下，网络的虚拟性对商品的品质产生了重要影响。一些假冒伪劣产品也借此有了更好的生存空间。不少商家通过信息技术手段完全复制其他正品店的产品和设计，或是借用其他店的注册商标图片以设计自己的商铺，以相似的商标、品牌名称、商品设计蒙骗消费者。此类现象层出不穷，不仅分散了正品市场的顾客流，同时还严重降低了互联网生态消费视角下消费者的生活品质，对生态消费模式的实践产生了严重阻碍。伴随互联网技术的迅速发展，我国对外贸易越发频繁，若不注意严厉打击假冒伪劣产品，则会造成我国国际形象受损，难以在国际市场树立良好的品牌形象，甚至影响我国与其他国家的友好关系。不仅如此，假冒伪劣产品的出现还会阻碍生产正品的企业的发展，影响我国建立国际知名品牌、更好地践行生态消费观念。第二，快递包装带来巨量垃圾，资源浪费严重。互联网商业的迅速发展推动了物流行业的蓬勃发展。中国电子商务研究中心检测数据显示，2019 年“双十一”期间，物流公司揽收了约 12.92 亿个快递件，比 2018 年同比增加 24%。据调查，快递中绝大多数都是网络购物的包裹。可见，在互联网迅速发展的过程中，网络购物成为人们获得生活所需物品的重要途径。随着快递包裹数量的迅速增长，快递包装问题也逐渐突出。2015 年 11 月，中国邮政局发布的《中国快递领域绿色包装发展现状及趋势报告》显示，每年中国打包快递所消耗的资源量巨大。虽然当前大多数电商企业已经开始采用纸盒包装，但仍旧有不少电商企业使用塑料袋打包。尤其是为了避免运输过程中损坏商品，一些商家还会大量使用塑料填充物和透明胶带进行打包，因此，每一次购物狂欢后，都会留下大量包装垃圾。这些包装垃圾的处理问题成为阻碍互联网生态消费发展的重要因素。加上当前我国的居民对包装的循环利用意识较弱，且包装成本过低，都直接导致这些快递包装成为一次性产品，给社会环境带来巨大负担，尤其是塑料制品的包装材料，因其难以分解和循环利用率低而造成了资源的浪费和环境的污染。

在具体的发展问题下，政府与电商平台应采取有效措施，推进消费者生态消费，促进电商行业绿色发展。

第一，激励物流行业建设绿色发展体系。物流作为互联网商业发展的重要支撑，涉及包装、运输、存储等多个环节，是电商经济发展中环境污染的重要来源。基于此，完善物流行业绿色发展体系建设是发展过程中不可或缺的重要保障。具体而言，可以从以下方面着手：首先，要规范设计包装，在政策上出台货物包装技术规范，同时对从事货物包装等相关工作的人员进行教育，普及相关绿色环保知识，保障合理包装。其次，可以开发一些可降解的快递包装材料，并想方设法降低此种材料的成本。再次，还要注重绿色运输的迅速发展，合理选择运输路线和方式，避免空驶、对流运输、迂回运输等现象，有效提升运输的效率。最后，还可以建设快递包装循环利用系统，在加强宣传的基础上，提升公民绿色环保意识，督促广大人民群众主动循环利用快递包装，建设快递包装循环利用系统。例如，有的电商企业为了尽量减少二次包装的使用，就充分利用原包装箱。同时，也可采取净化包装的方式，如对一些小家电等需要减震处理的产品，以往的包装是由盒子、泡沫等层层包裹，但该电商企业就积极采用联系厂商设计电商定制净化包装的方式来推动包装绿色化，减少资源浪费和污染。可见，为实现绿色发展体系的迅速建立，还要积极鼓励广大快递公司和电商企业形成合作关系，创新工作思路，为快递包装回收创造更好的条件，不断拓宽包装物回收渠道，设置长效固定的回收箱、提供热线电话预约上门收取旧物等，提高快递包装材料的可循环利用度。与此同时，除电商企业努力外，政府应当加强规范引导，落实好电商领域快递包装禁限制要求。重点地区的电商企业要逐步停止使用不可降解的塑料包装袋、一次性塑料编织袋，减少使用不可降解塑料胶带。推动电商、外卖平台与回收企业等开展多方合作，在重点区域投放外卖餐盒等回收设施。推动电商企业建立包装产品合格供应商制度，扩大合格供应商包装产品采购比例，禁止采购、使用重金属含量、溶剂残留等超标的劣质包装和有毒有害材料制成的填充物。

第二，积极引导生态消费。鼓励电商企业建立积分奖励、信用评分等机制，引导消费者购买绿色商品、使用绿色包装或减量包装，参与包装回收。引导电商企业开展以旧换新等绿色环保主题促销和教育宣传活动，传播绿色环保理念，提升消费者对绿色产品的认知。鼓励电商企业开展绿色公益活动，提升消费者绿色环保意识。

第三，增强数字化运营能力。鼓励电商企业应用大数据、云计算、人工智能等现代信息技术，加强供需匹配，提高库存周转率，推动多渠道物流共享，应用科学配载，降低物流成本和能耗。

第四，加大政策支持力度。综合运用规划、标准、资金、投融资等政策导向，推动电商企业绿色发展。建立健全绿色电商、生态电商评价指标，通过示范创建、综合评估等工作，培育一批绿色电商企业，形成一批可复制推广的环保技术应用、快递包装减量化循环化推广新模式。指导电商企业积极参与财政资金支持的绿色技术研发项目，鼓励符合条件的电商企业在开展绿色、可循环快递包装规模化应用中申请绿色信贷。

第五，规范互联网商业市场，提升商品质量。互联网市场已经占据了国内市场的主导地位，且对总体经济市场的发展发挥着重要的引导作用。与此同时，各大电商企业所产生的负面影响也在成倍增加。正如某电商创始人曾公开表示，过去的十几年中，我国电商的一个大弊病就是要牺牲产品的质量，单纯追求价格低廉，从而忽略了商品的品质。面对如此巨大的弊病，想要电商经济持续稳定地发展，就必须要把保障质量放在最重要的位置。在国家政府层面要加强对互联网商业市场的有力监控，规范市场。可扶持优秀本土产品和品牌，通过严抓并有效打击假冒伪劣产品，保障消费者的消费体验，树立我国在国际市场上的良好形象，建立与更多国家和地区的贸易往来。政府及相关部门在此过程中还要通过汇集社会各界的力量，积极实施有关政策，加强对互联网市场的监管。电商企业也要积极配合相关部门，做好平台的自我监督，对那些影响互联网市场环境的商家绝不姑息，净化互联网商业环境，引导广大人民群众从低价驱动向品质驱动转变，推动生态消费在互联网商业中的应用。

第六，加速信息化建设，增强公民的生态消费意识，规范公民生态消费行为。尽管生态消费这一理念在20世纪末就已经被引入我国，但一直到现在，我国公民对生态消费这一理念的践行仍旧存在诸多不足。人们在日常的购物过程中仍旧有大量使用塑料袋或塑料包装的习惯。多数消费者网购时也不会特意留下快递包装以备下次使用，还有很大一部分电商企业在打包快递时为了轻便，更倾向于使用塑料、泡沫等包装，再加上快递公司的塑料包装定价不高，最终上述诸多因素加剧了环境的恶化和能源的危机。为了更好地应对这些问题，必须要加大生态消费理念的宣传力度，把每一个人的环保意识都唤醒。相关部门和电商企业则要通过采取有力措施，不断推广生态消费理念。加速信息化建设，具体可以从以下方面着手：通过电视、报纸、广播等传统媒介，结合微信、微博等新媒介进行宣传；可通过社区、学校等线下途径，结合网络直播、网络讲座等线上模式加强宣传。通过多重形式的宣传，让广大人民群众清晰地认识到生态消费行为的长效作用，提升对生态消费的责任感和荣誉感，普及生态消费常识，提升人们的社会责任感。

总体而言，为促进电子商务与生态消费的协同发展，首先需要推动电子商务的绿色发展，而强化电商企业的绿色发展理念，形成电子商务绿色发展的生态环境，促进电子商务领域的生态消费，有助于电子商务领域积极落实“五大发展理念”，是努力争取 2060 年前实现碳中和目标的具体举措，将推动我国电子商务高质量发展。电商企业需要承担绿色管理责任，引导平台内经营者减少一次性塑料制品的使用，对使用情况开展调查，并按要求上报评估情况，同时部署建立健全绿色电商评价指标，通过示范创建、综合评估等工作，培育一批绿色电商企业。

第四节 促进生态消费的政策工具

一、我国关于生态消费的政策现状梳理

我国与生态消费相关的政策源于 20 世纪末对可持续发展的相关研究。1994 年发布的《中国 21 世纪议程》明确了引导建立可持续消费模式的目标和行动，不仅强调产品的环保特性，更强调消费在发展上的可持续性。2005 年，国务院发布的《关于加快发展循环经济的若干意见》中强调，要大力倡导有利于节约资源、保护环境的消费方式，鼓励选择能效标识产品、节能节水认证产品和环境标志产品、绿色标志食品和有机标志食品，减少过度包装和一次性用品的使用；政府机构要实行绿

色采购。由此可见，该意见从具体层面指明了生态消费的实践路径。2016年，国家发展改革委等十部门联合印发《关于促进绿色消费的指导意见》，标志着绿色消费被提升为国家议程并得到了高度重视。党的十九大报告中更是明确指出："加快建立绿色生产和消费的法律制度和政策导向，建立健全绿色低碳循环发展的经济体系""倡导简约适度、绿色低碳的生活方式，反对奢侈浪费和不合理消费"。

生态消费方面的政策工具是指为了防止环境恶化，政府或相关部门运用其权力以影响消费者行为的整套技术和方法。更准确地应该称呼为"干预工具"，因为实施者是在决定了目标群体行为的情境下采用基于目标导向的影响措施。这也说明存在不同的干预类型。由于政策工具的影响目标不是仅对个人或单个组织，而是尽可能影响更多的目标群体、作用到整个人群，因此干预手段的机制必须尽可能多地达到目标群体成员。这意味着，每一类干预工具都可能会存在特定的扩散和传播路径问题，影响消费者的方式可能不同。

以政策工具的强制性程度为标准进行分类，目前我国生态消费方面的政策工具大致可以分为命令控制型工具、经济激励型工具、沟通扩散型工具。命令控制型工具需要的政府直接控制程度最大。相比之下，政府在使用经济激励型工具时，通过设置经济激励，让行动者在社会上应对这些激励措施。在这样的情况下，政府有相对较低的直接控制程度。沟通扩散型工具是干预程度最低的工具。因此，从干预的强制性程度来看，命令控制型工具无疑是干预强度最大的工具，直接体现着国家权力的干预。沟通扩散型工具是干预程度最低的工具，属于自愿性影响因素。对经济激励型工具而言，从强制性水平来划分，可以将其细分为拉动措施和推动措施。拉动措施是指鼓励生态消费行为和增加实施正确行为的利益与机会，如政府提供节能产品补贴。推动措施是指制止不期望的行为（如不低碳环保行为）或增加这种行为的成本；推动措施被认为在本质上是强制的。比如，增加能源税是推动措施的典型例子。所以，推动措施被认为比拉动措施更具有强制性，因为推动措施更可能强制改变消费者的行为。

在对政策工具的研究方面，我国对政策工具的研究起步较晚，从法制建设和研究内容来看，还存在着很多的不足。一是政策工具的种类较国外欠丰富。我国20多年的节能低碳类环境政策工具中，规制型政策工具占54.4%，数量较多；激励型政策工具占29.7%；产权拍卖类政策工具较少；劝说型政策工具占15.8%。这些说明我国大多数的政策工具都在强制性范畴内。二是法规大多针对生产领域。从对我国实施的节能环保相关政策的文献分析来看，目前大部分的政策主要针对生产领域和产业部门，针对居民终端消费层面的相对较少。涉及居民消费层面的主要散见于一些法规条文内。比如，《中华人民共和国环境保护法》《中华人民共和国循环经济促进法》《中华人民共和国节约能源法》等法律以及其他一些规章制度中都可见到相关条文。另外，还有针对居民绿色出行的一些政策工具，包括提高公交系统使用率、减少私家车使用量和行驶里程、鼓励非机动车出行、提高车辆燃油效率和替代燃料使用率等。总之，这些针对消费者的内容大都是以零散形式或实施办法的形式出现在有关法律法规和部门文件中，我国欠缺完备的消费者层面的生态消费行为法规。三是政策工具对行为的改变机理有待深入研究。从命令控制型工具来看，其对消费者的行为具有强制性，促使行为改变的效果应该最直接，但是目前对其如何影响行为的机理还不清楚。从经济激励型工具来看，其对生态消费行为具有较好的效率性，但是学术界从经济学视角对其影响效果评价的研究相对较多，对其如何影响消费者生态消费行为的内在机理研究较少，对其影响效果之间差异背后的机理未给出明确的解释。从沟通扩散型工具来看，我国的节能环保宣传还存在诸多不足，宣传的针对性和宣传渠道都有待发展，覆盖的范围和人们的认知都有待提高。根据《2019 年中国居民媒介使用与媒介观调查》数据，智能手机的接触率最高，其次为电视。人际交流中与朋友面对面沟通是主要方式。人际传播包括参加社区的低碳活动、与亲朋好友和邻居交谈等，这些是生态消费行为较为主要的传播扩散途径。其他的沟通扩散工具包括广播、个人电脑等电子媒介，纸质媒介（如书籍、宣传资料等）仍是环保低碳问题沟通扩散的基本渠道。同样，对于该类型工具如何影响人们生态消费行为的内部机理也尚不清楚。从服务型工具的供给来看，我国在此方面还存在较大差距。比如，在公共交通服务和设施、回收设施设备以及回收服务等方面较西方发达国家有较大差距，对其如何影响生态消费行为背后的机理也待更加深入地研究。

二、政府对消费者生态消费行为干预的必要性

政府出台的一些政策就是要对消费者的行为进行干预和引导。那么，为什么需要对消费者生态消费行为实施干预呢？主要原因有两点，即生态消费行为的外部性与市场的逆向选择。

一是消费者的生态消费行为事实上存在外部性。当个人的消费行为导致私人成本不等于社会成本，或者私人收益不等于社会收益时，就会产生外部性。依据外部性的性质，可以将外部性分为正外部性和负外部性。正外部性是指一个消费者的消费活动给另一个消费者带来额外的收益。比如某消费者花高价格购买绿色产品，避免了环境污染、保护了环境，大家都得到了好处，这就是消费的正外部性。负外部性是指一个消费者的活动对另一个消费者带来损失，如消费者购买不可回收包装的物品，会造成对环境的污染，对他人造成影响。由此可见，消费者的生态消费行为具有正外部性。

一个人的行为影响到其他消费者的效用水平时，会造成资源配置的非帕累托最优。比如，对于资源能源的消费，由于外

部性的问题，市场难以将环境资源反映到价格体系中，所以不能提供正确的信号。人们没有将其使用的成本计入总的消费成本，因此外部性是造成环境资源被过度利用和环境恶化的原因之一。也就是说，消费者破坏了环境，但他们没有付费或仅支付了很小的部分，这些成本由社会来承担，由此造成了个人收益和社会收益的不相等。这也就无法完成资源的最优配置。

所以，生态消费行为的正外部性使得资源配置失衡，出现了市场失灵现象。因此，政府应当对生态消费行为进行适当引导，使市场最终达到帕累托最优。

二是绿色产品市场事实上存在市场的逆向选择现象。逆向选择是在委托代理关系中，委托人无法识别潜在代理人的条件禀赋时，越是劣质的潜在代理人越容易成为现实的代理人，最终导致劣币驱逐良币。比如，对生态消费中的节能产品市场来说，逆向选择问题比较突出。由于生产成本和规模经济等原因，大部分节能产品都比一般产品价格高。受到信息不充分和意识的影响，消费者很少去主动购买高节能的产品，尤其是在价格高出普通产品较多的时候。这样，这些高价格的节能产品就面临市场竞争压力问题，最终市场自由选择的结果可能会造成这类产品退出市场。从消费者的生态消费行为来看，由于私人成本与社会成本、私人收益和社会收益之间都存在差异，在当个人面临选择生态消费行为或非生态消费行为的时候，基于个体理性的选择就会选择非生态消费行为。这种个体的理性造成了整体社会的非理性，也必然会导致市场的失灵。因此，在完全竞争市场环境下，很难通过市场的调节来自动纠正和解决环境问题，必须借助政府的相关政策工具进行干预。同样，在节能产品市场上，由于节能产品的高价格和信息的非对称性，使得人们会在追逐个人收益的基础上选择那些低价的非节能产品或者污染环境的产品，此时如果没有市场的监管（如节能标签的认证和监管等）和政府的介入（如节能补贴等），市场发展的最终结果一定是绿色节能的高价产品退出市场，留下的是污染环境的非节能的低价产品。这是市场竞争选择的必然结果。因此，为了能够有效解决环境问题，政策干预是必需的，也是必要的。

三、 政策工具影响生态消费行为的相关理论

政策工具影响消费者生态消费行为的理论基础主要涉及社会影响理论、社会认同理论、社会网络理论与生态消费行为研究。

一是社会影响理论。社会影响理论创始人 Herbert C. Kelman 认为：在不同社会影响因素作用下，人们产生某一行为态度的机制是不同的。他认为，社会影响所引起的行为变化可能发生在不同水平，这些变化的特性或水平差异对应于个体接受的影响过程是不同的。即使行为结果表现是相同的，人们接受行为背后的过程也可能是不同的。所以，人们仅仅知道个体

行为和态度的变化还不够，还应该知道该变化是如何发生的，是否是肤浅的、短暂的或是持久的，因为这对政策制定者和营销者来说是十分重要的。

对生态消费行为来说，政府的政策干预工具属于社会型影响因素，通过干预工具影响消费者实施生态消费行为的决策，不同影响路径代表了不同的内部心理影响方式，导致了生态消费行为持久性的不同。自愿型因素通过认同和内化，影响了消费者的行为态度，这个过程包括认同影响团体的身份和整合消费者的信念，所以这个过程涉及改变一个人的信念结构或导致一个人对潜在社会地位的反应。而控制型影响因素是基于顺从路径来影响行为意图的，这个过程是消费者在影响代理人控制的情况下发生的。因此，顺从机制引起个人行为的变化是通过改变其意图来反馈社会的压力，即个人打算遵从社会影响。

二是社会认同理论。Henri Tajfel 在 20 世纪 70 年代首先提出了社会认同理论（Social Identity Theory）。他将社会认同定义为个人对自身所属社会群体的认识，同时也包括对群体带给其自身的情感和价值意义的认知。也就是说，社会认同是自我概念中对个人作为社会群体成员（或群体类别成员）身份的认知部分。根据社会认同理论，相比群体外的成员，归为群体内的个人会具有有利于团体的判断。因此，如果人们更强烈地认同某一社会群体，个人的行为更可能与群体规范是相一致的。社会认同理论的实证研究表明，当一个人的社会身份突出时，个人就会提高内心的责任感来维持组织的相关目标。延伸到生态消费行为领域，已经证明了环保主义者的身份会影响个人的亲环境行为。在一个给定情境下，消费者对什么是典型的或理想的规范感知是实施生态消费行为强大的动力。如果当个人认同参考群体的时候，这种影响会增强。认同会提示人们其行为具有积极的环境后果，使他们认为自己是一类关心环境的人，内心会建立与环保主义者身份相一致的行为规则。这种身份的认同使他们也更容易实施其他生态消费行为。

三是社会网络理论。小规模的相互作用通过社会网络可转化为大规模的相互作用（社交网络的扩大影响），而这些又会通过社会网络反馈到小的群体。当一个人的思想、态度、意见或行动受其网络成员影响的时候，行为改变的力量取决于社会影响因素。社会网络理论认为，在社会网络中，越是亲密的两个人，一个人的行为越是可能被另外一人的行为所影响；即使某人没有试图故意去影响对方时，这一过程也同样可以发生。影响行为者态度和意见的人际交往过程是人们社会化、身份认同和行为决策的重要基础。所以，人际交往过程也是行为者通过与那些对其重要的人的互动来改变其态度和意见、努力塑造行为者情境的基础。在群体中，这种影响过程可以产生群体文化和构建成员对集体行为的共同认识。因此，通过利用社会网络，可以使人们相互影响、产生共同的价值观，即什么是健康的环境，什么样的行为和社会规范对环境来说是合适的。个人的社会网络在实施和促进某些行为中发挥着重要作用。为了使个人受到社会网络的影响，人们必须感受到社会网络某种程度的亲和力或有连接参照群体的欲望。因此，个人认同参照群体的身份，就增强了被群体成员影响的可能性。研究也表明，一个群体中成员的身份对说服其他群体成员起着重要的作用。当人们认为他们与参照群体成员存在联系时，有两个原因会使得他们从众。第一，当他们这样做的时候，群体成员的体验会积极影响他们；第二，有一个隐含的认识是他们遵守（或不遵守）会被其他群体成员所熟知，群体成员能够获得有关他们表达群体团结的信息。当一个人感觉到他的参照群体中生态消费行为是普遍存在的，他的群体认同感是强大的，那么他就会更有可能实施这些生态消费行为。相反，如果群体成员强烈感到群体中其他成员之间的某些生态消费行为是不流行的，那么他们自己也可能不会实施这些行为。

四是生态消费行为研究。消费者决策过程包括认知阶段、情感阶段和行为阶段。消费者认知过程研究源于 20 世纪 50 年代，后来认知心理学成为心理学的重要分支之一。认知是收集信息的过程，情感和行为是人类大脑中对事物的反应。从行为、认知、情感的关系来看，行为的形成过程是从其他过程的影响中得出来的。认知为行为提供了必要的信息，认知对情感因素的影响也会影响到行为，此行为发生过程可以细分为 4 个阶段：①刺激因素引入阶段。刺激因素既可能来自消费者自身内部的生理因素、心理因素，也可能来自外部的环境。在生态消费行为中，由于生态消费行为的外部性，需要依靠干预工具的刺激来解决其外部性问题，政策工具对消费者产生的刺激主要归为外部刺激。②消费者认知阶段。认知心理学认为，消费者认知的过程是一个获取、理解和利用知识的过程，也可以说是消费者内心处理信息的一个过程。消费者的环境认知始于对环境问题的认识。例如，温室气体排放过量、气候恶化和生态环境变化等都与对环境问题的认知有关。只有充分认识环境，才能使人们认同生态消费行为，所以对生态消费行为的认知就是对相关知识的获取和评价。在这个阶段，消费者要了解和掌握大量的有关环境保护和生态消费行为的信息，在以后实施生态消费行为时作为其分析、比较、判断及决策的依据。而外界的刺激因素为消费者的信息搜寻和处理提供了平台和机会，正是由于外界干预工具提供的信息，使得消费者更容易获取与环境有关的知识，能更好地理解和利用相关知识。③消费者情感形成阶段。情感是基于对认知元素的情感体验，即一种个体积极的、消极的或中性的内心感受。态度是一种比较持久的、对某种目标或关系积极或是消极的情绪反应。情感因素调整态度，当对态度的认知成为情感体验时，情感因素长期内会占据主导地位。由于生态消费行为的正外部性，环境偏好（态度）是一种亲社会偏好。环境偏好是指消费者那些对生态消费行为喜欢或不喜欢的情绪，这些都是建立在对生态消费行为认知基础上的。如果消费者通过实施生态消费行为，不仅可以使消费者获得来自社会的、他人的和自我的奖励，而且能够避免来自社会、他人的惩罚，将有利于消费者获得良好的情绪，最终会促使其实施生态消费行为。④行为实施阶段。从消费者形成生态消费行为的情感到实施生态消费行为是一个十分复杂的过程。对于实际行为的实施，不仅情感因素在起作用，而且还要有合适的外部环境。因此，在这个阶段，外部的障碍因素有可能成为人们实施生态消费行为的决定因素，决定着是否可以转化为实际的生态消费行为。以上 4 个阶段是在受到外界刺激后消费者实施生态消费行为过程中所经历的心理变化过程。该过程比较明确地说明消费者由最初的刺激因素形成环境认知、再到情感的转变，最后实施生态消费行为。

参考文献

[1] 吴波．绿色消费研究评述[J]．经济管理，2014，36（11）：178-189.

[2] Lin C J，Chen H Y. User expectancies for green products：a case study on the internal customers of a social enterprise[J]. Social Enterprise Journal. 2016，13（3）：281-301.

[3] Lin Y C，Chang C C A. Double standard：The role of environmental consciousness in green product usage[J]. Journal of Marketing，2012，76（5）：125-134.

[4] Daly H E. Beyond growth：The economics of sustainable development[J]. Population and Development Review，1996，29（4）：6.

[5] Grossman G M，Krueger A B. Environmental impacts of a North American Free Trade Agreement[J]. National Bureau of Economic Research Working Paper，No. 3914，1991.

[6] Gordon R Foxall，John R Doyle，Mirella Yani-de-Soriano，et al. Contexts and individual differences as influences on consumers' delay discounting[J]. Psychological Record，2011，61（4）：599-612.

[7] 李永波．绿色消费对企业产品战略的引致机制分析[J]．软科学，2014，28（2）：56-60.

[8] Pinto D C，Nique W M，Herter M M，et al. Green consumers and their identities：how identities change the motivation for green consumption[J]. International Journal of Consumer Studies，2016，40（6）：742-753.

[9] Royne M B，Levy M，Martinez J. The public health implications of consumers' environmental concern and their willingness to pay for an eco-friendly product[J]. Journal of Consumer Affairs，2011，45（2）：329-343.

[10] Kostakis I，Sardianou E. Which factors affect the willingness of tourists to pay for renewable energy?[J]. Renewable Energy，2012，38（1）：169-172.

[11] Gilg A，Barr S，Ford N. Green consumption or sustainable lifestyles? Identifying the sustainable consumer[J]. Futures，2005，37（6）：481-504.

[12] Kent D. Van Liere. Moral norms and environmental behavior：An application of Schwartz's Norm-Activation Model to yard burning[J]. Journal of Applied Social Psychology，1978，8（2）：174-188.

[13] 宗计川，吕源，唐方方．环境态度、支付意愿与产品环境溢价——实验室研究证据[J]．南开管理评论，2014，17（2）：153-160.

[14] Yadav R，Pathak G S. Young consumers' intention towards buying green products in a developing nation：Extending the theory of planned behavior[J]. Journal of Cleaner Production，2016，135（nov.1）：

732-739.

[15] Han H. The norm activation model and theory-broadening：Individuals' decision-making on environmentally-responsible convention attendance[J]. Journal of Environmental Psychology，2014，40：462-471.

[16] Wal A，Horen F V，Grinstein A，et al. The paradox of "green to be seen"：Green high-status shoppers excessively use（branded）shopping bags[J]. International Journal of Research in Marketing，2016，33（1）：216-219.

[17] Pinto D C，Herter M M，Rossi P，et al. Going green for self or for others? Gender and identity salience effects on sustainable consumption[J]. International Journal of Consumer Studies，2014，38（5SI）：540-549.

[18] Brough A R，Wilkie J E B，Ma J，et al. Is eco-friendly unmanly? The green-feminine stereotype and its effect on sustainable consumption[J]. Journal of Consumer Research，2016，43（4）：567-582.

[19] Lin Y，Chang C A. Double standard：The role of environmental consciousness in green product usage[J]. Journal of Marketing，2012，76（5）：125-134.

[20] Gershoff A D，Frels J K. What makes it green? The role of centrality of green attributes in evaluations of the greenness of products[J]. Journal of Marketing，2015，79（1）：97-110.

[21] Trudel R，Argo J J，Meng M D. The recycled self：Consumers' disposal decisions of identity-linked products[J]. Journal of Consumer Research，2016，43（2）：246-264.

[22] Chang C T. Are guilt appeals a panacea in green advertising? The right formula of issue proximity and environmental consciousness[J]. International Journal of Advertising，2012，31（4）：741-771.

[23] Yang D F，Lu Y，Zhu W T，et al. Going green：How different advertising appeals impact green consumption behavior[J]. Journal of Business Research，2015，68（12）：2663-2675.

[24] Chang H，Zhang L L，Xie G X. Message framing in green advertising：the effect of construal level and consumer environmental concern[J]. International Journal of Advertising，2015，34（1）：158-176.

[25] Stokes A，Turri A M. Consumer perceptions of carbon labeling in print advertising：Hype or effective communication strategy?[J]. Journal of Marketing Communications，2015，21（4）.

[26] 贾佳，蒋玉石，盛平．碳标签的视觉复杂性对消费者加工流畅性及吸引力的影响研究[J]．营销科学学报，2016，12（3）：87-100.

[27] Seo J Y，Scammon D L. Do green packages lead to misperceptions? The influence of package colors on consumers' perceptions of brands with environmental claims[J]. Marketing Letters，2017，28（3）：357-369.

[28] Pancer E，Mcshane L，Noseworthy T J. Isolated environmental cues and product efficacy penalties：The color green and eco-labels[J]. Journal of Business Ethics，2017，143（1）：159-177.

[29] Olsen M C，Slotegraaf R J，Chandukala S R. Green claims and message frames：How green new products change brand attitude[J]. Journal of Marketing，2014，78（5）：119-137.

[30] Wang W B，Krishna A，Mcferran B. Turning off the lights：Consumers' environmental efforts depend on visible efforts of firms[J]. Journal of Marketing Research，2017，54（3）：478-494.

[31] Nolan J M，Schultz P W，Cialdini R B，et al. Normative social influence is underdetected[J]. Personality and Social Psychology Bulletin，2008，34（7）：913-923.

[32] 刘奕，夏杰长．共享经济理论与政策研究动态[J]．经济学动态，2016（4）：116-125.

[33] 雷切尔・博茨曼，路・罗杰斯．共享经济时代：互联网思维下的协同消费商业模式[M]．唐朝文，译．上海：上海交通大学出版社，2015.

[34] 陈凯，彭茜．参照群体对绿色消费态度-行为差距的影响分析[J]．中

国人口·资源与环境，2014，24（S2）：458-461.

[35] Abzari M，Ghassemi R A，Vosta L N. Analysing the effect of social media on brand attitude and purchase intention：The case of Iran Khodro Company[J]. Procedia-Social and Behavioral Sciences，2014：143.

第七章　生态金融

党的十八大以来，以习近平同志为核心的党中央把生态文明建设放在突出地位，并把生态文明建设融入经济建设、政治建设、文化建设、社会建设各方面和全过程，努力建设美丽中国，实现中华民族永续发展。2017 年，党的十九大作出中国特色社会主义进入新时代的重大政治论断，并将“坚持人与自然和谐共生”纳入新时代坚持和发展中国特色社会主义的基本方略，指出“建设生态文明是中华民族永续发展的千年大计”，奠定了我国新时代生态文明建设的新格局。生态文明，重在建设。新时代推进生态文明建设，重在构建生态文明体系，形成美丽中国建设的宏大力量。在 2018 年 5 月 18 日召开的全国生态环境保护大会上，习近平总书记提出要加快构建生态文明建设五大体系，其中明确指出要构建“以产业生态化和生态产业化为主体的生态经济体系”[1]。生态经济体系与生态文化体系、目标责任体系、生态文明制度体系、生态安全体系是生态文明建设的有机整体，五大体系协调统一，互为支撑。其中，生态经济体系是经济基础，是生态文明建设的物质保障，在生态文明建设中具有突出重要的地位。

金融是现代经济的核心，是支持我国经济发展与产业结构优化调整的核心要素。随着我国生态文明建设进入新时代，生态金融已成为新时代生态经济体系建设的核心要素。一方面，生态金融主要从资金融通、资金导向、产业整合、风险防范 4 个方面促进传统产业绿色化和绿色产业的发展，继而支撑产业生态化过程；另一方面，通过构建以市场化机制和生态金融产品为主体的生态金融市场，推进排污权、碳排放权、水权、林权等生态产权的交易，围绕生态产权交易引入金融产品及其衍生品，促进生态资源资本化，继而支撑生态产业化过程。

在新时代生态文明建设持续推进的背景下，构建生态金融体系，支撑以产业生态化和生态产业化为主体的生态经济体系建设，是生态文明体系建设的重要物质支撑，也是新时代生态文明建设对金融创新的内在要求。笔者通过构建生态金融体系，揭示生态金融支持生态文明建设的内在机理，提出生态金融体系发展路径和重点任务，这对于推动生态经济体系建设、深入推进生态文明建设具有非常重要的意义。

第一节　生态金融的理论基础与内涵特征

随着中国特色社会主义进入新时代，建设生态文明已成为中华民族永续发展的千年大计。金融作为社会发展的资金枢纽和经济系统的核心要素，应进行具有时代特点的自我革新与生态化改造，以更好地服务于以产业生态化和生态产业化为主体的生态经济体系，促进新时代生态文明建设的深入推进。生态金融是生态经济体系建设的核心环节，也是生态文明建设的物质支撑。建设生态金融体系，首先必须准确把握生态金融的思想理论基础与内涵特征。

一、生态金融的理论基础

1. 习近平生态文明思想

党的十八大以来，以习近平同志为核心的党中央深刻回答了生态文明建设的一系列重大理论和实践问题，提出了一系列新理念新思想新战略，形成了习近平生态文明思想，为推进生态文明、建设美丽中国提供了强大思想武器。推进生态文明建设，走向生态文明新时代，对金融体系而言，最核心、最关键的是要深入领会习近平生态文明思想的丰富内涵。一是深刻阐述了环境保护与经济发展的重大关系。习近平总书记提出“生态兴则文明兴”“绿水青山就是金山银山”等重要论断，以上论断有利于更好地把握环境保护与经济发展的内在关系，也为新时代金融发展指明了方向。二是系统强调了生态文明建设的6 项原则，即必须坚持人与自然和谐共生，践行“绿水青山就是金山银山”理念，坚持良好生态环境是最普惠的民生福祉，坚持山水林田湖草是生命共同体，坚持用最严格制度、最严密法治保护生态环境，坚持共谋全球生态文明建设。上述 6 条基本原则构成了习近平生态文明思想的核心要义，也是新时代生态经济发展和金融发展的基本遵循。三是科学指明了生态文明建设的五大体系。生态文化体系、生态经济体系、目标责任体系、生态文明制度体系、生态安全体系五大体系既是指导原则，也是方法论，进一步丰富了习近平生态文明思想，也为生态金融体系的发展指明了方向[2]。

2. 新时代生态经济学

生态经济学是一门研究生态经济活动和生态经济规律的学科。中国特色社会主义进入新时代，中国生态经济学的创新发展必须更好地服务于实现“两个一百年”奋斗目标和中华民族伟大复兴的中国梦。新时代生态经济学是以习近平生态文明思想为指导，运用中国特色社会主义经济理论与生态学原理，以产业生态化和生态产业化为主体，研究生态系统和经济系统所构成的复合系统的结构、功能、行为及其规律性的学科体系[3]。建设以产业生态化和生态产业化为主体的生态经济体系是新时代生态经济学的研究主体。随着我国进入社会主义生态文明新时代，金融作为社会发展的资金枢纽和经济系统的核心要素，应该随着生态文明建设的推进而完善自己的体系，以更好地服务于以产业生态化和生态产业化为主体的生态经济体系。以往金融发展存在固有局限，把金融服务目的理解为经济增长和物质性扩张，而忽略了经济发展对自然生态环境的影响。随着我国进入中国特色社会主义建设新时代，需要建设新时代生态金融体系，使其全方位支撑以产业生态化和生态产业化为主体的生态经济体系，符合其对资金融通的需求，这是新时代生态文明建设的紧迫需求。新时代生态金融体系应以习近平生态文明思想为指导，基于中国特色社会主义经济理论与生态学原理，服务于以产业生态化和生态产业化为主体的生态经济体系，注重金融业本身的可持续发展以及金融与生态环境的协调发展，支撑生态文明建设的持续推进。

3．生态金融理论基础

国外的生态金融起步较早，因此发展较为成熟。生态金融是指借助金融市场机制来实现生态保护目的的新型金融运行或生产模式，是金融产品与市场在生态环境保护领域的应用，通过创新传统金融手段，实现生态环境保护目标。传统的生态环境保护工作旨在通过一定手段治理环境污染，依靠市场调节的经济激励手段，如排污收费、环境税等，更多地强调其强制性和较多地强化管理的“末端”。生态金融则通过金融创新手段，把经济效益和生态效益结合起来，通过合理的资金配置来完成环境目标和规避环境风险，强调市场的主导性并且重视效益和效率。此外，从生态金融产品发展阶段来看，一般分为法规驱动型、项目引导型、产品设计型和复合创新组合型等几个阶段。生态金融早期的形式（如绿色信贷、绿色保险、绿色证券等）均属于金融机构或相关企业为了规避由于环保法律法规政策或环境污染事故等所带来的经营风险，在特定法律法规政策的驱动下，进行的生态金融探索；碳金融、生物多样性基金等均属于为了引导资金进入某一特定环保领域而设计的生态金融创新形式，因而属于项目引导型。后期，随着社会对生态金融产品需求的增加，金融机构逐步开始探索设计流动性更强、市场化程度更高的生态金融产品，后续的产品设计型生态金融产品与复合创新型生态金融产品更加注重将生态与环境资产资本化、证券化，更加注重生态金融的市场与盈利属性，属于生态金融的较为高端的形式。产品设计型生态金融产品包括排污权交易、清洁发展机制（Clean Development Mechanism，CDM）等形式，而复合创新型生态金融产品包括气候衍生产品、排污权交易衍生产品等由多种基础生态金融产品组合而成的复合型生态金融产品[4]。

二、生态金融的内涵特征

1. 生态金融的本质特征

实体经济是金融发展的根基，推动实体经济发展是金融的立业之本，服务实体经济是对金融的本质要求。金融如果脱离实体经济需要，就会成为无源之水、无本之木[5]。同时，金融是现代经济的核心和血脉，如果金融出了问题，实体经济就得不到高效的金融服务，经济发展也会受到制约。随着我国生态文明建设进入新时代，推动生态经济体系发展是生态金融的立业之本，服务于产业生态化和生态产业化是对生态金融的本质要求。生态金融以习近平生态文明思想为指导，运用中国特色社会主义经济理论与生态学原理，促进传统金融发展模式生态化，并借助金融市场机制来实现生态资源的资本化转变，服务于以产业生态化和生态产业化为主体的生态经济体系，并全方位支撑生态文明建设。因此，服务于以产业生态化和生态产业化为主体的生态经济体系是生态金融的本质特征。一是服务于产业生态化过程，包括以银行信贷为主导的间接金融和以资本市场为主导的直接金融，前者以绿色信贷为代表，后者包括绿色股票、绿色债券和绿色基金等。以上金融产品通过服务绿色产业的发展来推动第一产业、第二产业和第三产业的绿色化进程，继而实现产业生态化。二是服务于生态产业化过程，即围绕生态产权交易而形成的金融产品及其衍生品主要包括碳金融、排污权金融、水金融、林权金融产品及其衍生品等，促进生态资源向生态资本转变，继而实现生态资源资本化运作。

2. 生态金融的相关形态

生态金融主要有环境金融、可持续金融、绿色金融等形态，是外延极其宽泛的概念，并有一定的交叉互融性。生态金融的衍生可以分为以下 4 个阶段：①环境金融。这是为规避因环境污染问题而引发的金融风险，探寻环境保护路径下经济发展的金融创新形式，旨在寻求经济与环境之间的平衡状态，通过资金融通的方式在环境经济中受益并发展[6]。②可持续金融。运用金融手段解决环境问题的思路为大多数金融机构所关注，金融从业者也大多认可金融业与可持续发展的关系。在普遍认为金融动荡不安是导致全球经济威胁的认知前提下，可持续金融极大地推动了环境保护和经济社会的可持续发展，同时也促进了金融业自身的可持续发展，实现金融资源的优化配置，确保金融处于长期稳健的状态[7]。③碳金融。当人们普遍关注气候问题及温室气体减排时，碳金融成为环境金融应对气候变化问题的一种延伸性概念。碳金融因低碳经济、碳交易市场而衍生，包括所有服务于减少温室气体排放的金融活动，如碳排放权及其衍生品的交易、低碳项目开发的投融资、银行信贷等金融活动[8]。④绿色金融。当绿色增长成为世人关注的焦点时，绿色金融的概念也应运而生。绿色金融以环境保护为基本政策前提，重点关注投融资决策对生态环境保护以及环境污染治理方面的影响，以更好地引导使社会经济资源可持续发展的投融资活动，包括绿色信贷、绿色债券、绿色股票指数、绿色发展基金、绿色保险等[9]。

3. 生态金融是实现从“绿水青山”到“金山银山”的重要桥梁

“绿水青山就是金山银山”理念是习近平生态文明思想的重要内容，为推动经济社会高质量发展和生态环境高水平保护提供了根本遵循。党的十九大把“绿水青山就是金山银山”理念、绿色发展理念、美丽中国建设纳入了《中国共产党章程》[10]。党的十九届五中全会更是进一步明确推动绿色发展，促进人与自然和谐共生，坚持绿水青山就是金山银山理念[11]。国内关于“绿水青山就是金山银山”理念的内涵研究主要从生态资本、生态产品等方面展开，认为“绿水青山”是高质量的森林、草地、湿地、湖泊、河流、海洋等自然生态产品及其系统的总称，“金山银山”是经济价值的通俗化表达，“绿水青山就是金山银山”的本质是如何使生态产品转化为生态资产，如何评估生态资产的生态价值，如何使生态价值体现为经济价值，即“绿水青山”向“金山银山”转化的关键在于生态产品价值实现和生态资源资本化[12, 13]。而金融作为社会经济系统的资金枢纽，为生态产品价值实现和生态资源资本化提供了资金融通渠道，是“绿水青山”向“金山银山”转化的重要桥梁。首先，建立生态产权交易市场，包括碳排放权交易市场、排污权交易市场、水权交易市场、林权交易市场等。其次，围绕生态产权及其交易，借助抵押质押、证券化、租赁、期货、期权等金融产品及其衍生品，形成旨在促进生态产权所有者之间的自由交易、保证生态产权高效配置的各种金融制度安排和金融交易活动，推动生态资源转化为生态资本，包括碳金融、排污权金融、水金融、林权金融等以及由以上多种金融产品组合而成的复合型生态金融产品。从而借助生态金融，通过生态产权交易市场和丰富金融产品及其衍生品，完成“绿水青山”向“金山银山”的转化。

4. 生态金融是生态文明建设的重要支撑

2018 年 5 月，习近平总书记在全国生态环境保护大会上提出：“要加快构建生态文明体系，加快建立健全以生态价值观念为准则的生态文化体系，以产业生态化和生态产业化为主体的生态经济体系，以改善生态环境质量为核心的目标责任体系，以治理体系和治理能力现代化为保障的生态文明制度体系，以生态系统良性循环和环境风险有效防控为重点的生态安全体系。”在这些系统中，生态文化体系是灵魂和软实力，生态经济体系是基础和支撑，目标责任体系是主体和抓手，生态文明制度体系是关键和保障，生态安全体系是前提和底线。生态经济体系是基础和支撑，而金融是现代经济的核心，是社会发展的资金枢纽和经济系统的核心要素，支撑着国家的经济社会发展。生态环境问题既是经济发展方式问题，也是金融发展方式问题。这是因为经济活动本质上是资金向产业流动和集中的过程，需要金融的资金形成和导向机制来实现，因此生态环境问题最终也要在金融发展过程中以改革创新的办法加以解决。随着我国进入生态文明建设新时代，解决生态环境问题本质上是改变经济发展方式和金融发展方式，必然要做出发展方式的生态化革新。生态金融作为生态文明建设的重要支撑，应对传统金融发展模式进行生态化革新，服务于以产业生态化和生态产业化为主体的生态经济体系，促进生态文明建设的深入推进。

三、生态金融与绿色金融的区别

1．绿色金融的内涵

国内外学术界对绿色金融尚没有统一的界定，比较有代表性的观点有 3 种：一是指金融业在贷款政策、贷款对象、贷款条件、贷款种类和方式上，将绿色产业作为重点扶持项目，从信贷投放、投量、期限及利率等方面给予第一优先和倾斜的政策。二是指金融部门把环境保护作为基本国策，通过金融业务的运作来体现可持续发展战略，从而促进环境保护和经济协调发展，并以此来实现金融可持续发展的一种金融营运战略。三是将绿色金融作为环境经济政策中的金融和资本市场手段，如绿色信贷、绿色保险。2016 年，国家出台《关于构建绿色金融体系的指导意见》，首次给出绿色金融的官方定义，即绿色金融是指为支持环境改善、应对气候变化和资源节约高效利用的经济活动，即对环保、节能、清洁能源、绿色交通、绿色建筑等领域的项目投融资、项目运营、风险管理等所提供的金融服务；其中，绿色金融体系是指通过绿色信贷、绿色债券、绿色股票指数和相关产品、绿色发展基金、绿色保险、碳金融等金融工具和相关政策支持经济向绿色化转型的制度安排，并指出应完善环境权益交易市场，发展基于碳排放权、排污权、用能权等各类环境权益的融资工具，拓宽企业绿色融资渠道[14]。

2. 问题与挑战

但是截至目前，学术界尚未形成绿色金融的完备理论，对绿色金融促进经济增长和转型升级的作用机制的研究也不够透彻。理论研究缺失既不利于政府科学出台支持绿色金融发展的相关政策，也不利于进一步凝聚和形成绿色金融共识。以上问题的根源是对绿色金融的研究不具有系统性和根源性，学术界一般将研究独立地聚焦于绿色金融本身，而不是在习近平生态文明思想、新时代生态经济学框架下去界定绿色金融的内涵与外延。绿色金融是舶来品，借鉴国外学术界和政府关于绿色金融的理论与实践经验，可以为我国生态文明建设中金融发展模式的创新奠定一定基础。但是，随着我国生态文明建设进入新时代，学术界应该多聚焦于以我国视角观察金融发展模式的创新，应以服务国家生态文明建设的大局观看待金融发展模式的变化，应在以产业生态化和生态产业化为主体的生态经济体系框架下分析金融发展模式的变革，继而提出具有自主性、创新性的中国特色社会主义生态金融发展模式。

现有研究一般认为，绿色金融主要目的是动员和激励更多社会资本投入绿色产业，同时更有效地抑制污染性投资。可是绿色产业的起源是什么呢？本质上绿色产业是产业生态化的一部分，产业生态化的核心是传统产业绿色化和发展绿色产业，因此产业生态化的本质是通过发展绿色产业推动现有的第一产业、第二产业、第三产业绿色化。也就是说，现有的绿色金融主要是服务产业生态化的。而环境权益交易本质上是环境容量类生态资源在进行稀缺性、生态产权界定后，向生态资产、生态资本转变，并在市场上交易形成交换价值，继而实现生态产业化。因此，现有绿色金融关于环境权益交易市场的研究主要是服务生态产业化的。但是环境容量类生态资源只是生态资源的一部分，只是“绿水青山”的一部分，其他的生态资源还包括森林资源、水资源等，林权交易、水权交易在我国处于起步阶段并不断完善。因此，目前的绿色金融不足以支撑以生态产权交易为基础、以生态资源资本化为核心的生态产业化进程。

3. 生态金融体系

构建服务产业生态化和生态产业化的生态金融体系是生态文明发展的迫切要求，这不仅有助于推动生态经济体系建设，也为新时代生态文明建设提供坚实的物质保障。构建生态金融体系，要以习近平生态文明思想作为根本遵循。在 2018 年 5 月 18 日召开的全国生态环境保护大会上，习近平总书记提出要加快构建生态文明建设五大体系，其中明确指出要构建

“以产业生态化和生态产业化为主体的生态经济体系”。生态经济建设是生态文明建设的物质基础，而生态金融建设则是生态经济建设的核心所在。随着我国进入生态文明发展新时代，我国金融体系需要进行具有生态化特征的自我革新，以符合新时代金融发展的要求。构建生态金融体系，应在习近平生态文明思想的指导下，在新时代生态经济理论的基础上，以构建服务产业生态化和生态产业化为主体的生态经济体系为主要任务，以服务新时代生态文明建设为最终目标，以传统金融发展模式绿色化和借助金融市场促进生态资源资本化为主要抓手，创建具有自主性、创新性的中国特色社会主义生态金融体系，继而实现金融与生态的全面协调可持续发展。本章所构建的服务产业生态化和生态产业化的生态金融体系不仅可以促进生态金融理论的不断完善，也对生态金融促进经济增长和转型升级的作用机制开辟了崭新的生态经济视角，继而为政府科学出台支持生态金融发展的相关政策奠定基础，也有利于进一步凝聚和形成生态金融共识。

第二节 生态金融体系的主体框架

生态金融体系是生态文明建设的物质支撑，主要服务于以产业生态化和生态产业化为主体的生态经济体系。具体来看，生态金融体系既包含传统金融发展方式生态化，也包括生态资源金融化，是生态和金融的全面交融。既要金融生态化，不断创新传统金融发展模式，促进金融部门创新金融机制并引导资金流向，助推企业从高污染、高能耗模式向绿色循环低碳发展模式转型，继而促进产业的生态化改造，实现金融发展与生态的协调发展；也要生态金融化，把生态优势转变为金融优势，借助生态金融市场和创新生态金融产品，推动生态要素产权交易，服务以实现价值增值为目标导向的生态产业化过程。生态金融体系的主体是金融生态化和生态金融化，分别服务产业生态化和生态产业化，本质上是金融在服务产业生态化和生态产业化的过程中完成了符合生态文明特点的生态化改造过程。

一、金融生态化

1．内涵特征

金融生态化是习近平生态文明思想指导下的金融发展的高级形态，按照生态规律和金融发展规律来安排金融活动，促进金融部门创新金融机制并引导资金流向产业生态化过程，从而达到抑制污染排放、改善环境质量的目的，实现经济效益、社会效益和生态效益的和谐统一，最终实现金融与自然的协调发展与可持续发展。以上定义主要包含以下几层含义。

（1）金融生态化是金融发展的高级形态

金融生态化是 21 世纪金融业发展的必然趋势，是人类构筑经济社会与自然界和谐发展、实现良性循环的新型金融模式，是金融发展的高级形态。与传统金融相比，金融生态化将生态观念引入金融，改变过去高消耗、低产出、重数量、轻质量的金融增长方式，形成有利于节约资源、降低消耗、增加效益、改善环境的金融增长方式，是符合新时代生态文明建设特点的金融发展最新形态。

（2）金融生态化的目标是实现金融与自然的协调发展与可持续发展

金融生态化将对环境和生态的影响纳入日常的投融资决策过程中，在日常的经营活动中更加注重对生态环境的保护和治理，把与生态环境相关的潜在风险和回报都融合到日常的业务经营中，通过金融业务的运作引导资金流向，助推企业从高污染、高能耗模式向绿色低碳循环发展模式转型，从而实现金融与自然的协调发展与可持续发展。

（3）金融生态化既要遵循生态规律，又要遵循金融规律

金融生态化既关心资源和环境的保护，又重视金融发展的重要性。在保护自然环境和资源的同时，在生态承载力的范围内，实现尽可能大的金融效益。因此，金融生态化既要遵循生态规律，又要遵循金融规律。也就是说，金融生态化按照生态规律和金融规律来安排金融活动，一方面基于金融规律实现金融效益最大化，另一方面通过金融手段引导资金流向，使金融活动对环境的负面影响降到最小。

（4）金融生态化本质上是服务产业生态化

在新时代生态文明建设和生态经济体系建设的背景下，金融服务产业生态化的过程伴随着金融生态化的过程。产业生态化的核心是绿色产业发展和传统产业绿色化，而金融的本质是服务实体经济，因此产业生态化的过程必然伴随着金融服务体系的生态化。

2. 金融生态化服务产业生态化机理分析

（1）资金融通

资金问题是产业生态化的核心问题。金融生态化可以促进金融机构的发展和金融工具的创新，在很大程度上提高资金融通的效率。一方面可以促使绿色产业发展形成规模效应，另一方面可以调节资金的投入方向以提高生产效率，推动技术创新和生态化。金融生态化将引导资本市场上的大量资金流向以技术创新为引导的绿色产业，推动绿色产业升级。政府和市场的共同作用会有效促进金融资源配置的优化，对传统的环境消耗型行业具有一定的抑制作用，从而会有更多的资金流入。充足的资金对节能环保、清洁能源、绿色交通等绿色产业的发展是必不可少的。

（2）资金导向

金融生态化主要通过选择投融资对象来引导资金的流向，从而促进产业结构优化和产业生态化。产业生态化的过程实质上是产业结构优化的过程，表现为生态效率的提高，而对存量资本的重新配置是实现这一目标的有效途径。绿色金融的发展充分发挥了杠杆效应，使更多的资金流向环保绿色产业，有效降低了绿色产业的融资成本，为绿色产业发展提供了源源不断的资金支持。在绿色金融引导下，资金将会从“两高一剩”行业流向资源节约型、环境友好型产业。资金投入的不断增加会进一步产生规模效应，带动同类产业的转型和社会资源的再配置。一方面，政府应该积极发挥这只“看得见的手”的作用，推动资本实现绿色配置，引导商业银行把握好绿色信贷的投放节奏；另一方面，商业银行等金融机构在授信过程中要考虑项目的环境风险，为绿色产业发展提供条件。

（3）产业整合

在金融生态化的推动下，钢铁、冶金、煤炭等高污染行业的发展受到严重限制，而绿色产业的发展呈现井喷趋势。金融生态化促使资金流向绿色产业，从而使绿色产业的发展形成规模效应，市场竞争力不断提高，最终实现生产要素向优势产业聚集。商品、技术、劳动力等市场的相互作用提高了绿色资本在不同领域的流动性，同时也会促进商品、技术等资源产生空间集聚效应，优化不同区域的资源结构，从而推动绿色产业结构的整合优化。这将有利于激发市场机制、完善市场体系和撬动市场力量，进而打破传统产业发展的限制，提高绿色产业的竞争力。

（4）风险防范

金融生态化具有提高风险防范水平的功能。高风险意味着高收益，金融生态化促进了资金流向高风险且技术含量高的绿色产业，这不仅可以促进传统产业提高技术革新意识，而且可以优化调整产业结构。针对不同风险投资者的风险偏好类型，绿色金融机构可以推荐符合投资主体需求的绿色金融产品和服务。金融生态化通过产品组合和创新项目来分散风险，促进资本的健康可持续使用。随着环境风险越来越被重视，金融业的可持续发展理念也在不断强化，而金融生态化就是寻求环境与经济社会的共同发展。金融生态化的推动涉及环境、管理和金融等多学科领域，其风险管理任务艰巨，无论在技术、体制机制还是政策方面，都需要能够提供实际支持。

3. 金融生态化体系构建

（1）绿色信贷

银行部门通过对信贷资金的调整，改变资源配置结构，引导社会资金流向绿色产业，促进绿色产业发展。此类专门用于支持绿色产业发展的信贷就是绿色信贷。银行部门一般通过两种途径增加绿色信贷投入：一是建立授信对象“绿色”识别机制，制定各行业、各领域融资准入和融资成本歧视性标准，扶持资源节约型和环境友好型产业发展，限制“两高一剩”产业发展，将绿色发展观念融入信贷经营制度中。二是提供优惠的绿色企业贷款利率，给予低碳、循环、生态友好的绿色产业以贷款利率优惠，降低绿色企业财务成本，鼓励企业积极改进技术与工艺，追求绿色生产[15]。

（2）绿色债券

绿色债券所募集的资金主要投向环境保护与资源节约的绿色产业项目，从而促进绿色金融的发展。绿色债券市场是绿色金融体系中的一个重要组成部分，是绿色产业的第二大资金来源。绿色债券产生以来，其市场规模在全球范围内迅速扩大。即使没有政府支持，绿色债券的发展也很快，这体现了其与传统融资方式相比的优势。一是绿色债券不同于银行贷款、股权融资等，创新了融资渠道。二是绿色债券可以避免期限错配的问题。由于绿色项目通常周期较长，银行贷款给中长期项目非常困难，通过债券的方式即可解决此问题。三是可以通过各种体制安排，降低绿色债券融资成本。

（3）绿色保险

绿色保险又被称为生态保险，主要用于管理环境风险，以发生污染所导致的第三方利益损害为标的，量化环境风险，从而帮助企业更好地应对环境风险，加强对污染的控制能力，避免污染事故的发生，使生态环境更安全。绿色保险为环境管理风险提供了保障，也体现了一种可持续发展的理念。绿色保险不仅可以补偿环境受害者，还可以帮助投保企业，对维持社会的可持续发展和企业的可持续经营具有重要意义。此外，绿色保险也可以减少逆向选择，有助于绿色产业、绿色制造企业分散经营风险，提升环境风险管理水平，促进绿色产业、绿色制造企业的可持续发展。

（4）其他金融产品

其他金融产品包括绿色股票、绿色基金等。绿色股票包括水、碳、核能、清洁能源、可替代能源、再生能源、可持续发展、社会责任等股票板块。绿色基金是专门针对节能减排和环境优化改造项目而建立的专项投资基金，其目的是通过资本投入促进节能减排、环境保护事业发展。目前，绿色基金的投资主题正在趋于多样化发展，如环境保护和污染防治、生态修复和国土空间绿化、能源资源节约利用、绿色交通、清洁能源等绿色发展领域。

二、生态金融化

1．内涵特征

生态金融化是习近平生态文明思想指导下的金融发展的高级形态，是借助金融市场来实现生态产业化的金融运行模式，按照生态规律和金融发展规律来安排金融活动，通过明确生态资源的产权与建立生态产权交易市场，围绕生态产权交易引入金融产品及其衍生品，促进生态资源资本化与生态产业化，最终实现金融与自然的协调与可持续发展，是践行“绿水青山就是金山银山”理念的重要支撑。以上定义主要包含以下几层含义。

（1）生态金融化是习近平生态文明思想指导下的金融发展的高级形态

生态金融化是生态文明中金融业发展的崭新形态，是借助金融市场来实现生态产业化的金融运行模式。在这种运行模式下，通过生态金融产品的创新和流通，金融机构或公司获取的是正当的利润，而环境管理者和环保组织获取的是正外部性——人类生态环境的可持续发展。与传统金融相比，生态金融化将生态概念引入金融市场，通过建立生态产权交易市场和创新生态金融产品，形成有利于生态产业化与生态产品价值实现的金融增长方式，是符合新时代生态文明建设特点的金融发展最新形态。

（2）生态金融化借助金融市场来实现生态产业化的金融运行模式

生态产业化就是按照社会化生产、市场化经营的方式，将生态产品和服务由无偿使用的资源转变为有价值的商品和服务，并在市场上交易形成交换价值，推动生态资源向生态资产、生态资本转变，实现生态资源价值增值。可交易的生态产权是生态资源向生态资产、生态资本转变的基石，只有在明晰生态要素产权关系的基础上，才能促进生态资源资本化和生态产业化过程。因此，需要借助金融市场来服务生态产权交易，通过建立生态产权交易市场来开展生态产权交易，围绕碳排放权、排污权、用水权和林权及其交易，引入各种金融产品及衍生品，借助金融市场来促进生态产业化过程[15]。

（3）生态金融化既要遵循生态规律，又要遵循金融规律

生态金融化既服务生态产业化，又体现了生态文明框架下

金融发展模式的创新。通过建立生态产权交易市场，围绕碳排放权、排污权、用水权和林权等生态产权及其交易，引入抵押质押、证券化、租赁、期货、期权等金融产品及其衍生品，在促进生态资源资本化的基础上，实现尽可能大的金融效益。因此，生态金融化既要遵循生态规律，又要遵循金融规律。也就是说，生态金融化按照生态规律和金融规律来安排金融活动，一方面基于金融规律实现金融效益的最大化，另一方面通过建立生态产权交易市场，盘活生态资源配置并促进生态产业化。

（4）生态金融化是践行“绿水青山就是金山银山”理念的重要举措

党的十八大以来，习近平总书记在国内国际许多场合阐述了“绿水青山就是金山银山”理念，建立了生态文明理论基础和体现可持续发展的治国理念。“绿水青山”向“金山银山”可持续转化的关键在于生态产业化，本质上就是将生态产品和服务价值化，推动生态资源资本化，实现生态资源价值增值，把“绿水青山”变成“金山银山”。这需要借助金融市场，围绕生态产权交易，通过建立生态产权交易市场与创新各种生态金融产品，促进生态产业化经营，实现“绿水青山”向“金山银山”的可持续转化。

2. 生态金融化促进生态产业化机理分析

（1）资金融通

生态产权交易是生态产业化的核心，是生态资源资本化运营的重要体现。由于排污权、碳排放权、林权等生态产权交易涉及的交易金额巨大，单纯依靠生态产权交易购买方自身资金积累完成交易往往比较困难，即使少数生态产权购买方能够一次性负担交易所需资金，也会占用大量资金，影响其资金流动。资金融通是购买方运用各种金融工具调节资金盈余、筹集资金的一种业务活动。金融市场上交易的金融工具包括商业票据、银行存款凭证、股票、债券等。资金融通为投资者和筹资者提供了资金的多种途径选择，有利于提高资金使用效益和社会资源配置效率。因此，生态产权交易需要引入金融资本，为生态产权购买方进行交易资金融通，提高生态资源配置效率。例如，生态产权筹资者通过将生态产权质押给银行，就可以获得投入环保所需要的资金，甚至减排成本低的筹资者可以将富余指标进行市场交易，以获得一定的收益，从而提高企业治污的积极性。

（2）交易方式创新

目前，我国的生态产权交易多数为传统的生态产权现货交易，生态产权交易方式的创新不足。随着我国生态产业化不断推进，生态产权制度改革会不断深化，生态产权交易市场也会逐步完善；特别是在生态资源总量控制和定额管理不断强化的背景下，新增生态产权将主要通过生态产权交易的方式得以满足，所以生态产权交易将会逐渐活跃，对生态产权交易方式创新的需求也将日益强烈。为实现生态产权交易方式的创新，需要不断强化金融机构的介入，由金融机构提供生态产权金融产品及其衍生品，并熟悉生态产权金融产品的价值、交易规则和操作流程。对局限于传统业务的金融机构而言，这既是挑战，也是机遇。生态产权金融市场的发展是我国生态产权交易市场建设的重要方面，也是推进我国生态产权交易标准化、现代化的重要方面。相对于其他市场而言，我国生态产权交易方式创新较少，迫切需要金融机构的介入和支持[16]。

（3）风险防范

金融衍生工具的重要功能是为生态产权交易提供规避风险的手段，将现货市场上的交易风险进行打包，创造出新的衍生金融产品，最后将金融衍生品和风险重新分配转移到其他持有金融衍生品的经济体中，实现生态产权交易风险的合理配置。以水权实物期权为例，水权实物期权的引入有助于水权交易双方合理配置风险。在水权交易市场没有实物期权时，无论是水权富余方，还是水权短缺方，均面临不确定性。对水权富余方而言，管理剩余水权载体的水资源是需要付出管理成本的，而对水权短缺方而言，则会面临由于缺水导致经济社会发展受损的风险。当引入水权实物期权后，水权富余方可以将其不利风险分散出去，而水权短缺方则会得到对其有利的风险，从而实现了风险的合理配置。金融衍生品的重要作用就是对风险的筛选功能，即分散对自己不利的风险，保留对自己有利的风险[20]。

3. 生态金融化体系构建

（1）碳金融

碳排放权交易是为促进温室气体减排、减少二氧化碳排放所采用的市场机制。随着全球碳排放权交易市场的兴起和发展，碳排放权正逐渐成为企业的一项重要的资产，由此可能为企业带来预期的经济利益或形成企业的现实义务。在碳排放权交易市场中，碳排放者均拥有初始排放配额分配量，通过与实际排放量进行比较，未达到控排目标的排放者需要购买排放配额来弥补，而达到控排目标的排放者可以出售剩余排放配额给未达到控排目标的排放者，从而在整个碳交易市场中达到碳排放配额与实际排放量的平衡。碳金融是指围绕碳排放权及其交易，借助抵押质押、证券化、租赁、期货、期权等金融产品及其衍生品，形成旨在减少温室气体排放的各种金融制度安排和金融交易活动，主要包括碳排放权及其衍生品的交易和投资以及其他相关的金融中介活动[8]。

（2）排污权金融

排污权交易是在一个有额外排污削减份额的公司和需要从其他公司获得排污削减份额以降低其污染控制成本的公司之间的自愿交易。排污权交易是以一定地区在一定期限内污染物总量的控制为前提和目标，充分有效使用当地的环境容量资源，以经济政策和市场调节手段鼓励企业通过技术进步减少污染，进而进行企业间的排污权买卖行为，最大限度地减少治理污染的成本，提高治理污染效率的一种控制污染的环境保护手段[18]。排污权金融是指围绕排污权及其交易，借助抵押质押、证券化、租赁、期货、期权等金融产品及其衍生品，促进内部各污染源之间通过各种金融产品及其衍生品，对排污量进行相互交易，形成旨在达到减少排污量、保护环境目的的各种金融制度安排和金融交易活动，主要包括排污权及衍生品的交易和投融资及其他有关的金融中介活动。

（3）水金融

水权交易是指政府依据一定规则把水权分配给使用者，并允许水权所有者之间进行自由交易的活动。利用水权交易市场来重新分配水资源，通过市场机制提高水资源利用效率，使用水效率低的水权人考虑用水的机会成本、节约用水，并把部分水权转让给用水边际效益大的用水人，使新增或潜在用水人有机会取得所需水资源，是国家促进水资源高效配置的重要举措[20]。水金融是指围绕用水权及其交易，借助抵押质押、证券化、租赁、期货、期权等金融产品及其衍生品，形成旨在促进水权所有者之间的自由交易、保证水资源高效配置的各种金融制度安排和金融交易活动，主要包括水权及衍生品的交易和投融资及其他有关的金融活动。简言之，就是把可交易的水资源与其衍生品作为有价格的商品，以现货、期货、期权等方式买卖、交易和进行相关投融资活动。

（4）林权金融

林权是林地所有权、林地使用权、林木所有权和林木使用权的统称。按照权属的不同，林权包括国有林权、集体林权及单位和个人所有的林权。林权交易市场是指交换林权的场所、领域和交换关系的总和，是围绕林权的交易行为而形成的特殊经济关系。我国林权交易的对象包括林地使用权、林木所有权和林木使用权。具体来说，交易对象包括无林地（如宜林荒山）、有林地（如用材林、经济林和竹林等）及活立木（如用材林和竹林）。林权金融是指围绕林权及其交易，借助抵押质押、证券化、租赁、期货、期权等金融产品及其衍生品，形成旨在促进林权所有者之间的自由交易、保证林权高效配置的各种金融制度安排和金融交易活动，具体包括培育发展林权交易市场，推动森林资源资产转化为可流通的债券、基金和股票等，以及其他围绕林权及衍生品的交易和投融资有关的金融活动[19]。

第三节 生态金融发展现状及其评价

一、金融生态化发展现状、问题与挑战

1. 发展现状

（1）绿色信贷制度趋于完善，规模稳定增长

由于我国是以间接融资为主的国家，信贷资金对经济发展

的影响巨大。相应地，绿色信贷就成为当前我国金融生态化的核心。我国的绿色信贷主要就是通过“区别对待”的信贷政策来抑制“两高”企业的贷款需求，重点满足节能环保项目的资金需求，进而实现调整产业结构、淘汰落后产能、约束性减排等政策目标。在制度方面，2007 年 7 月，国家环境保护总局、中国人民银行和银监会三部门联合发布了《关于落实环保政策法规防范信贷风险的意见》。该意见标志着我国绿色信贷的正式产生，绿色信贷即规定企业建设项目需由各地环保部门进行环境影响评价审批后方能获得信贷资格，对那些能源消耗量高、环境污染性强的企业和项目不予或控制信贷，使信贷绿色化。2008 年 10 月，兴业银行宣布正式采纳赤道原则，成为我国第一家采用赤道原则的银行。2012 年 2 月，银监会落实我国节能减排与加强环境保护的宏观政策，制定并印发了《绿色信贷指引》，旨在引导银行业金融机构积极推进绿色信贷，推动经济方式向绿色发展转变。2018 年 1 月，中国人民银行发布了《关于建立绿色贷款专项统计制度的通知》，确立了我国绿色信贷的统计标准。2018 年 7 月，中国人民银行发布了《关于开展银行业存款类金融机构绿色信贷业绩评价的通知》，从评价指标、评价方法、评价结果和评价运用 4 个方面完善了我国绿色信贷的评价体系，并要求我国所有绿色信贷均要使用宏观审慎评估（Macro Prudential Assessment，MPA）框架，各地所有银行业存款类金融机构的绿色信贷业绩评价结果都必须纳入

MPA 考核。自此，我国绿色信贷制度逐渐迈向正轨。在规模方面，我国绿色信贷规模稳步攀升，商业银行的绿色信贷余额不断增加，主要投放于节能环保项目及服务和战略新兴产业两大领域。截至 2020 年年底，我国绿色信贷余额已达 11 万亿元，位居全球第一。但绿色信贷在全部信贷中的占比总体不高，银行业对支持绿色金融发展的努力相比其行业地位略有不足，未来还有很大的上升空间。

（2）绿色债券飞速发展，前景良好

绿色债券所募集的资金主要投向环境保护与资源节约的绿色产业项目，从而促进产业生态化的发展。我国绿色债券发行规模在世界处于较高水平，且呈现较强的增长趋势。在制度方面，2015 年 12 月 22 日，中国人民银行发布公告，表示要在银行间债券市场推出绿色债券，同时以附件形式发布了《绿色债券支持项目目录》，提供了绿色项目的界定标准。2015 年 12 月 31 日，国家发展改革委出台《绿色债券发行指引》，明确了绿色债券的重点支持领域。2016 年 3 月和 4 月，上海证券交易所和深圳证券交易所先后成立绿色公司债券上市交易试点，不仅精简了申报审批机构，还对绿色公司债券进行统一标识，提高了工作效率。随着管理规则的完善，绿色债券市场也迎来了全面的发展。根据《中国绿色债券市场现状报告 2016》，2015 年，全球绿色债券发行规模达到 424 亿美元，在 2016 年全球绿色债券发行规模达到 810 亿美元，很大程度上是中国发行人的推动，中国发行人发行的绿色债券在 2016 年从几乎为 0 增长到 2 380 亿元，占全球发行规模的 39%。以兴业银行为代表的商业银行积极参与，成为我国绿色债券市场的重要力量。兴业银行和浦发银行于 2016 年 1 月分别获批 500 亿元绿色债券额度，成为我国市场首批获准发行绿色债券的银行。随后，兴业银行和浦发银行分别发行了第一批绿色债券，分别为 100 亿元和 200 亿元，实现了我国贴标绿色债券零的突破。同时，相关的新能源企业也积极参与发行绿色债券以进行融资。我国绿色债券的国际影响力也在不断上升。2019 年，我国绿色债券共发行 214 只，金额达到 3 390.62 亿元，约为同期世界总量的 21.3%。从债券类型来看，我国绿色债券市场还是以绿色金融债券为主，2019 年绿色金融债券规模已达 923.94 亿元；虽然近几年绿色金融债券的规模在不断下降，但其所占比重仍居首位。非金融机构所发行的非金融绿色债券主要是绿色公司债券、绿色企业债券、绿色债务融资工具和绿色资产支持证券，绿色公司债券和绿色企业债券的占比相对较大，2019 年其规模分别为 834.07 亿元、479.60 亿元，占比分别为 28.50%、16.40%。

（3）绿色保险市场有待完善

绿色保险又称生态保险，是对环境进行风险管理的一项基本手段。绿色保险不仅可以补偿环境受害者，还可以帮助投保企业，对维持社会的可持续发展和企业的可持续经营具有重要意义。在我国，绿色保险的代表为环境污染责任保险，是以企业发生的污染事故对第三者造成损害时企业依法应承担的赔偿责任为标的的保险。利用保险工具来参与环境污染事故处理，有利于分散企业经营风险，促使其快速恢复正常生产。在制度方面，2007 年，国家环境保护总局和中国保险监督管理委员会联合印发《关于环境污染责任保险工作的指导意见》，启动了环境污染责任保险政策试点工作。2013 年，环境保护部与中国保险监督管理委员会印发《关于开展环境污染强制责任保险试点工作的指导意见》，要求各地开展环境污染强制责任保险试点。2018 年，生态环境部审议通过《环境污染强制责任保险管理办法（草案)》，提出要在环境高风险领域建立环境污染强制责任保险制度，进一步规范健全了环境污染强制责任保险制度。在规模方面，目前，31 个省（区、市）均已开展环境污染强制责任保险试点，覆盖涉重金属、石化、危险化学品、危险废物处置等行业，保险公司已累计为企业提供超过 1 600 亿元的风险保障。虽然从绿色保险规模上来看，推行成效很大，但从全国范围看，投保企业的数量占规模以上工业企业的比例仍不足 5%，环境污染强制责任保险保费收入占责任险保费收入的比例仍不足 1%，保险费率仍高于一般责任险的平均保险费率，投保规模有待提高，产品性价比有待进一步优化。虽然我国鼓励多个省（区、市）积极开展绿色保险工作，但是成效甚微，究其成因主要是我国绿色保险的参与主体都是生产过程中污染性较高的企业，而其他企业往往不会选择绿色保险。此外，环境污染强制责任保险的推广实施缺少对环境高风险企业强制投保的法律约束和相关环境风险评估标准，企业投保意识也相对不足。

（4）绿色股票、绿色基金等资本市场稳健起步

在绿色股票方面，当前我国证券市场主要用绿色股票指数来衡量绿色股票市场。绿色股票指数是指依照某一特定标准对所有上市的绿色股票做出综合评价，并依据评价，遴选出评分较高的企业作为指数样本，最后根据这些企业的股票价格加权计算得出的价格指数。我国证券市场上的绿色股票指数主要有可持续发展指数、环保产业指数、环境生态指数 3 种。截至 2020 年，我国证券市场上共有 50 余种绿色股票指数，仅占市场指数总量的 1%，同时我国暂未对绿色股票指数的信息披露、奖惩机制等设立相应的法律法规。由此可见，我国绿色股票指数市场处于起步阶段，未来发展空间较大。

绿色基金是指向不特定投资者公开发行受益凭证或者以非公开方式向合格投资者募集资金，并投资于绿色标的（一般占总投资标的的 60%以上）的投资基金。目前，国内绿色基金主要分为以下 3 种：①交易所环保主题基金。多数环保主题基金都是在 2014 年后成立的，为契约型开放式基金。该类基金主要投资于从事或者受益于环保主题的上市公司。交易所环保主题基金主要分为股票型基金、指数型基金和混合型基金 3 类。截至 2022 年，名称中包含环境、低碳、环保的基金累计有 67

只。②环保产业并购基金。环保产业并购基金主要是由环保类上市公司参与或发起设立的，投资领域主要为环保领域。截至2019年5月，环保产业共成立了44只环保产业并购基金，总金额达到900亿元，加上地方政府发起的环保产业并购基金3只，总额约1 100亿元。③ PPP模式环保基金。政府和社会资本合作（public private partnership，PPP）是公共基础设施建设中的一种项目融资模式。PPP模式环保基金是PPP模式与环保产业基金的结合，是绿色金融产品创新。目前，国内PPP模式环保基金主要有环保产业母基金、环保产业子基金和政府投资基金3种模式。

2020年，首个国家级绿色投资基金——国家绿色发展基金在沪成立。国家绿色发展基金是贯彻落实习近平总书记重要指示精神，按照党中央、国务院决策部署，由财政部、生态环境部和上海市共同发起设立的国家级政府投资基金，旨在健全多元化生态环境保护投入渠道，利用市场机制支持生态文明和绿色发展，推动美丽中国建设。基金由财政部委托上海市政府进行管理，采取公司制形式。在国家有关部门、长江经济带沿线省市和有关金融机构、企业的支持下，基金首期规模达885亿元。基金将重点投资污染治理、生态修复和国土空间绿化、能源资源节约利用、绿色交通和清洁能源等领域。具体来看，此次募集资金中，财政部和长江沿线11个省（市）出资286亿元，各大金融机构出资575亿元，部分国有企业和民营企业出资 24 亿元，充分体现了政府引导市场化运作的特色。国家绿色发展基金的设立将为支持生态文明建设注入新动力。基金将聚焦长江经济带沿线绿色发展重点领域，探索可复制、可推广的经验，并适当辐射其他国家重点战略区域。

2. 问题与挑战

（1）对生态文明和金融发展的关系认识不到位

截至目前，学术界尚未形成生态文明与金融发展的完备理论，对生态金融促进绿色发展和生态文明建设的研究也不够透彻。这主要是对生态文明和金融发展的关系认识不到位，没有在新时代生态文明建设的框架下去研究金融发展模式的创新。一些人片面认为，一切和生态环境有关的金融活动都叫绿色金融，却没有研究现有绿色金融是否较好地符合我国生态经济体系建设的要求；一些人则聚焦于国外学术界和政府关于绿色金融的研究和实践，没有站在我国视角上做出具有中国特色的金融发展模式创新。目前来看，对我国金融体系进行生态化改造的研究较少，对金融的主要任务是服务以产业生态化和生态产业化为主体的生态经济体系的认识不到位，对金融的最终目标是为新时代生态文明建设提供物质保障的认知还不够。理论研究缺失既不利于政府科学出台支持生态金融发展的相关政策，也不利于进一步凝聚和形成生态金融共识。创建具有自主性、创新性的中国特色社会主义生态金融体系，以服务产业生态化和生态产业化为主体的生态经济体系，继而全方位为生态文明建设提供物质支撑，已成为我国新时代金融发展模式的迫切要求。

（2）法律法规和政策体系不健全

国内真正对金融生态化的重要性有正确认识的时间尚短，法律法规和规章制度都有待一步健全。虽然我国出台过与金融生态化相关的政策与法律制度，但是存在可操作性和针对性较弱的问题，多数的法律法规和政策缺乏详细且具有引导性的操作，直接导致的后果就是执行力差。一是缺乏高层次的法律制度。我国现有的部门规章制度，并不具有国家层面的强制性，大多为鼓励性规定，缺乏更高层次、更具体化的法律制度。由此导致对生态金融业务的开展缺乏有效的法律约束和保护，金融机构由于面临一定的法律和政策风险而缺乏开展绿色金融的积极性。二是现有的政策体系缺乏针对性和可操作性。虽然近几年我国已经逐步颁布了一系列金融生态化产品的构建方针和实施指引，但这些政策和方针都只是对我国金融生态化的发展方向做出了大概的框架指引，还未能更详细、更具有针对性地发布明确的法律法规，对如何开展也没有详细的内容予以说明，使得现有政策和方针缺乏针对性，可操作性较弱，不能完全满足现有的需求。

（3）市场参与度不够

虽然近几年我国在大力推进金融生态化发展，但由于我国发展起步较晚，金融生态化市场参与度不高，参与主体主要还是银行，非银行金融机构参与程度较弱。主要有 3 个方面的原因：一是和我国金融体系以间接融资为主有关，这意味着我国的产业发展以银行信贷配置资金为主，这导致了当前我国金融生态化以绿色信贷为主体[20]。二是生态金融的盈利能力不足，政府缺乏激励机制。传统金融业是在安全性和流动性为前提的基础上追求利润最大化，而绿色发展追求的是可持续发展，典型的特征就是高风险、低收益、公益性强、盈利能力不足，这与金融机构所追求的利润最大化目标不符，所以金融机构参与的积极性不高。加上外部激励不足，抑制了金融机构发展绿色金融业务的动力。三是信息披露不完整。现阶段我国环境信息披露的主体较少，披露机制不够完善，没有规范统一的标准，披露的内容具有局限性，其真实性也有待考察，所披露的内容质量和效率也不高，这就造成双方信息不对称，投资者易产生逆向选择，其结果就是投资者错失好的投资机会，而绿色企业因无法融入资金而陷入融资难的境界，其参与绿色市场的积极性就会大大降低。

（4）金融生态化产品创新不足

虽然近几年我国金融生态化发展迅速，金融机构都陆续推出了一系列绿色金融产品，但我国现有金融生态化产品体系比较单一、缺乏创新性，与国外相比差距仍然明显。我国现阶段的金融生态化产品体系以绿色信贷为主，绿色债券、绿色保险、绿色股票、绿色基金等其他金融生态化产品仍较少。作为我国金融生态化主要的融资方式，绿色信贷体系相对比较完善，绿色信贷统计制度和考核评价体系比较健全，绿色信贷政策执行力较强，为推动绿色金融的发展做出了较大贡献。但是，其他绿色金融业务的开展相对滞后，直接导致生态金融市场发展的失衡，加强金融产品创新是推动绿色金融发展的重要因素。导致金融生态化产品创新不足主要有3个方面的原因：一是和我国金融体系以间接融资为主有关，信贷资金对经济发展的影响巨大，这导致了当前我国金融生态化以绿色信贷为核心；二是绿色企业及绿色项目投融资难的问题，这直接阻碍了金融产品的创新；三是复合型人才缺乏，我国金融生态化产品的发展离不开高素质复合型人才，而现阶段我国普遍缺乏相应的复合型人才，这就直接导致金融生态化创新动力不足。

二、生态金融化发展现状、问题与挑战

1. 发展现状

（1）碳金融发展趋于成熟，助力实现碳达峰目标和碳中和愿景

碳排放市场的成熟是碳金融发展的重要基础。2013年，国家发展改革委办公厅出台《关于开展碳排放权交易试点工作的通知》，在北京市、天津市、上海市、重庆市、湖北省、广东省及深圳市开展碳排放权交易试点工作。2016年，国家发展改革委印发《关于切实做好全国碳排放权交易市场启动重点工作

的通知》，要求确保 2017 年启动全国碳市场。2017 年年底，伴随着《全国碳排放权交易市场建设方案（发电行业）》的发布，全国碳排放权交易体系正式启动。截至 2019 年年末，北京、天津、上海、重庆、广东、湖北、深圳 7 省（市）试点碳市场配额累计成交量 3.56 亿 t，金额超过 73 亿元。2020 年年底，生态环境部出台《碳排放权交易管理办法（试行）》，印发《2019—2020 年全国碳排放权交易配额总量设定与分配实施方案（发电行业）》，正式启动全国碳市场第一个履约周期。2021 年元旦起，全国碳市场发电行业第一个履约周期正式启动，2 225 家发电企业分到碳排放配额。2021 年 6 月底前上线的全国碳排放权交易市场主要包括两个部分：交易中心落地上海，碳配额登记系统设在湖北武汉。全国碳排放权交易市场的持续推进和交易体系的不断成熟将助力实现碳达峰目标和碳中和愿景。

在碳金融方面，2014 年 5 月，国务院发布《关于进一步促进资本市场健康发展的若干意见》，指出要发展商品期权、商品指数、碳排放权等交易工具，充分发挥期货市场价格发现和风险管理功能。2016 年 8 月，中央全面深化改革领导小组第二十七次会议要求利用绿色信贷、绿色债券、碳金融等金融工具和相关政策，为绿色发展服务，这是中央决议中首次出现“碳金融”的提法。同月，中国人民银行、财政部等七部委联合印发了《关于构建绿色金融体系的指导意见》，强调要发展各类碳金融产品，促进建立全国统一的碳排放权交易市场和有国际影响力的碳定价中心，有序发展碳远期、碳掉期、碳期权、碳租赁、碳债券、碳资产证券化和碳基金等碳金融产品和衍生工具，探索研究碳排放权期货交易。由此可见，国家已经从各个层面对碳交易和碳金融进行政策指导，以实现我国碳交易和碳金融市场的快速、健康发展。目前，我国金融业参与碳市场主要分为一级市场主要参与模式和二级市场主要参与模式。其中，一级市场主要参与模式主要包括信贷模式、中间业务模式、中介商模式、理财产品模式，以上模式主要是针对减排项目提供场外的融资和咨询服务。随着国际碳交易的低迷和国内碳市场的发展，金融机构参与碳排放交易的方式逐渐从一级市场转向国内试点碳交易二级市场。二级市场主要分为融资工具（碳质押、碳回购、碳托管等）、交易工具（碳期货、碳远期、碳掉期、碳期权等）和支持工具（碳指数和碳保险等）三大类。

（2）排污权金融发展仍处于起步阶段

与成熟的碳市场和碳交易金融产品相比，排污权交易市场及其金融产品发展仍处于起步阶段。20 世纪 80 年代，我国开始建立排污许可证制度，1989 年开始提出环境管理“五项制度”，为污染物排污权交易提供了可行性。2007 年以来，国务院有关部门组织天津、河北、内蒙古等 11 个省（区、市）开展排污权有偿使用和交易试点，取得了一定进展。2014 年，国务院办公厅发布《关于进一步推进排污权有偿使用和交易试点工作的指导意见》。2018 年 6 月，《中共中央　国务院关于全面加强生态环境保护　坚决打好污染防治攻坚战的意见》强调要完善排污权实施的制度，加快推行排污许可制度的实施。此外，各地区的政府和有关部门越来越重视对排污权有偿使用及交易制度的建设，从最早的上海闵行区排污权交易的实践，到现在多达 12 个省份获政府批复开展排污权交易试点工作，其他不少省份也自行开展了交易工作，涉及电力、印染、水泥、皮革、建筑、陶瓷等多个行业，涉及的污染物在二氧化硫的基础上增加了化学需氧量、氨氮等。

在排污权金融方面，2008 年以来，我国商业银行才开始与地方政府开展在排污权有偿使用领域的金融合作。由于我国金融业态以间接融资为主，导致排污权金融以排污权质押融资为主。以试点省份为例，2020 年，广东省首批排污权质押融资项目完成质押融资 4 000 万元，为当地实现环境资源资产有效转化探索出了一条实体经济、社会资本和生态文明建设相互协调发展的新路径。同年，山西省首笔排污权抵押融资业务成功落地，融资规模达 2 000 万元，标志着该省排污权抵押融资进入新的发展阶段。但其他围绕排污权交易的生态金融化产品（如证券化、租赁、期货、期权等金融产品及其衍生品）则较为缺乏，一方面与我国排污权交易处于试点阶段有关，另一方面与我国以间接融资为主的金融业态有关。

（3）水金融发展有待完善

我国水权制度从实践探索到制度建设已经经历了相当长的一个阶段。我国最早的分水方案是 1987 年制定的《黄河干流水量分配方案》。2000 年，东阳市和义乌市进行的水资源使用权交易是我国水权交易的首次成功尝试。2004 年，宁夏回族自治区和内蒙古自治区在水利部、黄河水利委员会的指导下，实施了大规模、跨行业的“投资节水，转换水权”；2004 年 5 月，水利部特别下发了《水利部关于内蒙古宁夏黄河干流水权转换试点工作的指导意见》，给予积极引导和规范。2005 年，水利部颁布了《关于水权转让的若干意见》《关于印发水权制度建设框架的通知》，对推进我国水权制度建设具有重要的意义。2014 年，水利部印发了《水利部关于开展水权试点工作的通知》，提出在宁夏、江西、湖北、内蒙古、河南、甘肃和广东 7 个省（区）启动水权试点。2014 年 7 月至 2017 年年底，宁夏、江西、湖北、内蒙古、河南、甘肃、广东 7 个水权交易试点省（区）基本完成试点任务。2016 年 6 月 28 日，作为国家级水权交易平台，中国水权交易所正式开业运营，标志着我国水权改革跨入一个新时代。

尽管水权交易市场建设取得了初步进展，但还存在很多问题。由于市场发展尚不成熟，一些关于水权交易的关键性问题仍然在探索中，还没有形成完整的水权金融服务体系。水金融与水权交易相辅相成、相互促进。当前，我国各级各类金融机构对水金融的认识程度不高，参与积极性低。同时，由于金融机构对水权交易操作规则和操作模式不熟悉、对水权交易项目开发的了解程度不足等因素，极大限制了金融机构进入水权交易领域的步伐。水权投资银行、水权基金和水权保险等水金融机构更无从谈起。同时，由于水金融人才的缺失和对水金融的认识不足，我国金融业参与水权交易的积极性差。这就导致水权交易金融产品缺乏，主要表现为水权证券、水权期货、水权期权、水权基金等各种水金融衍生品和金融创新产品严重匮乏。

（4）林权金融发展有待完善

作为林权流转的中介，林权交易中心成为联结林权交易供求双方的桥梁，并能降低林权流转中的交易成本，打破林权流转的交易封闭性。在此背景下，我国许多省、市、县相继建立了林权交易中心，区域性和全国性的林权交易所也随之出现。目前已设立的林权交易中心名称不尽相同、规模不一、所处的层级也各异，包括由各地林业局主管的林权交易中心、具有林权交易职能的林业综合服务中心、南方地区的南方林业产权交易所等。2009 年 11 月正式运营的中国林业产权交易所是国内唯一从事全国林业要素与资源综合性交易和服务的机构，提供全国范围内林木、林地交易托管及信息查询服务，林权证抵押融资，森林资源资产评估，大宗林业商品交易等服务。

在林权金融方面，由于我国金融业态以间接融资为主，导致林权金融以林权质押融资为主。2003 年，《中共中央 国务院关于加快林业发展的决定》赋予林权抵押权能。2008 年，中共中央、国务院颁布的《关于全面推进集体林权制度改革的意见》指出现代林业和农民增收要通过“林业投融资”和“林地林木流转”来实现，也就是通过林权改革后盘活森林资源资产来实现。2013 年，《中国银监会、国家林业局关于林权抵押贷款的实施意见》进一步规范林权抵押贷款制度，林权抵押贷款得到了初步发展。2017 年，国家林业局与中国银监会、国土资源部联合印发《关于推进林权抵押贷款有关工作的通知》，进一步破除阻碍林权抵押贷款发展的制度性因素，释放林权抵押贷款的巨大潜能。2018 年，国土资源部发布《关于推进 2018 年林权抵押贷款有关工作的通知》，指出要积极推进林权抵押贷款工作，调动社会各方资源，建立健全林权融资、评估、流转和收储机制。尽管林权交易市场建设取得了初步进展，但由于市场发展尚不成熟，还没有形成完整的林权金融服务体系，主要表现在林权证券、林权期货、林权期权、林权基金等各种林权金融衍生品和金融创新产品严重匮乏。

2. 问题与挑战

（1）对生态金融与“绿水青山就是金山银山”理念关系认知不到位

党的十八大以来，习近平总书记在国内国际许多场合阐述了“绿水青山就是金山银山”理念，建立了生态文明理论基础和体现可持续发展的治国理念。截至目前，学术界尚未形成“绿水青山就是金山银山”理念与金融发展之间关系的完备理论，对生态金融促进“绿水青山”转化为“金山银山”和生态产业化的研究也不够透彻。这主要是由于对生态文明和金融发展的关系认识不到位，没有在生态文明建设的框架下研究生态金融与“绿水青山就是金山银山”理念、生态产业化的关系。“绿水青山”向“金山银山”可持续转化的关键在于生态产业化，本质上就是将生态产品和服务价值化，推动生态资源资本化，继而实现生态产业化，把“绿水青山”变成“金山银山”[21]。而这需要借助金融市场，围绕生态产权交易，通过建立生态产权交易市场与创新各种以生态产权为交易标的的生态金融产品，促进生态产业化经营，实现“绿水青山”向“金山银山”的可持续转化。具体表现为通过建立生态产权交易市场，围绕碳排放权、排污权、用水权和林权等生态产权及其交易，引入抵押质押、证券化、租赁、期货、期权等金融产品及其衍生品，在促进生态资源资本化的基础上，实现尽可能大的金融效益。

（2）政策不明确，法律制度不全面

在历经这么多年的生态产权交易试点工作后，我国还未出台统一性的全国法律法规和规范，并缺乏具有统一要求及标准的制度。在碳排放权交易方面，国内大多试点施行的只是地方性政府规章，各地规章具体内容、交易规则及管理方式之间的差异较大，同时其中还可能存在管理责任边界模糊、制度和规章落实效率不高等问题。在排污权交易方面，虽然各试点省份相继出台了一系列制度和规范性文件，但仍缺乏国家层面的法律支持，导致交易主体法律地位不明确、排污权有效期不统一、市场交易秩序混乱等，极大地影响了银行与企业参与排污权金融业务的积极性。在水权交易方面，目前我国水权制度建设进程尚处于建立健全制度和实践探索阶段。尽管水量分配制度、取水许可制度已经确立，但水权交易制度还基本处于空白状态。目前，我国也未对水权交易程序做出法律规定。在林权交易方面，相对于其他生态产权交易，我国的林权交易还未正式开展林权试点工作，林权交易市场和围绕林权的金融产品尚未成熟，这也导致我国缺乏关于林权交易的法律法规和规章制度。

（3）生态产权交易市场发展严重不足

目前，我国各地生态资源资产的产权市场已见雏形，包括碳排放权市场、排污权市场、林权市场、水权市场等。相对其余生态产权交易市场，碳排放权交易市场相对成熟，已完成地区试点并在全国正式启动。但是我国目前的碳金融市场要素及交易机制还不够完善，市场参与者较少，可供市场交易的碳配额几乎都掌握在控排企业手中，而企业对市场平台和交易机制的积极性不足。我国现阶段的排污权交易虽然已经建立了基本架构并开始地区试点工作，但是还存在排污权交易体系不健全、排污指标初始分配方法不完善、排污权二级市场交易缺乏相关规范以及政府监管不到位等问题。我国水权交易起步较晚，仍处于地区试点工作阶段。水权交易多为政府主导型水权交易，缺乏市场导向的水权交易市场，导致竞争性水权交易均衡价格难以形成。目前，我国的林权交易市场还未出台正式的开展林权试点工作的通知，主要以省份、地（市）、县（市）3 个层次的林权服务中心为主。目前，我国林权交易市场存在农户林权交易积极性不高、市场化程度低、交易公司等中介组织缺乏的现象，未来探索森林资源资本化时还需要克服很多困难。

（4）生态金融化产品体系不完善

虽然近几年我国生态金融发展迅速，金融机构都陆续推出了一系列生态金融产品，但我国现有生态金融化产品比较单一、缺乏创新性，与国外相比差距仍然明显。完善的生态金融化体系是指通过建立生态产权交易市场，围绕碳排放权、排污权、用水权和林权等生态产权及其交易，引入抵押质押、证券化、租赁、期货、期权等金融产品及其衍生品。目前，我国生态金融化产品以生态产权的抵押质押为主，各界人士对我国生态产权金融产品的认知也局限在排污权质押、碳排放权质押上，而对排污权期货及期权、碳期权及期货、水权期货及期权等生态产权金融衍生产品的认知较少。造成以上现象的主要原因有两点：一是由于金融机构对生态产权交易操作规则和操作模式不熟悉、对生态产权交易项目开发的了解程度不足等因素，极大地限制了金融机构进入生态产权交易领域的步伐。二是与传统金融业务相比，生态产权金融业务的知识密集度更高，需要具有熟悉金融、能源、工程、环境等专业背景的复合型高素质人才，而现阶段我国普遍缺乏相应的复合型人才，直接导致生态产权金融创新动力不足。

第四节 生态金融发展的总体思路和重点任务

新时代推进生态金融发展，必须坚持以习近平生态文明思想为指导，在新时代生态文明建设的框架下研究生态金融的发展。首先，构建完备的生态金融学理论，深入研究生态金融促进经济增长和转型升级的作用机制，进一步凝聚和形成生态金融共识，为政府出台支持生态金融发展的相关政策提供理论基础。其次，明确生态金融的主要任务是服务以产业生态化和生态产业化为主体的生态经济体系，不断推进金融生态化、生态金融化，建立健全生态金融法律法规和政策体系，不断完善生态金融市场体系建设，持续推进生态金融产品服务体系创新，继而全方位支撑生态经济体系建设。最后，坚持生态优先、绿色发展，基于我国不同地区发展特征，实施生态金融差异化政策，实现生态效益、金融效益最大化，完成生态金融资源配置效率最大化。

一、构建生态金融学

1. 生态金融学的指导思想

生态金融学必须坚持以习近平生态文明思想为指导。党的十八大以来，以习近平同志为核心的党中央深刻回答了生态文明建设的一系列重大理论和实践问题，提出了一系列新理念新思想新战略，形成了习近平生态文明思想，为推进生态文明、建设美丽中国提供了强大思想武器。推进生态文明建设，走向生态文明新时代，对金融体系而言，一是深刻把握习近平生态文明思想的深刻内涵，不断创新金融发展方式。深入认识和践行习近平生态文明思想的核心要义，即必须坚持人与自然和谐共生，践行绿水青山就是金山银山的理念，坚持良好生态环境是最普惠的民生福祉，坚持山水林田湖草是生命共同体，坚持用最严格制度、最严密法治保护生态环境，坚持共谋全球生态文明建设。上述 6 条基本原则是生态金融发展的基本遵循。二是必须坚持生态金融在生态经济体系建设中的核心定位。建设以产业生态化和生态产业化为主体的生态经济体系是习近平生态文明思想的基本内涵，处于生态文明建设的基础性位置[22]。由于金融是现代经济的核心，是产业发展的最根本保障，生态经济体系的建设也为生态金融体系的发展指明了方向。

2. 生态金融学理论的内容

生态金融学是以习近平生态文明思想为指导，运用中国特色社会主义经济理论与生态学原理，以金融生态化和生态金融化为主体，研究生态系统和金融系统所构成的复合系统的结构、功能、行为及其规律性的学科体系。随着我国进入社会主义生态文明新时代，生态金融学在我国的地位日益凸显。截至目前，学术界尚未形成生态金融的完备理论，对生态金融促进经济增长和转型升级的作用机制的研究也不够透彻。以上问题的根源是对生态金融的研究不具有系统性和根源性，因此需要在习近平生态文明思想、新时代生态经济学框架下界定生态金融的内涵与外延，以我国视角观察金融发展模式的创新，以服务于国家生态文明建设的大局观看待金融发展模式的变化，明确生态金融在以产业生态化和生态产业化为主体的生态经济体系中的核心地位，继而提出具有自主性、创新性的中国特色社会主义生态金融理论。同时，需要对这些理论的提出、理论的思想内涵、理论的时代价值以及如何践行这些理论等进行深入阐释。

3．生态金融学的研究主体

研究生态金融学，要以金融生态化和生态金融化为主要抓手。首先，对金融生态化进行研究，包括绿色信贷、绿色债券、绿色股票等金融生态化产品的具体理论与实践等，同时深入研究金融生态化服务产业生态化的机理，不断推进金融生态化促进绿色发展和生态文明建设的研究，为政府出台相关政策提供理论基础，同时进一步凝聚和形成金融生态化共识。其次，运用生态金融学理论，对生态产权交易、碳金融、水金融、排污权金融、林权金融等基本金融概念进行深入研究。当前对这些基本概念的理解比较混乱，只有在澄清这些概念的基础上，才能对生态金融化进行逻辑清晰的系统研究。最后，对原材料类、环境容量类、舒适性类、生命支持性类等 4 类生态资源的产业化进行系统研究。同时，需要结合不同类型生态资源的特点，对生态金融化的具体路径（如直接市场交易、政府生态购买等）进行深入研究。

二、发展金融生态化，服务产业生态化

1. 健全金融生态化法律法规和政策体系

法律法规和政策体系是保障我国金融生态化发展的基础。现阶段我国关于金融生态化的法律法规体系还不够完善，相关政策体系仍不健全。为保证金融生态化的良好发展，首先在国家层面，应出台一些层次更高、覆盖面更广、更为具体化、具有更强法律效力的法律法规，为金融生态化提供强有力的法律支持，为金融生态化业务的开展提供健康的法治环境。在政策体系方面，调整我国现有的金融生态化标准，以服务产业生态化为战略导向，不断完善金融生态化发展机制，逐步完善并明确金融生态化业务标准、实施制度、监管体制等内容，为金融生态化的开展提供依据标准。国家除了对金融生态化发展进行引导外，还应该在财税政策方面给予激励，通过对绿色项目的

贷款贴息、财政补贴、减免税收等方式，实现对金融生态化、市场化的激励，充分发挥财政资金的有效性。此外，为促进绿色金融的健康发展，要强化监管考核制度，对地方政府、金融机构、企业加大监管的力度，利用绿色绩效考评机制对其进行监管，充分发挥监管机制的导向和激励约束作用。

2．完善金融生态化市场体系建设

现阶段我国金融生态化市场参与度不高，主要可以从以下4个方面提高市场参与度：一是深入领会习近平生态文明思想。目前，我国社会各界对习近平生态文明思想的认知和体会还较为薄弱，对产业生态化的重要性也不甚了解。因此，我国需要加大对金融生态化的宣传普及力度，树立政府生态政绩观，强化金融机构服务产业生态化发展的意识，引导企业注重产业生态化过程，使社会各界充分认识生态文明建设和绿色发展的重要性。二是深化市场激励机制。金融生态化本身具有的盈利能力不足的特性就已经大大降低了机构参与的积极性。政府应该尽快完善激励机制，采取一些更有效的激励措施来提高市场参与度，尽快落实财政补贴、税收减免和金融优惠等优惠政策。三是提高信息披露程度。信息披露不完整容易导致逆向选择，从而降低资源配置能力。我国要提高信息披露程度，统一标准，完善披露机制，扩大披露范围，加强政府与企业之间的信息沟通，保证披露信息的真实性、完整性以及时效性，使绿色企业能更好地参与到市场中。

3. 鼓励推进金融生态化产品的创新

产品创新是推动金融生态化发展的主要动力。现阶段我国产品类型单一化明显，创新能力不足。我国以间接融资为主的金融体系确定了绿色信贷在金融生态化产品体系中的核心地位，导致了我国企业融资主要依赖银行体系的间接融资，直接融资的比重不高。我国应该在推进绿色信贷产品发展的同时，积极拓宽直接融资渠道，积极研发绿色债券、绿色基金以及绿色保险等其他绿色金融产品，推动金融生态化产品多样化发展，继而满足绿色企业融资要求。在创新动力不足、复合型人才缺乏的问题上，我国应加强高素质、复合型人才的培养，同时引进国外的优秀人才，通过内培外引的模式，不断扩大复合型人才队伍，继而建立系统有效的生态金融人才机制。同时，解决绿色企业及绿色项目投融资难的问题也迫在眉睫，这个问题直接阻碍了绿色金融产品的创新。面对这个问题，我国政府可以为绿色企业提供担保，从而降低金融机构所面临的风险，推动金融产品创新，促进绿色经济的发展。

三、发展生态金融化，服务生态产业化

1. 健全生态产权交易市场的法律法规和政策体系

法律法规和政策体系是生态产权交易持续开展的保障。首先，必须建立健全生态产权交易制度及相关法律法规和政策体系，明确生态产权交易标的的范围，详细规定交易细则，完善

生态产权交易程序方面的制度和规范，同时明确交易双方的权利与义务，规范市场各类行为。此外，基于总量控制和稀缺性原则，科学控制我国的生态资源总量，合理分配生态产权初始配额，明确定价机制，使生态产权价格市场化。其次，政府还应加大支持力度，发挥导向作用，颁布合理的激励措施。通过给予金融机构以及生态产权交易中心更多的政策支持和税费优惠，激励更多的金融机构及交易中心参与生态产权交易，起到金融促进生态产业化发展的核心作用。此外，应从顺应我国生态产业化发展的角度出发，构建相关信息发布机制，明确需要披露的信息并规范市场中存在的不当行为，从而减少市场的交易风险，提高我国生态产权金融市场的效率。最后，提高监督水平，完善生态产权监管制度，做到初始分配公平。同时，借助立法这一途径建立严格的惩罚机制，确定各参与主体的权利与义务，保障生态产权金融市场的顺利运行。

2. 完善生态产权市场交易机制

生态产权交易市场自身的发展和完善是生态产权金融产生的重要条件。因此，发展生态产权金融，必须要逐步完善生态产权交易市场。首先，进一步完善生态产权交易平台。生态产权交易平台的构建和完善是生态产权交易市场完善的重要组成部分，也是金融机构介入生态产权交易的重要前提。总体而言，我国生态产权交易中心、交易平台主要都是分散的和地区性的，现阶段我国只有碳排放权交易市场相对成熟，已完成地区试点并在全国正式启动。今后应考虑建立全国性的排污权、水权、林权等生态产权的交易中心，为生态产权交易的供求信息发布、风险分散和评估提供平台。其次，提高各类金融机构的参与度。市场的低级形态是传统的商品交易，而市场发展的高级形态则是各类金融机构参与的商品交易。因此，为使生态产权交易市场逐步健全和完善，需要商业银行、证券公司、资信评级机构、投资咨询机构、基金公司和保险公司的积极参与。各类金融机构应当充分发挥其在生态产权交易中的功能，加大生态产权交易金融支持的力度。

3. 丰富生态产权金融产品

生态产权金融产品除了商业银行的金融服务产品外，还应当包括很多金融衍生品，如生态产权期货、生态产权期权等，这些金融衍生品可以有效控制和管理生态产权交易风险，积极发现生态产权交易价格，锁定生态产权交易中的损失规模。目前，我国生态产权金融发展严重滞后。今后，随着我国生态产权交易的频繁、生态产权交易数量和规模的扩大，各类金融机构参与生态产权交易将是大势所趋。各类金融机构应根据其业务特点积极参与生态产权交易，政府在相关政策和制度上应加强引导和激励。商业银行应当积极为生态产权交易提供资金便利，证券公司应协助生态产权交易方发行证券以进行融资。同时，作为做市商活跃市场交易，基金公司应当致力于为生态产权交易提供资金并开发新的投资产品，保险公司应当致力于为生态产权交易提供保险功能。根据我国生态金融化发展现状，当前应当引导商业银行和保险公司介入生态产权交易，为生态产权交易提供资金支持和保险功能，保障生态产权交易项目的投资进度和风险。同时，我国应当积极推出生态产权实物期货和期权，进而在条件成熟时推出生态产权金融期货和期权。

四、基于不同地区发展特征，实施生态金融差异化政策

发展新时代生态金融体系，服务以产业生态化和生态产业化为核心的生态经济体系，是实现新时代生态文明建设的重要物质保障。但我国不同地区的自然禀赋和经济发展水平具有很显著的差异性，发展新时代生态金融体系时要根据不同地区的发展特征，基于因地制宜原则，将生态效益、金融效益最大化。对不同自然禀赋、不同经济发展水平的区域而言，其生态金融发展路径必然有所不同。本节基于各层次区域生态金融发展的现实基础，从自然禀赋条件、经济发展水平两个维度，将我国地区划分为协调发展区域、经济先导区域、生态脆弱区域、生态主导区域，提出不同区域的生态金融发展路径[23]。

1. 协调发展区域的实践路径

协调发展区域具有自然资源丰富、生态环境良好、社会财富雄厚、经济发展良好的特征，是践行新时代生态文明建设、绿色发展理念的最真实写照。在拥有丰富的自然财富和社会资本的基础上，协调发展区域应继续坚持习近平生态文明思想的

指导，增强绿色发展能力，加快产业转型升级的步伐，朝着更高品质生态环境和更高水平经济社会发展的方向前进。协调发展区域自然禀赋、经济发展条件较好，具备同时开展产业生态化和生态产业化的条件，因此也是我国新时代生态经济体系建设和生态金融体系建设的排头兵。基于服务生态经济建设的主体任务，协调发展区域的生态金融建设应以金融生态化和生态金融化为重要抓手，不断完善相关政策制度，通过激励措施增加金融机构参与金融生态化和生态金融化的积极性，并打造多层次生态产权交易市场，不断创新生态金融产品，丰富间接融资渠道，继而构建全面的、服务产业生态化和生态产业化的资金融通机制。

2. 经济先导区域的实践路径

经济先导区域多数为资源型地区，是以矿产等自然资源的开采、加工为主导产业的区域。经济先导区域多为“先污染、后治理”的经济发展模式，即矿产资源的大规模开发促进了当地经济的快速发展和城市化进程，同时也对当地的生态环境造成了极大的破坏，导致了生态环境品质较差的现象，阻碍了区域经济和生态环境协调可持续发展的进程。如何解决资源型地区的生态环境与经济发展不协调问题，在生态环境品质提升的基础上完成高质量的经济发展转化过程，是经济先导区域生态文明建设亟待解决的重要问题。经济先导区域金融发展模式的重点在于金融生态化，通过资金融通、资金导向、产业整合和风险防范 4 个方面，服务于资源型地区产业生态化进程，继而促进传统产业转型升级与绿色产业发展。经济先导区域一方面要大力发展绿色信贷，通过“区别对待”的信贷政策来抑制“两高”企业的贷款需求，重点满足绿色产业的资金需求；另一方面要重点探索绿色债券、绿色保险和绿色基金的创新与实践，打通资源型产业转型发展的直接融资渠道，通过激励措施调动证券公司、基金公司、保险公司推出金融产品、参与经济先导区域产业生态化过程的积极性。

3. 生态脆弱区域的实践路径

生态脆弱区域为自然禀赋和经济发展水平均较为落后的区域，其生态本底比较脆弱，存在土地沙化、水土流失和石漠化等典型生态问题。同时，生态脆弱区域也是贫困人口集中分布区，属于经济落后区域，其自然财富变现能力较弱。生态脆弱区域是生态文明建设难度系数最大的区域，产业生态化和生态产业化发展均不成熟，因此导致了生态脆弱区域的生态金融体系建设尚处于起步阶段，金融生态化和生态金融化的发展也处于起步阶段。生态脆弱区域的金融发展应该按照“生态优先”的理念，优先服务生态修复、生态农业和生态保护等绿色产业，积攒生态环境优势。同时，运用市场机制开展生态资源产权交易，引进其他地区的生态资源。例如，在宁夏和内蒙古两地开展政府主导型的水权交易，满足地区发展对水资源使用的强烈需求。之后充分发挥金融生态化的作用，将资金引导至高附加值、低污染的战略新兴产业，同时提供相关政策补贴，使当地在生态环境质量提高的基础上经济不断向好。

4．生态主导区域的实践路径

生态主导区域为“绿水青山”品质优良、“金山银山”较为落后的区域，即具有丰富的生态产品、优越的自然资源禀赋，但是却相对贫困。生态主导区域大多是欠发达地区，部分还曾是国家级贫困县、省级贫困县。这些地区在确保生态环境品质不下降的前提下，向生态环境要效益，应以发展生态产业化为核心，打通生态资源转化为生态资本的渠道，勇于担当全国性的“绿水青山”向“金山银山”转化的排头兵。因此，生态主导区域的金融发展应以生态金融化为核心，在出台生态产权交易规章制度的基础上，完善多层次生态产权交易市场体系，发挥生态资源禀赋优势，将丰富的生态产权份额通过生态产权交易市场出售给紧缺的地区，继而不断积攒经济资本。同时，发布激励措施，调动证券公司、保险公司、基金公司等金融机构的积极性，围绕生态产权交易引入抵押质押、证券化、租赁、期货、期权等金融产品及其衍生品，继而促进生态产权之间的自由交易、保证生态资源的高效配置。

参考文献

[1] 习近平．坚决打好污染防治攻坚战　推动生态文明建设迈上新台阶[N]．人民日报，2018-05-20（1）．

[2] 陈学明．习近平生态文明思想对马克思主义基本理论的继承和发展[J]．探索，2019（4）：2，32-41.

[3] 曾贤刚．构建新时代生态经济学　建设新时代生态经济体系[N]．中国环境报，2020-08-07（3）.

[4] 赵华林．发展生态金融　建设生态文明[J]．环境保护，2015，43（2）：23-28.

[5] 朱凯．服务实体经济是金融的天职和宗旨[J]．红旗文稿，2018（19）：21-23.

[6] 张雪兰，何德旭．国外环境金融的困境与应对举措[J]．经济学动态，2010（11）：139-143.

[7] 任辉．环境保护与可持续金融体系构建[J]．财经问题研究，2008（7）：66-70.

[8] 王心悦．我国碳金融市场发展问题与对策[J]．中国林业经济，2021（1）：71-75.

[9] 龙云安，陈国庆．“美丽中国”背景下我国绿色金融发展与产业结构优化[J]．企业经济，2018（4）：11-18.

[10] 习近平．决胜全面建成小康社会，夺取新时代中国特色社会主义伟大胜利——在中国共产党第十九次全国代表大会上的报告[M]．北京：人民出版社，2017.

[11] 习近平．奋斗“十四五”奋进新征程　学习贯彻党的十九届五中全会精神[J]．实践（思想理论版），2020（12）：7.

[12] 王金南，苏洁琼，万军．“绿水青山就是金山银山”的理论内涵及其实现机制创新[J]．环境保护，2017，45（11）：13-17.

[13] 沈满洪．“两山”理念的科学内涵及重大意义[N]．中国环境报，2020-07-31（3）.

[14] 马骏．开展绿色投融资的重要政策信号[N]．金融时报，2016-09-02（5）.

[15] 黎元生．生态产业化经营与生态产品价值实现[J]．中国特色社会主义研究，2018（4）：84-90.

[16] 张建斌. 金融支持水权交易：内生逻辑、运作困境和政策选择[J]. 经济研究参考，2015（55）：9-16.

[17] 吴力波，钱浩祺，汤维祺. 基于动态边际减排成本模拟的碳排放权交易与碳税选择机制[J]. 经济研究，2014，49（9）：48-61，148.

[18] 涂正革，谌仁俊. 排污权交易机制在中国能否实现波特效应？[J]. 经济研究，2015，50（7）：160-173.

[19] 许兆君. 论国有林权制度改革的政府职能保障——以黑龙江省伊春林权制度改革为例[J]. 管理世界，2007（5）：148-149.

[20] 张杰. 中国金融体系偏向性发展的典型特征、错配效应与重构路径[J]. 探索与争鸣，2018（1）：91-99，143.

[21] 王金南，王夏晖. 推动生态产品价值实现是践行“两山”理念的时代任务与优先行动[J]. 环境保护，2020，48（14）：9-13.

[22] 李昕，曹洪军. 习近平生态文明思想的核心构成及其时代特征[J]. 宏观经济研究，2019，247（6）：7-17.

[23] 庄贵阳，丁斐.“绿水青山就是金山银山”的转化机制与路径选择[J]. 环境与可持续发展，2020，45（4）：26-30.

第八章　生态文明背景下经济转型之路

第一节　生态文明背景下的产业转型

一、产业转型概述

1. 产业转型的内涵

产业转型作为经济转型的核心，关系到经济转型的结果，一直以来都是学术界研究的热点问题。关于产业转型的研究主要集中在两个方面：产业价值链转型和产业结构转型。对产业价值链转型，Gereffi 等认为产业升级与产业组织学习有关，只有生产能力提高了，一个国家的产业在国际贸易网络中的地位才会提升[1]。Humphrey 等根据全球价值链的内涵，将产业升级划分为 4 种形式，包括跨产业升级、产品升级、工艺升级和功能升级[2]。黄建康等提出，国际分工中并非每一个环节的价值都是等量的。有些环节创造的附加值较高，有些环节创造的附加值较低。因此，产业发展或升级的目标是实现价值链升级[3]。赵昌文等根据价值链的微笑曲线理论，提出非制造部分（如研发设计、销售和售后等）的创造能力强，处于价值链高端。所以转型升级应该是除了制造业务之外部分的利润贡献的提高[4]。对产业结构转型，梁启东认为产业转型是一个结构调整的过程，也是一个制度创新和机制再造的过程，同时还是一个观念转变的过程[5]。干春晖等认为产业结构合理化和产业结构高级化是产业结构变迁的两个维度，并在此基础上提出了各自的度量方式。用第三产业产值与第二产业产值之比作为产业结构高级化的衡量方式，这一指标可以反映产业结构是否朝着“服务化”的方向发展。产业结构合理化用泰尔指数来衡量，反映了产业间结构的合理性[6]。韩永辉等也指出产业结构优化体现在产业结构合理化和产业结构高度化两个方面。其中，产业结构合理化是产业之间的协调程度，关注的是要素资源在产业间的配置，用产业结构偏离度衡量，并在此基础上通过产值加权对其进行改造。产业结构高度化表现为劳动生产率的提高和产业比例关系的改变，用劳动生产率高的产业的产值比重来衡量产业结构高度化[7]。

根据学术界对产业转型内涵的各种观点，笔者将产业转型内涵总结为：就宏观层面而言，产业转型反映了一个国家或地区整体经济运行的过程，政府根据本国或本地区经济发展的需求，通过实施与产业有关的一系列政策，调整产业结构，使其适应最新的经济发展要求，从而促进经济发展。就中观层面而言，产业转型是指一个区域的产业结构调整，选择新的主导产业，逐渐淘汰过去的一些产业。就微观层面而言，产业转型发生在一个企业组织的内部，企业重新制定经营战略，重新分配资源，使企业生产效率提高并获得更可观的经济效益。

2. 产业分类

产业是随着社会分工的出现而产生的，是生产同类物质产品的生产单位或具有同种社会经济职能的社会经济单位的集合，囊括了国民经济中的各行各业。由于社会分工内容不断细化和主要方法不断转变，出现了各种形式的产业。为了便于管理和认清其发展规律，要对产业进行分类。现在比较通行的划分原则是：提供具有密切替代关系的产品或服务的企业集合是产业。该原则来源于产业组织理论。

当前，我国三次产业的划分具体内容是：第一产业，指农、林、牧、渔业；第二产业，指采矿业，制造业，电力、热力、燃气及水生产和供应业，建筑业；第三产业，指农、林、牧、渔专业及辅助性活动，开采专业及辅助性活动，批发和零售业，交通运输、仓储和邮政业，住宿和餐饮业，信息传输、软件和信息技术服务业，金融业，房地产业，租赁和商务服务业，科学研究和技术服务业，水利、环境和公共设施管理业，土地管理业，居民服务、修理和其他服务业，教育，卫生和社会工作，文化、体育和娱乐业，公共管理、社会保障和社会组织，国际组织[8]。联合国曾发布《全部经济活动的国际标准产业分类》（*International Standard Industrial Classification of all Economic Activities*，ISIC）；我国参考国际标准划分方法，制定了我国的标准产业分类法，最新一版就是我国在 2019 年实施的《国民经济行业分类》（GB/T 4754—2017），包括 20 个门类、97 个大类、473 个中类和 1 380 个小类[9]。

3．产业结构理论

（1）产业结构演化理论

产业结构会随着经济发展以及工业化阶段推进进行规律性演变，不断由低级向高级转变。产业结构演化能有效地反映不同经济增长阶段的特征，对工业化进程也有推动作用。因此，很多学者对产业转型升级的研究是建立在产业结构理论的基础上的，通过探讨产业结构演进的一般规律，进而总结出产业转型升级的内涵。产业结构理论中具有代表性的有：配第-克拉克定理、库兹涅茨的产业结构论、霍夫曼定理、钱纳里的工业阶段理论等。

配第-克拉克定理的核心思想是劳动力在三次产业间的流动具有一定的规律，即劳动力总是从第一产业流向第二产业并流向第三产业，造成劳动力在产业间流动的根本原因是收入弹性差异及三次产业之间的投资报酬差异。劳动力在产业结构中的具体分布与一个国家的经济发展水平有关：在经济欠发达的国家，第一产业拥有的劳动力比重往往比较大；而在经济发达的国家，第二产业和第三产业拥有的劳动力比重相对较大。

库兹涅茨的产业结构论以发达国家作为研究对象，从劳动力结构和产值结构两个角度深入分析了产业结构升级的一般规律：劳动力、国民收入与产业结构具有一定的联系。第一，随着全部国民收入水平的提高，农业部门创造的 GDP 占全部 GDP 的比重以及农业部门劳动力占全部劳动力的比重会呈现下降趋势，且前者下降速度超过后者；第二，工业部门会逐渐成为一国经济的主导，工业部门创造的 GDP 占全部 GDP 的比重不断增加，但是工业部门劳动力占全部劳动力的比重趋于稳定；第三，服务部门创造的 GDP 占全部 GDP 的比重以及服务部门劳动力占全部劳动力的比重会呈现上升趋势，但后者的上升趋势比较显著。库兹涅茨的产业结构论后来成了测度工业化发展阶段的重要理论依据。

霍夫曼定理是将工业分为消费资料工业、资本资料工业以及其他工业，衡量产业结构的工具是霍夫曼比例——消费资料工业净值与资本资料工业净值的比值。霍夫曼认为虽然每个国家开始工业化的时间不同，当前阶段每个国家工业化水平存在差异，但是每个国家工业发展趋势是相同的，也就是霍大曼比例随着工业化的发展逐渐变小。霍夫曼把工业化分为 4 个阶段：第一阶段，资本资料工业所占比重较小，消费资料工业占统治地位。第二阶段，虽然资本资料工业发展较快，消费资料工业发展缓慢，但是消费资料工业仍然是主导产业。第三阶段，消费资料工业净产值与资本资料工业净产值基本持平。第四阶段，资本资料工业净产值超过消费资料工业净产值，最终资本资料工业成为主导部门。

钱纳里的工业阶段理论认为产业结构转变能够加速经济增长，经济发展的不同阶段对应着不同的产业结构。钱纳里将工业化进程分为 6 个阶段：第一阶段是传统不发达阶段，生产力水平低下，产业几乎只有农业。第二阶段是工业化初期阶段，产业结构开始松动，出现向工业化转变的趋势，但是工业产业中大多数是劳动密集型。第三阶段是工业化中期阶段，工业内部结构发生重大变化：轻工业向重工业转变，资本密集型产业得到充分发展，第三产业发展势态良好。第四阶段是工业化后期阶段，第三产业迅速发展，成为地区经济的重要增长点。第五阶段是后工业化阶段，工业内部结构发生改变：由资本密集型向技术密集型转变。第六阶段是现代化阶段，知识密集型产业成为主导产业，服务业向个性化、多样化方向发展。

（2）产业结构优化理论

产业结构的优化是指产业结构的升级换代过程，包括“三化”——高级化、合理化、高效化。所谓产业结构高级化，从三次产业在产业结构中所占的比重来看，就是一个国家或地区的产业结构从第一产业占主导转化为第二产业占主导，或者从第二产业占主导转化为第三产业占主导的过程；从产业类型在产业结构中的构成情况来看，就是劳动力密集型产业比重逐渐下降、资本密集型产业比重逐渐增加，或者是资本密集型产业比重逐渐下降，技术密集型、知识密集型产业比重逐渐增加的过程；从一个国家或地区生产的主要产品属性来看，就是由生产大量的初级产品转向制造高加工产品、高附加值产品的过程。产业结构高级化更多强调的是主导产业的升级换代。所谓产业结构合理化，强调的是不同种类的产业之间的关系，产业之间能够协调发展和相互关联，从而使社会资源在产业间得到合理配置和高效利用。古典经济学理论强调产业之间要按照一定的比例协调发展，马克思的社会生产两大部类平衡理论、里昂惕夫（Wassily W. Leortief）的投入产出模型等经典的经济学思想都强调了产业结构需合理化。所谓产业结构高效化，就是淘汰低效率的产业，或者对低效率产业进行高效化升级，进一步优化资源配置，提高整个产业经济系统的效率和经济效益。

二、产业绿色转型

1. 绿色发展理论

早在1946年，英国的经济学家希克斯就提出了“绿色GDP”的概念，就是用传统的GDP数值减去环境污染造成的损失价值和自然资源消耗价值，从而得到可持续发展的 GDP。绿色 GDP 理念可以看作绿色发展理论的雏形。1993 年，联合国统计署（United Nations Statistics Division，UNSD）出版的《综合环境经济核算手册》对绿色 GDP 做出明确的定义，同时也说明了绿色 GDP 代表的含义：绿色 GDP 与 GDP 的比值越高，表明该国或地区国民经济增长对自然环境造成的负面影响越小，经济发展与自然环境之间的关系越和谐。1995 年，世界银行将绿色 GDP 纳入其数据核算体系，在 1997 年首次正式推出“绿色 GDP 国民经济核算体系”。我国紧跟国际潮流，2004—2006 年，初步建立了与我国国情相适应的绿色 GDP 核算体系框架，在全国 10 个省（市）开展绿色 GDP 核算的试点工作。我国在 2006 年 9 月发布了第一份经环境污染调整的 GDP 核算研究报告——《中国绿色国民经济核算研究报告 2004》。让绿色发展在国际上名声大噪、成为国际共识的是 2008 年联合国秘书长潘基文在波兰举行的联合国气候变化大会上正式提出了“绿色新政”概念。“绿色新政”提出后，世界各国和地区纷纷结合自身优势，响应、制订并实施“绿色新政”计划。例如，美国政府出台了《美国清洁能源与安全法》，大力发展可再生能源，积极发展低碳经济；韩国政府在 2009 年 7 月发布了《绿色增长国家战略及五年计划》，宣布设立一个为期 5 年、每年投入 107 兆韩元的绿色成长投资项目；欧盟于 2009 年 3 月正式启动整体绿色经济发展计划，计划在 3 年内投资 1 000 多亿欧元，支持欧盟各国发展绿色经济，促进绿色经济增长和绿色就业；2009 年以来，印度政府加大对太阳能、风能、核能和生物能的投资开发，发展可持续农业，在缓解其国内能源危机方面成效显著。

我国在《中华人民共和国经济和社会发展第十二个五年规划纲要》中正式提出了“绿色发展”一词，明确指出：“树立绿色、低碳发展理念，以节能减排为重点，加快构建资源节约、环境友好的生产方式和消费模式，增强可持续发展能力，提高生态文明水平。”党的十八大报告将“着力推进绿色发展、循环发展、低碳发展”作为大力推进生态文明建设的重要内容。党的十八届五中全会提出“创新、协调、绿色、开放、共享”的新发展理念，绿色发展上升为我国经济新常态下的重大战略。《中华人民共和国经济和社会发展第十三个五年规划纲要》提出，“坚持创新发展、协调发展、绿色发展、开放发展、共享发展，是关系我国发展全局的一场深刻变革”，绿色发展的重要性日益凸显。党的十九大报告明确指出：“推进绿色发展，加快建立绿色生产和消费的法律制度和政策导向，建立健全绿色低碳循环发展的经济体系。”我国对绿色发展的目标和前景逐渐具体、清晰。《中华人民共和国经济和社会发展第十四个五年规划纲要》指出，“推动经济社会发展全面绿色转型”，我国绿色发展进入新阶段。

绿色发展的基本思想可以分为 4 个方面：第一，绿色发展强调经济发展要“绿色化”，也就是模式要合理。人类社会的发展和进步离不开经济发展的推动，经济发展也为人类活动提供物质保障。过去粗放型的经济发展模式下，用环境资源换增长、一切只为了实现经济增长的不合理做法对环境造成了巨大的伤害，最终会威胁到人类的生存。第二，绿色发展强调人与自然和谐相处，也就是人类活动一定要在环境承载力的范围内。绿色发展不仅强调“绿色”，“发展”也是重头戏。可以通过绿色技术创新、管理手段创新、激励机制等方法促进产业绿色发展，实现资源的再生率高于消费率，避免出现资源耗尽的悲剧。第三，绿色发展强调资源环境本身就是生产力，资源环境是有价值的，保护资源环境就是资本增值的过程，就是发展生产力。第四，绿色发展强调社会的全面绿色化，不仅包括工业体系绿色化，而且要求整个国民经济体系绿色转型，人类消费、城镇建设等也都需要向绿色发展方向转型。

贯彻绿色发展理念需要遵循 3 个原则。一是公平性原则。绿色发展理论可以看作可持续发展理论的升华，强调在资源使用上的代际、代内双公平，即一方面对当代人而言，虽然社会资源数量有限而且分布不均衡，但也要满足社会成员的基本生活，不能掠夺他们追求美好生活的权利；另一方面，不能耗尽所有的资源，让后代人没有资源可享用或者无法满足后代人的资源需求。为了实现代内、代际公平，让每一代人有资源可享用、有能力追求美好生活，只有走绿色发展道路，实现经济社会的可持续。二是持续性原则。绿色发展提出的背景就是资源环境危机对人类生存日益构成威胁，绿色发展的根本目的是实现人类社会的永续发展。人类在追求经济增长、实现美好生活的过程中，要改变过去对资源环境不合理的使用观念，将生态系统的承载力作为使用上限。当资源环境能够被合理利用时，不可再生资源不被过度消耗，可再生资源再生能力不下降，替代资源不断被发掘，整个生态系统的可持续性可以得到维持。三是共同性原则。绿色发展的受益者并不局限于某个国家或地区的人民，能源资源危机是全人类共同面临的问题，因此绿色发展是为了全人类延续文明、生生不息。不可否认，当今世界不同国家和地区的经济发展水平、科学技术水平各不相同，因此，每个国家和地区如何实现绿色发展都有自己的个性，但绿色发展理念是人们需要遵守的共性。只有全世界人民共同努力，才能实现人与人、人与自然和谐共生。

2. 产业绿色转型的内涵

产业绿色转型主要包含 4 个方面：产业绿色化升级、产业结构绿色化、产业组织绿色化、产业价值链绿色化。产业绿色化升级就是对传统产业进行绿色化改造，传统行业的企业实施绿色标准，应用绿色技术，开发绿色工艺。例如，食品行业推出绿色食品，石化产业实现清洁生产，冶金产业使用节能环保技术和工艺，建材行业发展绿色建材，能源行业构建清洁低碳的能源体系等。产业结构绿色化就是通过产业绿色延伸，实现资源循环利用，提高资源的利用率与产业的附加价值；通过产业绿色融合，将原本的资源型产业与其他产业相融合，或者将绿色新理念融入传统产业中，加快绿色新型产业的落地生根发展；通过产业绿色开发，充分挖掘本地绿色发展的资源优势，因地制宜发展具有比较优势的绿色产业；通过产业绿色移植（这主要是针对科技水平相对落后的地区而言），引进高效率、低耗能的绿色性产业。对国有大中型企业而言，产业组织绿色化就是一方面企业管理者将绿色发展融入企业战略和经营理念中，淘汰传统的资源型项目，主营资源消耗少、环境破坏小、创新能力强的非资源类项目；另一方面，通过同类企业、上下游企业以及横向关联企业之间的兼并重组，对企业业务进行合理调整，实现企业之间的资源循环利用。对中小企业而言，产业组织绿色化则是加强培育扶持，鼓励中小企业进行绿色技术创新，走绿色经营之路。在产业价值链绿色化方面，绿色价值链包括绿色设计、绿色采购、绿色制造、绿色营销、绿色消费等基本环节，这就要求企业绿色化经营，主动承担企业社会责任，消费者也要具有强烈的绿色消费意识。同时应促进绿色化发展的制度和基础设施相对完善。

3. 产业绿色转型的效果评价

随着产业绿色转型的深入推进，科学测度和评价产业绿色转型升级现状成为研究热点。目前，比较主流的测度和评价方法有 3 种：一是通过构建综合性指标体系进行评价。该方法的核心环节就是构建一个能够比较全面地测度和评价绿色转型升级效果的指标体系，国际上目前没有出台具有权威性的评价指标体系，国内研究虽起步较晚，但是目前取得了一定的进展。随着我国绿色转型的不断推进，学术界研究时所构建的指标体系囊括的内容也越来越丰富。学者们一开始主要是从经济、社会和环境等方面构建指标体系以测评我国各地区经济增长方式转变情况，后来有学者以此为基础，融入工业转型发展内涵。随着绿色发展理念逐渐上升为共识，学者们构建指标体系时更加突出“绿色指标”。二是通过数据包络分析（Data Envelopment Analysis，DEA）测算绿色全要素生产率。DEA 方法省略了构建投入产出关系这一环节，避免了预先设置参数和指标权重这种比较复杂的工作，又可以测算多投入、多产出并且较为客观，因此很多学者在研究产业绿色转型评价时倾向于选择 DEA 方法。三是根据脱钩理论，也就是根据经济发展与资源环境压力的脱钩情况来判断绿色转型升级状态。此方法采取变化率比值，可以有效消除不同基期选择带来的不稳定性，适用的研究领域也十分广泛。

笔者认为，在评价产业绿色转型的效果时需要遵从 3 个原则。一是科学性与客观性。无论选取什么样的评价方法，都应该在对研究区域的资源环境问题特征、产业绿色转型的重点领域开展广泛调研、深入分析的基础上，科学地确定具体的评价指标，从而合理评价产业绿色转型水平，为制定相关产业政策提供可靠的参考。科学性是客观性的基础，客观性就是选择评级方法以及确定具体的衡量指标，不能仅仅依靠主观判断，要尽可能地依托客观实际情况，如不能主观臆断参数、指标的权重等，而要选用客观合理的方法进行确定。二是定量化与可操作性。进行效果评价时尽量选取定量指标，因为一方面定性指标通常无法直接带入计量模型进行测算；另一方面，即使有的定性指标可以通过一定方法转化为定量指标，但转化过程很可能影响评价结果的准确性。可操作性直接决定了能不能完成评价工作，如有的指标即使意义重大，但无法准确获取其数据，也无法通过科学的方法转换，这时就需要舍弃。因此，可操作性要求选取的具体指标的数据具有可获得性、连续性、准确性，这也是评价结果能够推广运用、发挥更大作用的前提。三是权威性与典型性。产业绿色转型是我国生态文明背景下经济转型的重点内容。要实现生态文明背景下的经济转型，必须对产业绿色转型进程进行科学、客观的评价。这些对经济转型的决策具有重要的参考意义，所以评价方法和具体指标应该具有权威性。所谓权威性，就是指标应尽量使用官方权威口径统计和发布的指标，具体数据应尽量使用统计口径一致的数据。当出现小部分数据缺失时，运用科学方法对官方权威数据进行推算。产业绿色化转型评价方法使用的具体指标要具有典型性，适合在多个区域推广。此外，指标相互之间独立性较强，简洁而全面，不能盲目堆砌。若评价方法过于复杂或者环节太多，容易出现数据收集和整理难度过大的问题，也会导致分析出错的概率增大。

国家发展改革委曾在2016年发布了《绿色发展指标体系》，从资源利用、环境治理、环境质量、生态保护、增长质量、绿色生活、公众满意程度等7个维度（包含56个二级指标），对绿色发展水平进行全面的评价，这不失为评价产业绿色转型的重要参考。

三、一般产业转型与产业绿色转型对比

一般产业转型与生态文明下的产业转型之间的区别主要集中在4个方面：经济、人口、能源和环境。一般产业转型是在经济发展停滞或者追求更高的物质经济利益的背景下提出的，因此其在经济发展层面上只强调经济增长、获取更高的经济利益。生态文明下的产业转型中，生态友好是制定产业政策时需要考虑的首要因素，因此其在经济发展层面上强调的是在生态环境承载力许可前提下追求经济增长，经济增长是一种健康、绿色的增长。一般产业转型的目标是获取更高的经济利益，因此在人口层面就是提高人民物质生活水平和促进劳动力在产业间的转移。生态文明下的产业转型在人口层面不仅要提高人民的物质生活福利，还注重人民的精神生活和身心健康，在实现劳动力在产业间转移的同时注重提高劳动力的素质。一般产业转型在能源层面通过淘汰资源密集型产业来减少对能源的依赖，而生态文明下的产业转型强调发展能源循环高效利用

的产业，对资源密集型产业通过技术创新实现绿色化改造，同时发展服务型产业及高新技术产业。一般产业转型在环境层面是走“先污染，后治理”的道路，生态文明下的产业转型强调从源头上控制对生态环境的污染和压力，建立完善的环境保护机制，追求“绿水青山就是金山银山”。

四、中国产业绿色转型的路径分析

1. 中国产业绿色转型的动因分析

产业组织理论指出，一个产业能否持续健康发展的关键在于要素供给和供求关系两方面。因此，笔者将从资源环境、生产要素供给、绿色消费需求和国家竞争力等 4 个角度展开对我国产业绿色转型的动力分析。

资源和环境约束迫使我国产业绿色转型。经济学的基本假设之一就是资源具有稀缺性，很多资源是不可再生的。20 世纪末尤其是进入 21 世纪，随着我国人口总数不断增加，过度依赖资源换取经济增长，我国资源尤其是自然资源紧张的形势日益严重。虽然我国的科技水平在不断进步，但是自然资源依然是制约我国国力和可持续发展的关键要素。因此，如何能快速降低资源消耗、减轻对传统资源的依赖、摆脱资源枯竭的威胁，已经成为我国经济发展关注的重点，可以说绿色产业是未来经济发展的动力源和增长点。对环境和生态系统的修复是一项长期工程，对于物种灭绝、水资源枯竭这种生态环境问题更是不可逆的，可以说破坏生态环境“轻而易举”，修复生态环境“举步维艰”。我国改革开放以来发展的许多产业都是高污染型的，环境污染事件屡屡发生，这对人民的身体健康造成了伤害。因此，在环境的承载力范围内发展经济才能解决环境污染的问题，这也是我国产业需要绿色转型的原因。

生产要素供给充分为我国产业绿色转型提供了支持。当前，我国绿色产业发展的生产要素供给是充分的，集中体现在以下 3 个方面：一是技术要素。绿色产业的核心特征之一是其为创新型的新兴产业，绿色产业能够“低耗能、高产出”是技术创新的作用。虽然相较于西方发达国家，我国对绿色产业的相关内容认识时间较短，但是 21 世纪以来，随着我国可持续发展战略和新发展理念的实施，以及我国政府对科技创新的重视和投入逐年增加，我国在绿色产业技术创新上取得了长足的进步，尤其在光伏、新能源等领域处于世界领先地位。二是劳动力要素。无论是传统产业，还是绿色产业，发展都离不开劳动力。随着人工智能和机器人等的发展，机器人替代一线工人、人工智能替代服务业人员在某些领域已经比较成熟稳定，客观上增加了绿色产业的劳动力供给。此外，随着我国科教兴国战略的深入推进，我国劳动力的素质大大提高，很多高等院校开设了绿色产业相关的产业，为我国培养了一大批绿色产业相关的专业人才。绿色产业劳动力的充分供给有利于促进绿色产业的规模发展与集聚。三是资本要素。现代产业快速发展离不开资本要素的推动，我国当前出台了专门的产业政策以支持绿色产业发展，并且利用国有资本引导资金进入绿色产业。推动越来越多的社会资本和私人资本积极参与投资绿色产业。可以说，当前我国绿色产业发展有着充分的资本要素支持。

绿色消费需求促进我国产业绿色转型。当前，我国正在推进建设生态文明社会，生态文明社会的发展会自动激发人们对绿色生活的全方位需求，人们的衣食住行都需要绿色低碳。绿色消费正在成为社会共识，绿色产品颇受关注。相比于过去，现在人们在购买产品时不仅仅关注价格，对产品的生产过程是否绿色、产品的营销活动是否绿色、产品属性是否绿色等都有一定的关注，有机类产品在市场上获得了消费者的火热追捧。消费需求会反作用于生产，引领生产的方向，因此与日俱增的绿色消费需求促进我国产业绿色转型。随着绿色需求的激发，国家竞争力提升需要我国产业绿色转型。产业竞争力是国家竞争力的重要组成部分。发展绿色产业已成为全球共识，世界各国都在努力发展绿色产业，以获取在此领域的领先地位。近年来，发达国家设置的绿色贸易壁垒使我国企业在国际贸易领域屡屡受挫，我国相关产业的企业绿色壁垒诉讼案件数量也是逐年上升。绿色贸易壁垒已成为 21 世界贸易保护主义的利器，中国制造在贸易保护主义和逆全球化背景下面临着巨大的压力。因此，从提升我国国家竞争力的长远角度来看，从根本上解决绿色贸易壁垒问题，只能通过我国产业绿色转型来实现。

国家竞争力的另一个解释就是国家生产力。绿色产业是现代国家国民经济的基础性产业，涉及国民经济的方方面面，代表着最先进的国家生产力。我国要想在未来激烈的国际竞争中立于不败之地，绿色产业生产力就是获取国际竞争优势的重要依靠。因此，必须加快我国产业绿色转型，提升我国绿色生产力。

2. 中国绿色产业发展路径

生态文明背景下的产业转型实质上就是发展绿色产业，推进传统产业体系转换为绿色产业体系。早在20世纪80年代，就有学者提出我国应大力发展绿色产业，但是至今对绿色产业也没有形成一个统一的定义，笔者认为绿色产业具有以下3个特征：①绿色产业是环境友好型产业。绿色产业强调使用绿色技术，对资源开发采取绿色化的方式，发展绿色产业是为了促进人类实现绿色生产、绿色消费和绿色生活，从而实现人与自然环境的和谐共处，所以绿色产业是环境友好型产业。②绿色产业是创新型的新兴产业。绿色产业的发展方式不同于传统的工业发展模式，需要依靠技术创新才能摆脱过去以破坏环境和资源为代价的工业模式。对企业而言，绿色产业是一个新开发的领域，企业没有相应的经营经验，所以在经营管理的模式理念上都需要创新。此外，如何让消费者迅速接受并且主动选择绿色产品对产品的销售提出了服务创新的要求。因此，绿色产业是一个融合了各种各样创新活动的新兴产业。③绿色产业是现代国家国民经济的基础性产业。绿色产业是在传统工业造成了经济发展与环境资源之间尖锐矛盾的背景下提出的。只有发展绿色产业，才能实现国家整体经济的可持续发展。同时，绿色产业覆盖面广，在第一产业、第二产业、第三产业都能发现绿色产业的身影。因此，绿色产业逐渐会覆盖国民经济的各个产业部门，从而成为国民经济的基础性产业。我国对绿色产业发展路径的认识在不断深化，当然也发生了一些明显的变化。笔者依据不同阶段的特征，将认识过程大致分为以下 4 个历史阶段。

（1）绿色产业发展路径启蒙阶段（1949—1979 年）

从中华人民共和国成立到改革开放前，由于我国的国民经济尚处于恢复和逐步建立中，工业生产能力处于较低水平，对资源的消耗和环境破坏不是很严重，所以对绿色产业的认识相对有限。1949 年 12 月的全国农业会议指出农业的恢复是一切部门恢复的基础，发展农业是经济发展的重心。而土地沙化对农业造成了严重的不良影响，所以这一时期绿色产业发展主要集中在防沙治沙和农业领域。在这一时期，国际上掀起了“绿色革命”，但实质上就只是某些西方发达国家将高产谷物品种和农业技术推广到亚洲、非洲和南美洲的部分地区，促使其粮食增产的一项技术改革活动，对环境资源问题几乎没有涉及，而且这项活动带有明显的政治意图，对我国没有产生太大影响。

（2）绿色产业发展路径初试阶段（1980—1999 年）

随着改革开放大幕的拉开，我国从理论与实践两个方面逐渐认识与接受绿色产业，在食品行业开始了最初的探索。我国于 1989 年开始实行绿色食品标志制度，截至 1998 年年初，全国统计绿色食品的种植面积已达 3 500 万亩，总产量为 630 万吨，有绿色产品标志使用权的产品近 900 个，生产企业 550 余个，分别是 1990 年的 50 倍、18 倍、7 倍和 20 倍，年均增速在 35%以上[10]。我国从 1994 年开始实施“绿色标志”，在当年 5 月成立中国环境标志产品认证委员会，负责“中国环境标志”的认证工作。在这一时期，我国制定了一些绿色产业发展的规章制度，例如，1996 年出台的《国务院关于环境保护若干问题的决定》、1997 年出台的《中华人民共和国能源节约法》、1999 年发布的两批《淘汰落后生产能力、工艺和产品的目录》等。

（3）绿色产业实践路径探索阶段（2000—2009 年）

进入 21 世纪，我国“高污染、高能耗”的粗放型经济发展模式对环境的破坏力越来越大，越来越难以为继。面对着资源和环境的双重约束日益趋紧，如何寻求可持续发展上升为国家的重要议题，对绿色产业的重视程度也大大提高。人们越来越认识到绿色产业不仅仅是指环保产业，更不是独立于传统的三类产业之外的所谓第四产业。绿色产业代表的是绿色生产力和绿色生产方式。党的十六大提出了科学发展观，要求把人的发展、协调发展和可持续发展结合起来。在科学发展观指导下，各地纷纷结合地方资源，大力推进绿色产业化和产业绿色化建设，取得了一些成效。在这一阶段，国家为了推动绿色产业发展，针对性地实施了一系列绿色产业政策，例如，2000 年发布的《当前国家重点鼓励发展的产业、产品和技术目录（2000 年修订）》、2002 年发布的《淘汰落后生产能力、工艺和产品的目录（第三批）》和《中华人民共和国清洁生产促进法》、2004 年出台的《能源效率标识管理办法》和《中华人民共和国固体废物污染环境防治法》等。这些法律法规和政策制度为我国发展绿色产业提供了规范和标准，加快了我国绿色产业的发展。

（4）绿色产业实践路径大力推进阶段（2010 年至今）

虽然自 21 世纪初我国积极推进产业结构调整、产业升级，但绿色产业的规模、产值和影响力相对传统产业而言，还是非常有限的，只能算作地方发展经济的“陪衬”。特别是 2008 年世界金融危机，我国采用 4 万亿元救市，地方出现冲动投资，一些原本濒临倒闭或者淘汰的落后传统企业借机东山再起。到 2010 年，虽然我国经济得到了稳定发展，但是环境污染问题越发严重，对人民的健康已经造成危害，发展绿色产业逐步上升为国家战略。2012 年，党的十八大报告明确提出大力推进生态文明建设，把生态文明建设融入政治建设、经济建设、文化建设以及社会建设等各方面和全过程。2015 年，中共中央、国务院发布了《关于加快推进生态文明建设的意见》，明确提出了“加快推动生产方式绿色化，大幅提高经济绿色化程度，发展绿色产业”；同年发布的《中国制造 2025》提出了“全面推行绿色制造，全面推行清洁生产，发展循环经济，构建绿色制造体系”。2016 年，《中华人民共和国国民经济和社会发展第十三个五年规划纲要》中提出了“绿色、创新、协调、开放、共享”五大发展理念，绿色发展被提到了重要议程；同年，《工业绿色发展规划（2016—2020 年）》出台，对绿色产业发展进行了详细的规划，具有很强的指导推动作用。2019 年，《绿色产业指导目录（2019 年版）》出台，为各地区、各部门明确绿色产业发展重点、制定绿色产业政策、引导社会资本投入提供了依据。相较于西方发达国家，我国在发展绿色产业方面，无论是基础还是科技水平都相对落后，但是近年来新能源汽车、光伏发电等产业在国际上的亮眼表现既表明了我国发展绿色产业的坚定决心，也说明了我国在发展绿色产业方面将大有作为。

第二节 生态文明背景下的市场机制建设

生态文明体制改革与经济体制改革相比，在制度、体制、机制创新方面，既有自身的特殊性，又有共同的规律性。其中，在处理政府和市场的关系方面，与经济体制改革相比，政府作用的发挥应该更大一些、发挥得更好一些。尤其是在集中治理生态环境的特殊历史时期，更是需要强化行政手段、发挥好政府的作用。但是从长远来看，为推进生态文明建设在发挥好政府作用的同时，还要发挥市场在资源配置中的决定性作用。因此，党的十九大后，生态文明领域的改革重点正在逐步由主要靠政府、利用行政手段推动，向建立市场体系、充分激发市场活力、发挥市场在生态文明建设中的决定性作用方面转变，实现我国在生态文明建设改革和发展方面的制度创新。

诚然，市场经济这么多年的实践表明，市场经济对生态环境会产生一些不利的影响：①市场是通过价格机制进行调节的，但是有时调节的滞后性、盲目性等会导致价格机制失灵，市场会出现生产过剩或者商品短缺，生产过剩就会浪费自然资源、增加环境压力。②市场经济也会出现资源、能源的价格扭曲现象，导致一些环境资源的低价甚至无偿使用，如污染排放问题。③市场的竞争机制也会对资源环境产生不利影响。由于存在信息传导滞后的问题，而商家为了竞争逐利，往往会囤积货物。为了解决库存问题，商家往往会过度营销，向消费者兜售其实际并不需要或者不需要那么多的产品，这就导致消费者对许多产品的使用率非常低，没有物尽其用，这是对资源的浪费和破坏。传统市场经济由于自身局限性，很多方面有悖于生态理念，因此在大力建设生态文明的今天，要加强市场机制建设，摒弃现有市场经济中与生态文明建设相背离的因素。

但是，建设生态文明与建设市场经济之间的矛盾并不是不可调和的，两者是可以相结合、同时推进的。市场经济的运行机制也有助于建立新型的生态市场机制。生态市场是现代市场体系的重要组成部分。在西方发达国家，生态市场体系已经建立多年并逐步成熟完善；但在我国社会主义市场经济体系建设中，生态市场处于探索阶段，市场体系尚未形成，市场机制未能充分发挥，市场在配置资源中的决定性作用还受到很大限制。从长远来看，我国需要逐步建立自然资源（或资本）产权交易市场、生态产品交易市场、排污权交易市场、环境信息市场、环境保护服务市场等市场体系。发挥自然资源所有权、取水权、排污权、碳汇权等重要市场要素的杠杆作用，并逐步使之在调节自然资源配置、改善生态环境中发挥决定性作用。使自然资源开发利用者、良好生态环境的新占用者、公共投资改善生态环境的受益者等各类市场主体都各自承担相应的生态环境成本，获得相应的生态环境效益，从而提高自然资本要素配置效率。在发挥市场在生态市场建设中的决定性作用的同时，政府主要承担在生态市场体系建立、发展中的监督主体责任。把建立市场体系、制定市场规则、监督市场主体、维护市场秩序、发挥市场机制等作为政府在建设生态文明体系中的主要职能，从而实现我国在生态文明领域改革和发展方面的制度创新。

从近期来看，生态文明背景下的市场机制建设需要重点做好以下 4 个方面的工作。

（1）建立我国比较完善的生态资源产权制度

生态资源权属制度是自然资源保护、管理中不可缺少的基本制度。目前，虽然我国法律规定自然资源主要属于国家和集体所有，但具体产权归属并不完全清楚。生态资源所有者不到位，并且分散行使所有权的责任，给生态资源的保护、开发、利用带来了一系列问题。因此，解决生态资源产权问题是建立生态市场体系的基础。首先，要建立生态资源的确权制度。解决矿产、森林、水、草原、土地等自然资源权属问题，这项工作虽然已经开展了多年，但仍然任务繁重、情况很复杂，需要进行扎实细致的工作。其次，要着力解决生态资源所有者不到位问题。建立统一的行使自然资源所有者责任的机构，明确责任。在新一轮政府机构改革中，国务院成立了自然资源部，明确了自然资源部作为全民所有的自然资源资产所有者的责任。应该说这是适应了建立我国自然资源产权制度的客观要求，但如何处理在自然资源权属中的中央和地方关系也是未来自然资源管理要面临的重要问题。最后，建立生态资源使用权交易制度。生态资源的权属包括两个基本方面，即所有权和使用权。在自然资源属于国家和集体的前提下，自然资源使用权的转让是自然资源开发利用中不可缺少的重要环节。因此，建立不同类别的自然资源使用权交易市场是完善自然资源交易制度、发挥市场机制的重要前提。目前，我国自然资源交易市场体系中，除了城市土地交易市场比较完善外，绝大多数自然资源市场还没有建立起来，市场机制作用的发挥还非常有限。

（2）建立自然资源资产价格体系，发挥市场在配置自然资源中的决定性作用

改革开放以来，在建立社会主义市场经济体制过程中，自然资源的价格体系很不完善，价格机制在市场调节中的重要作用没有得到应有的发挥。最突出的表现是在绝大部分自然资源资产定价机制中，自然资源及生态环境要素本身的资源价值尚未得到充分体现，严重影响了自然资源的合理开发、利用和保护。比如，自来水水价中水资源费仅占水价的 2%，而水资源利用所带来的水污染、水生态的破坏则需要大量的投入才能恢复。治理水污染、保护水资源、维护水资源的生态平衡所需要的投资费用远远大于水资源使用价格。此外，企业排污、矿产开采、滩涂围垦、土地整理等也造成了自然资产利用的高额外部性成本。因此，需要通过合理的价格体制，建立完善的价格体系，形成自然资产使用者对生态环境损失的市场补偿机制；发挥价格杠杆在自然资源配置中的决定性作用，促进我国自然资源更好地开发利用和保护。

（3）建立排污权、排放权交易市场，形成有利于污染治理和资源合理利用的市场机制

排放权、排污权市场在西方发达国家已经运行多年，比较成熟。我国应该积极推动排放权、排污权市场。建立排放权、排污权交易平台，建立排放权、排污权竞价机制和交易制度，探索排放权、排污权交易的市场化运作机制，及时释

放资源环境有价信号，从而提高排放权、排污权的配置效率，用价格手段、市场机制倒逼环境容量超标的区域和污染严重的企业进行技术改造、产业升级，从而有效地推进环境污染的治理。

（4）建立以政府投入为主导、社会资本参与的生态修复市场机制

生态修复改善了城乡空间环境，提升了城乡空间的居住、生产等利用价值，具有显著的社会效益和生态效益。但生态修复具有公共产品特征，完全依靠社会资本投入是难以做到的；而完全依靠政府的投入、利用行政手段，生态修复的成本很高，社会效益也缺乏可持续性。因此，需要以政府投入为主导，采取政府和社会资本合作（PPP）、特价经营权、政府购买服务、投资成本综合补偿等多种方式，引入市场机制和社会投资，以更好地推进生态修复空间的可持续性，降低生态修复的成本，提升区域生态系统的整体价值。

第三节　生态文明背景下的绿色技术创新

一、绿色技术创新概述

1．绿色技术创新的内涵

绿色技术创新是建立在绿色技术基础上的。Brawn E 等于

1994 年最先提出绿色技术的概念，认为绿色技术包括生态工艺、循环再生技术和污染控制等多个方面，对实现可持续发展具有重要意义[11]。目前，学术界对绿色技术创新内涵的界定存在一定差异，但主要是从绿色技术创新的特点、生产过程以及社会生产发展规律的角度进行界定。从绿色创新的特点来看，杨东等认为与以往的创新活动相比，绿色技术创新更强调新知识和新技术路线的探索，被企业寄予降低环境污染和提升经济效益的期望[12]。葛晓梅等将绿色技术创新分为两类：一类是绿色产品创新，指开发节能材料，研发易于回收利用和再生的产品；另一类是绿色工艺创新，包括减少生产过程中污染产生的清洁工艺技术和减少已产生污染物排放的末端治理技术两个方面的创新[13]。秦书生认为绿色技术创新是绿色技术发明成果在商业上的首次应用，既是一项使绿色技术成果商品化的经济活动，又是一项使绿色技术成果公益化的社会活动[14]。从社会生产发展的规律来看，石峰等认为绿色技术创新是绿色生产力发展的重要基础，通过开发绿色技术，可以有效提高资源利用效率，摆脱传统的高能耗、高污染的发展模式，推进劳动资料、劳动对象、劳动者的绿色化，实现可持续发展[15]。

笔者将绿色技术创新界定为：绿色技术创新是建立在绿色技术的基础上对绿色技术的拓展与延伸。绿色技术创新是通过减轻和消除在产品生产、销售等全部环节中产生的对生态环境的负面影响，从而实现生态效益与经济效益相统一的多维度指向的技术创新体系。相比于传统技术创新，绿色技术创新摒弃了以资源环境换发展的传统工业文明观，更加注重人类整体利益的发展，是一种与生态文明内核相适应的新技术形式，是实现生态环境与经济协调发展的关键性手段。

2. 绿色技术创新与传统技术创新的区别

绿色技术创新的目标更加全面。传统技术创新一般就是为了获取更高的商业利润。由于生态环境价值无法简单地用货币来衡量，所以很难被纳入传统技术创新的目标下。传统技术被普遍认为是“双刃剑”，在提高社会生产效率的同时，也给社会生态环境造成了较大的负面影响，导致经济社会越来越不能持续发展。从传统技术创新来看，技术创新决定经济增长，要想保护环境，就要放弃技术创新，放弃经济增长。与传统技术创新对发展与保护的消极作用不同，绿色技术创新积极面对发展与保护的矛盾，提倡追求经济效益与生态效益的统一，也就是将生态保护作为一个变量纳入经济增长模型中。此外，生态系统平衡也作为社会发展的追求目标之一。绿色技术创新的目标不仅包括降低生产成本、扩大市场份额等传统的纯商业性目标，还包括生态平衡、经济增长、社会发展等多重追求目标。

绿色技术创新的结构更加系统化。传统技术创新主体只有企业或企业家，因此传统技术创新是与工业生产流程相似的线性模式。而绿色技术创新是系统化模式，创新主体包括企业、政府、公众和非政府组织。在绿色技术创新系统下，企业是具体创新的主体；政府使用各种法律法规和政策工具，将市场的绿色需求进行强化，限制那些不能满足绿色需求或者提供非绿色产品或服务的生产企业的发展；公众和非政府组织一方面是绿色技术创新的需求者，对绿色技术创新有引导作用，另一方面对企业生产和服务过程所采用的技术进行绿色监督和评价。政府、企业和公众相互作用、获取绿色利润：政府获取的绿色利润主要体现在国家生态环境质量改善、社会经济可持续发展、国民身体健康程度提高等方面；企业获取的绿色利润主要表现在企业生产效率提升、成本下降、产品和服务的竞争力增强、市场份额扩大、利润额上升等方面；公众获取的绿色利润是衣食住行的质量改善、能够获取更多的生态服务等方面。

相较于传统技术创新，绿色技术创新在去碳化、材料替代和再循环三个方面更加系统化，更有效率。去碳化、材料替代和再循环指的是能源的去碳化、不可再生材料的替代、产品和工农商代谢物的再循环。出于能源成本上涨、资源的不可再生性等因素，技术创新一直在追求去碳化、材料替代和再循环等对环境比较友好的技术创新，而且这种趋势还在逐步增强。然而，生态环境却没有因此自动转好，反而加速恶化，是因为传统的去碳化、材料替代和再循环等是企业基于盈利考虑所追求的技术创新，这些技术创新是非常分散的、缺乏系统性。而且最重要的是当单个企业、某个行业产品原料消耗强度降低后，产品价格下降导致消费量激增，最终这一产品的资源消耗强度和环境负荷在总量上不降反增。出现这种情况主要有两个原因：一是市场上缺乏有效的绿色需求，消费者在消费时并不考虑伴随产品生产、消费而出现的生态环境问题，为了追求个人效用最大化，往往去选择高强度的资源消耗和环境污染的产品或服务；二是政府对国家范围内的可持续发展不够重视，只追求就业率、经济增长率等指标，政府“变相鼓励”高强度的资源消耗和环境污染的生产和服务方式。绿色技术创新下的去碳化、材料替代和再循环是自然因素和人工因素的结合。一方面，市场的绿色需求发挥决定性作用，市场选择绿色技术创新物——只有绿色产品或服务才有可能为企业带来持续的利润，去碳化、材料替代和再循环不再是企业自己能够决定的，而是市场要求其使然。另一方面，政府采用法律、经济、行政等手段，将资源环境成本纳入企业生产的成本函数，对污染物实施总量控制政策，既引导和强制企业研究开发或采用绿色技术，又整合国家资源以对重大绿色技术进行系统的开发和研究。

3. 绿色技术创新的分类

根据现有研究，绿色技术创新可分为 3 类：

一类是以开发绿色产品为导向的技术创新。即开发各种环境友好型产品，也就是生产过程中低能耗、低污染、高效率的产品。具体来说，在设计产品时，设计该产品可以多次使用和能够在多种场景中使用，从而尽可能实现产品的物尽其用；产品在消费过程不对环境产生过大压力；产品被消费后的残余物能够被回收、循环利用。

第二类是绿色工艺技术创新，主要包含两个方面：清洁生产技术和末端治理技术。清洁生产技术是针对生产过程的前端，就是在产品生产、服务和消费过程中采取预防污染的策略来减少污染物的产生。末端治理技术是针对生产过程的末端，就是对生产过程中产生的污染物实施有效的治理技术。

第三类是绿色管理技术创新，包括两个方面：环境政策法规和针对环境的经济技术措施。这意味着保护资源环境的各种政策工具需要因时而变，制定和实施政策都是有技术成分的。

二、绿色技术创新推进生态文明建设的路径

绿色技术创新通过提升生态效益来推进生态文明建设。绿色技术创新提升生态效益有 3 条途径：促进资源节约、强化污染防治、支撑生态保护。

绿色技术创新促进资源节约主要集中在两个方面：节能和节水。对于节能，在生产领域，绿色技术创新通过成果的转化、创新能力的增强，使各类绿色新技术被广泛应用于能源领域，企业绿色生产能力显著提高，能源在生产过程中被充分利用，进而降低企业对能源的消耗，达到节能效果。在生活领域，绿色技术创新成果不断转化为各种绿色家用设备、绿色办公设备等，在提高人们生活便利性的同时，又降低了日常生活中对能

源的消耗。对于节水，绿色技术创新则是通过升级雨水回收、污水再生利用等节水型技术来促进水资源节约利用。绿色技术创新强化污染防治，提高环境质量。我国之前的粗放型经济增长造成了大气污染、水污染、土壤污染等严重的污染问题，对我国居民健康造成了影响，阻碍了生态文明建设。绿色技术创新通过使企业开展清洁生产，从而在源头上解决污染产生的问题；通过针对消除污染的创新成果转化应用，消除已经存在的污染，从而强化污染防治。绿色技术创新支撑生态保护。当前我国的生态问题不容忽视，包括生物多样性减少、水土流失、生态破坏等。绿色技术创新对解决我国生态问题有重要作用。一方面，绿色技术创新减少人类对生态的破坏，从源头上控制生态问题的产生；另一方面，对现有的生态问题，绿色技术创新可以帮助找到问题产生的根源。最重要的是，生态修复类手段不是短期就能见效的，是一个长期的过程，这个过程一直都需要技术的支持。

绿色技术创新为推进生态文明建设提供物质动力，从而保证绿色经济发展的持续稳定。绿色技术创新一方面通过创新成果转化与应用来提高资源利用效率，降低工业生产对环境造成的污染和破坏，推广使用清洁可再生能源，逐步将我国原有的高能耗、高污染、低产出的传统能源结构转换为新型绿色能源体系和能源网络，最终形成可持续的绿色能源发展格局；另一方面，则更加注重生产过程的绿色化，也就是采用绿色生产技术来从源头解决生产污染问题，对资源和能源循环利用，从而提高资源和能源的利用效率，产出更多更优质的绿色产品。绿色技术创新是基于社会持续发展的目标提出的，有利于实现代际公平，也就是说其在为当代人的美好生活提供动力的同时，没有牺牲未来人类社会发展的动力，反而为未来人类的美好生活提供了发展动力。因为绿色技术创新为后代人留下了大量具有绿色属性的“财富”，包括良好的生态基础、绿色的生产方式、绿色的消费方式、绿色价值理念等，这些都会为社会发展创造源源不断的新动力，确保整个社会经济绿色化、持续化运行。

绿色技术创新为推进生态文明建设提供技术保障。传统技术创新只是提升了生产效率，也就是在有限的时间内生产了更多的产品，这意味着对资源的消耗和对环境的破坏程度也有所增加，导致了更严重的资源短缺和生态环境恶化。传统技术创新由于自身局限，已不能适应生态文明建设的总体发展需要。而绿色技术创新摒弃了传统技术创新的缺点，以追求社会经济的可持续发展为目标，以生态文明观为指导思想，拥有绿色化、生态化的技术结构、技术评价体系、技术成果转化机制。生态学规律贯穿绿色技术创新过程的全过程，创新从生态环境承载力出发，将技术对生态环境的影响作为技术评价的重要因素，在创新成果转化的环节上落实环境影响评估、技术后果评价、技术责任追究等制度安排，强调通过技术的发展实现经济效益、生态效益、社会效益三者的统一。绿色技术创新能够为生态文明建设提供充分的技术保障，优化了生态文明建设的手段，加速了生态文明建设的进程，扩充了生态文明建设的评估体系内容。

三、中国绿色技术创新的现状

1. 中国绿色技术创新的现状概述

绿色技术创新的理念不断深化。随着我国发展理念的不断变革，从“人有多大胆、地有多大产”，到“以粮为纲、以钢为纲”，再到“以人为本，全面协调可持续”的科学发展观，最后发展为当前的“创新、协调、绿色、开放、共享”的新发展理念，绿色发展的地位越来越突出，绿色技术创新理念随之不断深化。随着生态文明建设的重要性逐渐凸显，对绿色技术创新也提出了新的更高要求，贯彻新发展理念也需要依靠绿色技术创新。新发展理念下的绿色技术创新体现了尊重和保护自然的理念，同时通过技术创新来限制和减轻人类生产活动对生态环境造成的破坏。绿色技术连通了人类社会和自然之间的桥梁，促进人与自然的和谐相处。绿色技术创新既为人类保护自然提供了有效途径，又为人类的生存和持续发展提供了有力的支撑。现阶段，我国针对绿色技术的创新处于探索期，通过努力完善相关配套设施、出台相应制度政策、改进相关技术体系来促使绿色技术创新，从而为我国的绿色发展打下坚实的基础。随着我国绿色技术创新的理念不断深化，绿色技术的应用领域将逐渐扩大，绿色技术的受益人群将逐渐增加，绿色技术的经济效益和生态效益逐步提升。

绿色技术创新的规划方案日渐完善。我国关于绿色技术创新的规划方案可以追溯到 1983 年的国家“六五”科技攻关项目——能源开发及节能技术项目。1994 年，我国出台了《中国 21 世纪人口、环境与发展白皮书》，构筑了综合性的、长期的、渐进的可持续发展战略框架和相应的对策。1996 年，出台了《中国跨世纪绿色工程规划》，向环境污染和生态破坏宣战，在 20 世纪末基本控制环境污染和生态破坏加剧的趋势，将煤炭、电力和石油天然气等行业确定为我国绿色技术创新的重点发展领域。2004 年，政府工作报告中首次提出要大力发展循环经济和推行清洁生产，意味着绿色技术创新将获得更多的政策支持。2006 年，《中华人民共和国国民经济和社会发展第十一个五年规划纲要》首次提出了关于节能减排的具体目标：“十一五”期间单位国内生产总值能耗降低 20%左右，主要污染物排放总量减少 10%。2012 年，《节能减排“十二五”规划》对各行业的节能减排目标做出了明确规划，也提出了更高要求，在节能减排总体要求和主要目标的指引下，绿色技术创新被给予了新的历史重任。习近平总书记在 2016 年的全国科技创新大会上指出：“生态文明发展面临日益严峻的环境污染，需要依靠更多更好的科技创新建设天蓝、地绿、水清的美丽中国”“依靠科技创新破解绿色发展难题，形成人与自然和谐发展新格局”。习近平总书记这一科学论断强调了绿色技术创新在生态文明建设中的重要作用。2015 年，我国实施史上最严的《中华人民共和国环境保护法》；2018 年，我国又出台了《中华人民共和国环境保护税法》，第一次对绿色税收进行专门化的征管；此外，还落实了包括《生态环境损害赔偿制度改革方案》《中华人民共和国水污染防治法》等在内的多个环保法律法规和政策，以此倒逼企业绿色转型升级，引导企业开展绿色技术创新以及使用绿色技术生产，从而推动绿色技术的普及与发展。2020 年，《关于构建市场导向的绿色技术创新体系的指导意见》出台，指明了绿色技术创新体系的基本要求，突出了绿色技术创新的市场导向，强化了市场在创新体系中的作用，有助于推动绿色技术创新与产业发展、生态文明建设现实需求相结合。

绿色技术创新的国际化程度不断提高。改革开放以来，我国相继加入并履行了《蒙特利尔议定书》《濒危野生动植物物种国际贸易公约》《生物多样性公约》《生物安全议定书》《联合国气候变化框架公约》等国际环境公约，在保护臭氧层、保护生物多样性、减少有毒有害化学品危害、应对气候变化等方面做出积极贡献，认真履行了大国责任。参与并履行这些国际环境公约除了展示我国负责任大国的形象外，也为我国绿色技术领域的创新与发展提供了良好的国际交流平台，使我国绿色技术创新的国际化程度不断提高，逐渐能够和国际最前沿绿色技术创新接轨。此外，我国近些年还积极帮助其他发展中国家发展绿色技术、应对气候变化，如向牙买加等非洲国家援助太阳能路灯，援建哈萨克斯坦、巴基斯坦等国的太阳能发电站，向柬埔寨、埃塞俄比亚等国援助应对气候变化的工具。在“走出去与引进来相结合”的理念引导下，一方面我国生态环境部门的相关负责人近年来积极参与各类国际、区域环境保护会议，通过开展对话交流，既向世界各国展示了我国绿色技术创新的最新进展，也充分了解了国际绿色技术创新的前沿内容并认真借鉴了优秀经验与成果；另一方面，我国还举办了多场国际性的绿色技术创新论坛，为世界生态文明建设贡献“中国智慧”和“中国方案”。

2．中国绿色技术创新的典型产业

在新发展理念的引领下和绿色产业政策的支持下，我国绿色技术创新取得了一定的突破和成就。由于绿色技术创新涉及的产业范围过广，且每个领域当前的发展水平各异，本小节选取两个典型的且发展态势良好的绿色产业进行介绍：新能源汽车产业和光伏发电产业。

（1）新能源汽车产业

从 2010 年国务院发布《关于加快培育和发展战略性新兴产业的决定》开始，新能源汽车在中央和地方两个层面都得到了高度重视，一系列政策补贴有效促进了新能源汽车产业的发展壮大以及新能源汽车的普及推广。2011 年，我国新能源汽车销量还不足 1 万辆；而 2015 年，销量已达 33 万辆；2018 年，我国新能源汽车产销量均已超过 120 万辆，2018 年销量是 2011 年销量的 157 倍。尽管在 2019 年，随着新能源汽车补贴政策的逐步退出，产销量有所下降，但总体依然维持在 120 万辆以上，而在 2020 年，新能源汽车的产销量均突破了 130 万辆。这说明传统汽车厂商纷纷加速转入新能源汽车领域，增加对新能源汽车的研发投入，我国消费者也逐步接受新能源汽车，新能源汽车在消费市场上越来越受青睐。从 2018 年开始，我国新能源汽车销量占世界销量的一半以上。根据中国海关统计，2017—2019 年，我国新能源汽车出口规模逐年上升。从 2017 年出口新能源汽车 10.5 万辆，到 2019 年出口 25.4 万辆，同比增长了 72.8%。2021 年，工业和信息化部装备工业发展中心主任瞿国春指出，我国新能源汽车的技术进步显著增强，我们从过去的跟跑到现在的已经领跑，从电池、电机、电控几个方面都实现了自主核心技术的自主可控。从原材料到整个零部件的技术开发、整车的设计，到使用的基础设施，以及到最后的电池回收，全产业链都非常成熟了。我国 2011—2020 年新能源汽车产销量统计情况见图 8-1。

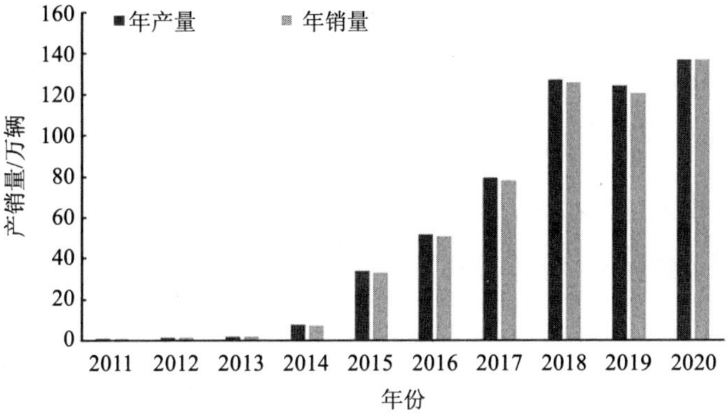

图 8-1 新能源汽车产销量统计（2011—2020 年）

（2）光伏发电产业

我国光伏产业的发展以 2005 年颁布的《中华人民共和国可再生能源法》（以下简称《再生能源法》）为分水岭，此前光伏产业在我国发展比较缓慢。由于《再生能源法》首次明确了可再生能源发电项目执行上网电价，如果上网电价高于传统能源上网电价，可在售电电价中分摊，同时规定电网公司正常情况下需要接受并网申请，自此光伏产业开始迅速发展。2009 年通过的《中华人民共和国可再生能源法修正案》和金太阳示范工程以及建筑光伏项目进一步促进了我国光伏产业的规模化发展。2011 年，正式执行上网电价政策，光伏市场得到了更大程度的发展，新增装机容量达 2.07 吉瓦，是 2010 年新增装机容量的 357.51%；我国新增装机容量仅次于意大利和德国，位居全球第三。2016 年，我国凭借 77.42 吉瓦的光伏发电累计装机容量，占据了全球新增容量的1/3，成为全球第一大增量市场，比2015年增长了79.3%。根据中国光伏行业协会公布的数据，2019年全国光伏的年均利用小时数为1 169小时，光伏电站建设成本为4.5元/瓦，此时度电成本为0.44元/千瓦时，只比全国脱硫燃煤电价平均值高了不到0.1元/千瓦时。

第四节　经济转型与生态环境保护制度保障

一、绿色产业相关的宏观经济制度

国务院于2005年发布的《国务院关于加快发展循环经济的若干意见》可以看作我国政府对经济转型做出的早期部署，自此之后发布了一些与试点、示范园区相关的文件，作用范围相对较小。2011年发布的《中华人民共和国国民经济和社会发展第十二个五年规划纲要》中，绿色发展，建设资源节约型、环境友好型社会，实施创新驱动上升到了国家战略。随后，我国陆续出台了许多与绿色产业相关的产业政策，作用辐射范围越来越广，具体见表8-1。通过这10多年的绿色产业宏观经济制度来看，首先，绿色产业政策从探索、试点、示范园区等发展为标准、指南等，说明发展绿色产业不再是某些地区的专属，绿色产业已经被验证适合在我国大范围推广，我国在发展绿色产业方面已经积累了一定的经验；其次，对绿色产业的发展目标要求越来越具体，从建设相关保障体系、激励机制等宏观表达到在某年绿色产业产值达到某一数值的微观表述，说明我国绿色产业蓬勃发展，政府对绿色产业发展充满了信心；最后，发展绿色产业的政策工具越来越多样化，说明我国在制定绿色产业政策方面积累了大量的经验，能够游刃有余，也表明了我国市场化改革在不断深入，将行政手段与市场工具相结合，把宏观经济制度真正落到了实处。

表 8-1 绿色产业相关政策（2005—2020 年）

年份	政策名称	主要内容	发布机构或部门
2005	《国务院关于加快发展循环经济的若干意见》	建立比较完善的发展循环经济法律法规体系、政策支持体系、体制与技术创新体系和激励约束机制，建成大批符合循环经济发展要求的典型企业，推进绿色消费，建设一批符合循环经济发展要求的工业（农业）园区和资源节约型、环境友好型城市	国务院
2007	《关于开展国家生态工业示范园区建设工作的通知》	鼓励国家级经济技术开发区和国家高新技术产业开发区通过生态化改造申报综合类生态工业示范园区，支持开发区内具备条件的工业园区申报行业类生态工业示范园区和静脉产业类生态工业示范园区	环境保护部
2011	《关于加强国家生态工业示范园区建设的指导意见》	着力建设 50 家国家生态工业示范园区，形成促进国家生态工业示范园区发展的长效机制，国家生态工业示范园区在经济发展、物质减量与循环、污染防控等方面的指标居国内领先水平，推动国民经济持续、健康发展	环境保护部
2011	《中华人民共和国国民经济和社会发展第十二个五年规划纲要》	培育发展战略性新兴产业；绿色发展，建设资源节约型、环境友好型社会；大力发展循环经济	全国人民代表大会

年份	政策名称	主要内容	发布机构或部门
2011	《"十二五"控制温室气体排放工作方案》	大幅度降低单位国内生产总值二氧化碳排放，应对气候变化政策体系、体制机制进一步完善，温室气体排放统计核算体系基本建立，碳排放交易市场逐步形成。建成一批具有典型示范意义的低碳园区和低碳社区，推广低碳技术和产品	国务院
2012	《绿色制造科技发展"十二五"专项规划》	重点突破绿色设计、绿色工艺、绿色回收再制造、绿色制造技术标准等关键共性技术，推动绿色产品、技术、标准、装备、产业协同发展	科技部
2015	《中国制造2025》	首次提出绿色制造体系，强调"发展绿色园区，推进工业园区产业耦合，实现近零排放"。到 2020 年，建成百家绿色示范园区	国务院
2015	《关于加快推进生态文明建设的意见》	明确指出了绿色产业主要包括节能环保产业、新能源汽车产业、有机农业、新能源产业、生态农业以及林产业等	国务院
2016	《中华人民共和国国民经济和社会发展第十三个五年规划纲要》	明确提出了新发展理念——"绿色、创新、协调、开放、共享"，加快改善生态环境以及发展绿色环保产业	全国人民代表大会
2016	《工业绿色发展规划（2016—2020 年）》	实施绿色制造工程，加快构建绿色制造体系，大力发展绿色制造产业，推动绿色产品、绿色工厂、绿色园区和绿色供应链全面发展，建立健全工业绿色发展长效机制	工业和信息化部
2016	《绿色制造工程实施指南》	加快绿色园区等重点领域的标准制修订，促进园区转型升级	工业和信息化部等
2017	《关于加强长江经济带工业绿色发展的指导意见》	到 2020 年，长江经济带规上企业单位工业增加值能耗较 2015 年降低 18%，重点行业主要污染物排放强度降低 20%，单位工业增加值用水量降低 25%。一批关键共性绿色制造技术实现产业化应用，绿色制造产业产值达 5 万亿元	工业和信息化部等

年份	政策名称	主要内容	发布机构或部门
2018	《关于创新和完善促进绿色发展价格机制的意见》	加快建立健全资源环境价格机制，完善有利于绿色发展的价格政策，将生态环境成本纳入经济运行成本	国家发展改革委
2019	《绿色产业指导目录（2019年版）》	对节能环保、清洁生产等产业及基础设施绿色升级、绿色服务等进行了详细分类和阐释；其也将作为各地区、各部门明确绿色产业发展重点、制定绿色产业政策、引导社会资本投入的主要依据	国家发展改革委等
2020	《关于构建市场导向的绿色技术创新体系的指导意见》	节能环保、清洁生产、清洁能源、生态环境、基础设施绿色升级等领域相关技术的应用	国家发展改革委
2020	《关于组织开展绿色产业示范基地建设的通知》	到 2025 年，绿色产业示范基地建设取得阶段性进展，培育一批绿色产业龙头企业，基地绿色产业集聚度和综合竞争力明显提高，绿色产业链有效构建，绿色技术创新体系基本建立，基础设施和服务平台智能高效，绿色产业发展的体制机制更加健全，对全国绿色产业发展的引领作用初步显现	国家发展改革委
2021	《国务院关于加快建立健全绿色低碳循环发展经济体系的指导意见》	到 2025 年，产业结构、能源结构、运输结构明显优化，绿色产业比重显著提升，基础设施绿色化水平不断提高，清洁生产水平持续提高，生产生活方式绿色转型成效显著，能源资源配置更加合理、利用效率大幅提高，主要污染物排放总量持续减少，碳排放强度明显降低，生态环境持续改善，市场导向的绿色技术创新体系更加完善，法律法规政策体系更加有效，绿色低碳循环发展的生产体系、流通体系、消费体系初步形成	国务院

二、绿色产业相关的区域性和行业性制度

随着对绿色产业理论与实践的深入探索，我国对绿色产业有了更细化的认识。为了将认识落实到实践中，国家和相关部门以及各地针对发展绿色产业，出台了诸多区域性和行业性制度安排，具体见表 8-2 和表 8-3。从这些区域性和行业性制度安排可以看出：首先，相关行业制度安排越来越精细化，有一些行业已经出台了相关标准来促使行业规范化发展。扶持政策已经从“一视同仁”的相对低效状态转换为有差异的扶持，例如，补贴数额与产品单位能耗降低挂钩，税收优惠与绿色制造的标准挂钩，呈现管理越来越精细化的趋势。其次，对发展绿色产业的两种方式都予以重视。一方面，对环保、循环利用、新能源等绿色新兴产业在政策上给予大力扶持；另一方面，对传统产业中产值高、污染大的钢铁、煤炭、装备制造等行业的绿色转型升级给予了鼓励和扶持。最后，各地绿色产业扶持政策相继出台，各地为了吸引资本进入本地的绿色新兴产业，在国家层面的扶持政策上加码，有一些地方的扶持力度相当大，因此一些地方在扶持政策上出现相互竞争的态势，这其实也反映出各地迫切希望促进绿色产业发展、实现经济转型。

表 8-2 绿色产业相关的区域性制度安排

地区	制度安排汇总
华北地区	《京津冀工业节水行动计划》 《北京绿色制造实施方案》 《天津市工业绿色制造体系建设实施方案》 《河北省绿色制造体系建设实施方案》 《山西省绿色制造 2020 年行动计划》 《内蒙古自治区绿色制造体系建设实施方案》
东北地区	《黑龙江省绿色制造体系建设实施方案》 《关于印发吉林省绿色制造体系建设实施方案的通知》 《辽宁省绿色制造工程实施方案（2016—2020 年）》
华东地区	《上海市绿色制造体系建设实施方案（2018—2020 年）》 《江苏省“十三五”工业绿色发展规划》 《浙江省绿色制造体系建设实施方案（2018—2020）》 《山东省绿色制造体系建设实施方案（2016—2020 年）》 《安徽省绿色制造体系建设实施方案》 《江西省绿色制造体系建设实施方案》 《福建省绿色制造体系创建实施方案》
华中地区	《河南省绿色制造体系建设实施方案（2018—2020 年）》 《湖北省工业绿色制造体系建设实施方案》 《湖南省绿色制造体系建设实施方案》
华南地区	《广东省绿色制造体系建设实施方案》 《广西绿色制造体系建设工作实施方案》 《海南省人民政府关于贯彻落实〈中国制造 2025〉的实施意见》
西南地区	《重庆市绿色制造体系建设三年行动计划（2018—2020 年）》 《四川省绿色制造体系建设实施方案》 《贵州省绿色制造三年行动计划（2018—2020 年）》 《西藏自治区绿色工厂评价管理暂行办法》 《云南省人民政府关于进一步加强绿色食品产业发展的意见》 《云南省绿色制造体系建设实施方案》

地区	制度安排汇总
西北地区	《陕西省绿色制造工程实施方案》 《甘肃省绿色制造体系建设评价管理实施细则》 《青海省绿色制造体系建设实施方案》 《宁夏回族自治区工业绿色发展行动方案（2019—2022 年）》 《新疆维吾尔自治区绿色制造体系建设实施方案（2016—2020 年）》

表 8-3　绿色产业相关的行业性制度安排

年份	政策名称	主要内容	发布机构或部门
2012	《节能与新能源汽车产业发展规划》	加强新能源汽车关键核心技术研究，加大节能汽车技术研发力度，加快建立节能与新能源汽车研发体系	国务院
2012	《关于加快推动我国绿色建筑发展的实施意见》	切实提高绿色建筑在新建建筑中的比重，到 2020 年，绿色建筑占新建建筑比重超过 30%，建筑建造和使用过程的能源资源消耗水平接近或达到现阶段发达国家水平	财政部等
2013	《关于加快发展节能环保产业的意见》	产业技术水平显著提升，国产设备和产品基本满足市场需求，节能环保产业产值年均增速在 15%以上，到 2015 年，总产值达到 4.5 万亿元，成为国民经济新的支柱产业	国务院
2014	《关于促进煤炭安全绿色开发和清洁高效利用的意见》	大力推行煤矿安全绿色开采，深入发展矿区循环经济，提高煤炭产品质量和利用标准，大力发展清洁高效燃煤发电，切实提高煤炭加工转化水平，减少煤炭利用污染物排放	国家能源局等

年份	政策名称	主要内容	发布机构或部门
2015	《促进绿色建材生产和应用行动方案》	到 2018 年，绿色建材生产比重明显提升，绿色建材在行业主营业务收入中的占比提高到20%，与2015年相比，建材工业单位增加值能耗下降 8%，氮氧化物和粉尘排放总量削减 8%，新建建筑中绿色建材应用比例达到 30%，绿色建筑应用比例达到 50%	工业和信息化部等
2016	《风电发展“十三五”规划》	2020 年年底，风电累计并网装机容量确保达到 2.1 亿千瓦以上，风电年发电量确保达到 4 200 亿千瓦时，有效解决弃风问题，“三北”地区全面达到最低保障性收购利用小时数的要求；风电设备制造水平和研发能力不断提高	国家能源局
2016	《加快推进再生资源产业发展的指导意见》	绿色化发展，保障生态环境安全；循环化发展，推进产业循环组合；协同化发展，提升产业创新能力；高值化发展，促进产品结构升级；专业化发展，提高资源利用效率	工业和信息化部等
2017	《汽车产业中长期发展规划》	关键技术取得重大突破，全产业链实现安全可控，中国品牌汽车全面发展，新型产业生态基本形成，绿色发展水平大幅提高	工业和信息化部等
2019	《关于推进大宗固体废弃物综合利用产业集聚发展的通知》	探索建设一批具有示范和引领作用的综合利用产业基地，到 2020 年，建设 50 个大宗固体废弃物综合利用基地、50 个工业资源综合利用基地，基地废弃物综合利用率达到 75%以上，形成多途径、高附加值的综合利用发展新格局	国家发展改革委等

年份	政策名称	主要内容	发布机构或部门
2020	《新能源汽车产业发展规划（2021—2035 年）》	到 2025 年，纯电动乘用车新车平均电耗降至 12.0 千瓦时/百公里，新能源汽车新车销售量达到汽车新车销售总量的 20%左右，高度自动驾驶汽车实现限定区域和特定场景商业化应用	国务院

三、适合我国国情的生态环境管理体制

经过 40 多年的探索与发展，我国形成了比较完善的生态环境管理体制，已经建立起由全国人民代表大会立法监督，中国人民政治协商会议参政议政，在横向上实行“生态环境部门统一监督管理，各有关部门分工负责”，在纵向上实行各级政府分级管理的生态环境管理体制[16]。全国人民代表大会设有环境与资源保护委员会，负责组织起草和审议环境与资源保护方面的法律草案并提出报告，监督环境与资源保护方面法律的执行，提出同环境与资源保护问题有关的议案，开展与各国议会之间在环境与资源保护领域的交往。全国 30 个省级人民代表大会及绝大多数市级人民代表大会相应设立了环境与资源保护机构。中国人民政治协商会议设有人口资源环境委员会，围绕人口、资源、环境等有关问题，履行政治协商、参政议政、民主监督的职能。全国大多数省级政治协商会议和市级政治协

商会议都设有相应的环境与资源保护机构。根据国家法律法规的有关规定，各有关部门需承担一定的生态环境保护责任。各级政府对本辖区内的生态环境质量负责，并成立了生态环境管理机构，负责管辖区内生态环境保护工作。在核安全监管方面，国家实行一级监管，由国家生态环境部门直接监管。这种生态环境管理体制有利于充分发挥各部门的作用，形成齐抓共管的局面；有利于调动地方的积极性，各地可以因地制宜地开展环境保护工作；有利于把环保规划纳入各领域、各地方的发展规划，综合协调环境与发展问题。

四、适应社会主义市场经济需要的生态环境法律法规和政策体系

改革开放以来，我国生态环境管理的法律法规和政策体系开始形成，初步确立了中国特色的生态环境管理道路。目前，我国已经建立了包含宪法、法律、法规、规章及标准 5 个层次的生态环境管理制度体系。1978 年，我国首次在《中华人民共和国宪法》中规定国家保护环境和自然资源，防止污染和其他公害。这是我国环境保护的里程碑，为我国的生态环境管理奠定了重要的法制基础[17]。自此，我国生态环境管理与改革开放同步，取得了一系列的重大进展。而且在 2018 年，“生态文明”被写入宪法。这为生态文明建设融入经济建设、政治建设、文化建设、社会建设的各方面和全过程提供了有力保障；也为未

来制定更全面的、更细致的、更有效的生态环境保护法律法规提供了最根本的法律保障。

改革开放以来，我国的环境保护立法空前活跃，成为我国法律体系中发展最为迅速的一个[17]。1993 年，全国人民代表大会环境与资源保护委员会的成立加速了资源环境保护立法的进程。此后，我国环境法律的范围不断扩大，已颁行的法律也得到了多次修订。特别是在 2014 年，全国人民代表大会常委会表决通过了《中华人民共和国环境保护法》，这是对 1989 年《中华人民共和国环境保护法》的一次重大修订。作为我国环境保护法律体系的核心，《中华人民共和国环境保护法》是生态环境保护的综合性、基础性、统领性法律。在《中华人民共和国环境保护法》之外，单行法、部门法、国际公约作为环境保护法律体系的重要组成部分也逐步完善。目前，我国已经颁布的与污染防治、自然资源和能源开发利用、生态保护等相关的法律有 20 余部，标准有 300 余项，已签约或签署加入的与环境有关的国际公约、议定书等有 50 多项。环境保护法律体系不断完善的同时，我国环境执法也在日益严格，做到“有法必依，执法必严，违法必究”。党的十九大报告强调，“完善生态环境管理制度，统一行使监管城乡各类污染排放和行政执法职责”[20]。对环境违法行为实施现场检查、行政处罚、行政命令等措施是遏制环境污染、保障环境质量的主要行政手段之一，是政府履行环境责任的重要措施。特别是被称为史上最严的新《中华人民共和国环境保护法》从2015年实施以来，在打击环境违法行为方面力度空前。各级环境保护部门下达的行政处罚决定份数和罚款数额大幅增长，查封扣押、停产限产、按日连续处罚款、移送拘留成为遏制环境违法行为的重要手段和有力武器。与此同时，我国逐步建立了一整套的生态环境政策体系。早在1989年第三次全国环境保护会议上，就提出了环境保护“三大政策”和“八项制度”。“三大政策”指污染预防、防治结合，谁污染谁治理和强化环境管理；“八项制度”指“三同时”制度、环境影响评价制度、排污收费制度、城市环境综合整治定量考核制度、环境目标责任制度、排污申报登记和排污许可制度、限期治理制度和污染集中控制制度[18]。此后，陆续出台了许多新的生态环境政策，包括资源和环境保护的税收政策、价格政策、生态补偿政策、排污权交易政策等。尤其是党的十八大以后，生态环境管理制度不断创新，进一步丰富了我国的环境管理政策体系，包括颁布生态文明建设目标评价考核办法，以考核促进各地推动生态文明建设；实行河（湖）长制，为每一条河（湖）明确生态“管家”；试行生态环境损害赔偿制度，着力破解生态环境“公地悲剧”；开启生态保护红线战略，严格保护重要生态空间等。

参考文献

[1] Gereffi G，Tam T.Industrial upgrading through organizational chains：Dynamics of rent，learning，and mobility in the global economy[C]. San Francisco：93rd Annual Meeting of the American Sociological Association，1998.

[2] Humphrey J，Schmitzh H. How does insertion in global value chains affect upgrading industrial clusters?[J]. Regional Studies，2002，36（9）：1017-1027.

[3] 黄建康，詹正华，孙文远．产品内国际分工条件下我国产业升级路径探讨[J]．江南大学学报（人文社会科学版），2010，9（4）：87-91.

[4] 赵昌文，许召元．国际金融危机以来中国企业转型升级的调查研究[J]．管理世界，2013（4）：8-15，58.

[5] 梁启东．资源枯竭城市如何实现产业转型[J]．中国林业，2001（15）：38-39.

[6] 干春晖，郑若谷，余典范．中国产业结构变迁对经济增长和波动的影响[J]．经济研究，2011，46（5）：4-16，31.

[7] 韩永辉，黄亮雄，王贤彬．产业政策推动地方产业结构升级了吗？——基于发展型地方政府的理论解释与实证检验[J]．经济研究，2017，52（8）：33-48.

[8] 国家统计局. 关于修订《三次产业划分规定（2012）》的通知[EB/OL].（2018-3-23）[2022-4-7]. http://www.stats.gov.cn/tjsj/tjbz/201804/t20180402_1591379.html.

[9] 国家统计局. 《2017 国民经济行业分类注释》[EB/OL].（2019-05-22）[2022-4-7]. http://www.stats.gov.cn/tjsj/tjbz/201905/t20190522_1666232.html.

[10] 梅洪常，申雄，沈民．开拓绿色产业须把握好五个重要关系[J]．农业经济问题，1999（8）：4.

[11] Braun E，Wield D. Regulation as a means for the social control of technology[J]. Technology Analysis and Strategic Management，1994，6（3）：259-272.

[12] 杨东，柴慧敏．企业绿色技术创新的驱动因素及其绩效影响研究综述[J]．中国人口·资源与环境，2015，25（S2）：132-136.

[13] 葛晓梅，王京芳，薛斌．促进中小企业绿色技术创新的对策研究[J]．科学学与科学技术管理，2005（12）：87-91.

[14] 秦书生．基于生态文明建设的企业绿色技术创新[J]．理论导刊，2010（10）：73-75.

[15] 石峰，秦书生．绿色技术对发展绿色生产力的支撑[J]．东北大学学报（社会科学版），2012，14（6）：477-481.

[16] 曲格平．中国环境保护发展历程提要[J]．环境科学动态，1988（6）：1-8.

[17] 周珂，梁文婷．中国环境法制建设 30 年[J]．环境保护，2008（21）：17-19.

[18] 习近平．决胜全面建成小康社会 夺取新时代中国特色社会主义伟大胜利——在中国共产党第十九次全国代表大会上的报告[M]．北京：人民出版社，2017.